中华优秀传统文化思想中的教育与管理书系

中国传统教育学理论

古仁 著

中国经济出版社
CHINA ECONOMIC PUBLISHING HOUSE
·北京·

图书在版编目（CIP）数据

中国传统教育学理论 / 古仁著. -- 北京 : 中国经济出版社，2025. 5. -- ISBN 978-7-5136-8131-5

Ⅰ. K203

中国国家版本馆 CIP 数据核字第 20256EM581 号

组稿编辑 崔姜薇 黄傲寒
责任编辑 罗 茜
责任印制 李 伟
封面设计 任燕飞

出版发行 中国经济出版社
印 刷 者 河北宝昌佳彩印刷有限公司
经 销 者 各地新华书店
开 本 710mm×1000mm 1/16
印 张 16. 75
字 数 280 千字
版 次 2025 年 5 月第 1 版
印 次 2025 年 5 月第 1 次
定 价 88. 00 元
广告经营许可证 京西工商广字第 8179 号

中国经济出版社 **网址** http://epc. sinopec. com/epc/ **社址** 北京市东城区安定门外大街 58 号 **邮编** 100011
本版图书如存在印装质量问题，请与本社销售中心联系调换（联系电话：010-57512564）

书系前言

我国提出要建设自主的知识体系，为什么要“自主”，因为中国足够独特，不能用其他国家的学问来解释。以管理学为例，中华传统文化的管理思想中有自己独特的理论体系，在人性假设、管理目标、管理的评价标准、管理方式、激励方法、管理范畴、管理取向、人才观、分配方式等方面，与西方管理学具有系统性的差异。以教育学为例，中华传统教育思想在教育目标、教育内容、教育原理、教育原则、教育方法等方面都有自己的特征。中国有很多独特的管理与教育实践，在西方管理学与教育学中得不到合理解释，使其“无处安放”，进而使其无法形成知识积累。

西方管理学以经济人假设为基础，认为人会追求自身利益最大化，具有自利性；中国管理学与教育学以“人皆可以为圣贤”为基础，认为人具有善性和无限潜能，具有利他性。如果相信西方的学问，就会认为做人自私自利是理所当然的；如果相信中国的学问，就会把利他奉献作为人生的价值追求。学问本身就塑造人格，学问所指导的实践又进一步塑造人格。中国之所以能够取得今天的成就，利他奉献、团结合作是我的重要“法宝”。如果应用西方的学问来指导教育与管理，我们就是在按他们的需要培养人，而不是按我们自己的需要。社会学理论不仅是在探讨真理，也是在做集体理性的选择，中华优秀传统文化中的理论思想，可以给个体带来更大的幸福，也可以给社会给人类带来更多的美好。

在中国传统文化思想中，很多学科是可以统合的，管理学、教育学、政治学、法学、自我修养等都是相通的。真实的世界只有一个，如果不同学科各有一套理论，相互之间难以兼容，肯定就有假学问。按照中华传统文化，个体的多个方面也是可以实现统合的，工作、生活、交往、爱好、学习、实践等，都是可以应用一套学问。你懂了一套学问，就可以生发出无穷无尽的智慧。中华传统文化思想，不仅可以应用到人文学科与社会学科，还可以应用到自然科学领域，天人合一的宇宙观，全息整体观等，对认识自然、发展科技等都具有重要的指导价值。中华优秀传统文化思想，因其反映了宇宙、人生的真谛，所以才可以实现多种统合。

自主知识体系要如何建设？有人认为根本就不必提发展自己的学术，西方的学术就是放之四海而皆准的科学，只要是解释人类的行为就都可以用，我们只要在人家的基础上再往前发展就可以了。就好像建一个建筑，我们只要给西方学术体系这个建筑换砖换瓦、添砖添瓦，就算发展中国的学问了。笔者认为，这种零敲碎补根本不能算自主的知识体系，我们必须从地基开始重新建。从宇宙人生的真谛出发，建设统合各领域的真学问。自主知识体系要能够解释中国的社会实践，能对我们自己的独特经验形成知识积累，能在同胞之间形成文化认同与情感共鸣。希望学术领域能认识到这一点，我们还有一个自主的学科体系要去建立。笔者深知同胞之中藏龙卧虎，如果那么多优秀的人都能来研究中国自己的学问，相关学术研究的繁荣定指日可待。

谨以此书献礼于笔者深爱的祖国与人民，献礼于社会主义事业的建设者，献礼于为中华民族抛头颅洒热血的先烈，献礼于传承中华优秀传统文化的仁人志士。感谢历史与时代把这样的机会给了笔者，感谢祖国与人民对笔者的哺育与培养，能做一个中国人，能做一个受中国传统文化滋养的中国人，笔者感觉既幸运又骄傲。不管您是谁，我们认识或者不认识，您对笔者的观点赞同与否，只要我们共同有着对中华优秀传统文化思想的热爱，有着对人类美好生活的期盼，我们就是盟友。如果您觉得这套书能对您有所启发，那一字一句都是笔者对您的祝福。

前言

探索中国传统教育学理论的意义

探索中国传统教育学理论具有重要意义，有助于弘扬中华优秀传统文化，有助于解决我们所面临的教育问题，有助于回应人工智能时代对教育的要求，有助于提升国家的国际影响力。

一、弘扬中华优秀传统文化

教育是弘扬中华优秀传统文化的有效途径。教育是把中华优秀传统文化思想教给受教育者，是在传承与弘扬中华优秀传统文化。本书总结了中华优秀传统文化思想中的教育理论，如果能用这些教育理论指导教育实践，就能使中华优秀传统文化从一项教育内容上升到全方面指导教育实践的教育思想。

中华优秀传统文化能提升教育品质。中华优秀传统文化中的教育相关思想有自身的特点，比如，“人皆可以为圣贤”的人性观、“天人合一”的宇宙观、“导之以德，齐之以礼”的育人观等，可为我们认识教育问题提供思考。

二、解决我们所面临的教育问题

中华人民共和国成立以来，我国的教育事业取得了非常大的发展，义务教育的普及、高等教育的扩张等，极大提高了全民的教育水平。在教育发展的过程中，我们也面临着一些发展“瓶颈”，比如德育问题、创新人才培养问题、教育公平问题、应试教育问题、学生心理健康问题等，这些发展"瓶颈"在中华传统教育思想中，都有一些解决方法，值得我们去深入探讨。

我国的教育事业，要培养的是社会主义事业的建设者与接班人，但是在教育理论与教育实践中，我们借鉴了很多西方的经验。西方的教育理论与教育实践，是根据其自身需要建立起来的，其人才培养目标与社会主义中国有根本性的差异。只有从我们自身的需要出发，构建基于中华优秀传统文化与本土文化的教育理论，才能更好地解决我们面临的教育问题。

三、回应人工智能时代对教育的要求

在人工智能时代，一方面，很多教育工作可以由人工智能完成，那我们要如何进行教育？另一方面，很多工作可以被人工智能替代，那我们要培养什么样的人才？这都是教育工作者要回答的问题。在中华传统教育思想中，道德教育与情志教育是重要的内容，这两类教育工作是人工智能难以替代的。中华传统教育思想侧重培养人的形象思维、感性思维等思维能力，这是人工智能难以获得的。中华传统教育思想，可以为人工智能时代的教育提供重要的参考。

四、提升国家的国际影响力

中华人民共和国成立以来，中国在经济、科技、军事、外交等领域都取得了长足发展，通过合作共赢等方式，在国际上展现了大国的风范与担当，这些成就的取得都是依靠各领域的人才，而人才的培养主要是依靠我国自己的教育系统来完成的。国际上很多国家都有向中国学习的意愿，而建立自主的教育学学术体系，是与其他国家进行交流的基础，有利于提高我国在文化与学术领域的国际影响力。中国与很多国家都有贸易往来与直接投资，让世界各国更深入地了解中国，可以促进合作。

本书的主要内容

在本书中，我们总结了中华传统文化思想中的教育学理论，可以为中华优秀传统文化教育提供一定的参考。需要指出的是，这只是认识中华传统教育思想的一个视角，并不是全部，也不是确定的真理，希望本书能够抛砖引玉，引出更多有价值的研究。

一、人性观与教育目标

在中华传统文化中，有“人皆可以为圣贤”的人性观。圣贤具有两个方面的基本特征：一是善性，二是无限潜能。对应到教育领域，即以培养圣贤为终极教育目标，德才兼备、自由而全面发展可以理解为“成为圣贤”的过程性目标。也就是说，中华传统文化思想中，培养圣贤的教育目标与当今时代的教育目标、与共产主义的教育目标是相契合的。

二、教育内容

根据评价圣贤的标准，我们总结出传统教育思想侧重的三项教育内容：道德、情志、才能。道德教育以智仁勇为三达德，可以化生出其他所有优良品质。道德教育是最核心的教育内容，统摄情志教育，如“知者不惑，仁者不忧，勇者不惧”；统摄才能教育，如“道明法自生”。情志教育是传统教育的重要内容，受教育者的情绪状态是评价教育效果的重要标准。“喜怒哀乐之未发，谓之中；发而皆中节，谓之和；中也者，天下之大本也；和也者，天下之达道也”，教育要培养受教育者“中和”的情志状态。才能包含的内容是无穷无尽的，个体首先需要具备维持生命、生存与生活的基本能力，在此基础上根据自己的兴趣、特长及社会需要等，发展自身的特殊能力。

三、教育原理

《论语》里有这样的论述：“导之以政，齐之以刑，民免而无耻；导之以德，齐之以礼，有耻且格。”在中华传统教育思想中，以德与礼来引导人，而不是以政与刑来规制人。

《大学》中说：“大学之道，在明明德，在亲民，在止于至善。……物格而后知至，知至而后意诚，意诚而后心正，心正而后身修，身修而后家齐，家齐而后国治，国治而后天下平。”这段话为我们展示了教育的原理。“格物致知”属于“知”的范畴，“诚意正心”属于“情”与“意”的范畴，“修身、齐家、治国、平天下”属于“行”的范畴，情意是知行的桥梁。“知”是一种理性标准，即在理性上知道什么是正确的；在知道什么是正确的行为标准以后，如果在践行这种行为标准时能够获得积极的情志体验，就会自觉地去这样做；如果能够经常这样做，就成为一种行为习惯；在行为习惯的基础上，即使面临挫折与困难，也会保持高的道德标准，对自己严格要求，这一阶段可以认为是“强力不反”；在“强力不反”的基础上，高尚的人格修养成了个体生命的本色，不受任何外在环境影响，这就是一种“安而行之”的人格境界。总结传统的教育思想，教育有五个相互衔接的阶段：理性标准、情感共鸣、行为习惯、强力不反、安而行之。

儒家经典《大学》中说“知止而后有定，定而后能静，静而后能安，安而后能虑，虑而后能得”，“知、止、定、静、安、虑、得”，是教育者的情志状态，是自我修养的“心法”。

中国传统教育还讲究“由近及远”，从如何对待家人推广到如何对待其他人；讲究“由易到难”，从容易学习的内容逐步推进到相对难的内容。根据人成长的逻辑，在人生的不同阶段教育有不同的重点发展内容。

四、教育原则

传统教育讲究“因材施教”，要根据受教育者的情况给予有针对性的教育。对任何人的道德教育都是以“至善”为目标，在教育过程中遵循以下原则：适宜其所面临的情境，针对其面临的主要问题，符合其发展水平，帮助其向最近发展区提高等。对于任何人的情志教育都以“中庸”为目标，追求情志的中正平和。对于才能的因材施教，要注意扬长避短，使受教育者坦然接受自己的不足，并在自己擅长的方面充分发挥自身的才能。

五、教育方法

在教育方法方面，传统文化中包含丰富的内容。修己安人，以身作则，教育者不断提高自身的修养是实施良好教育的关键。多读圣贤书，能吸取古圣先贤的智慧、吸收人类的集体智慧，并应用于自身的实践。生活教育，指把教育融入日常生活之中，既是随时随地的教育，也是实用有效的教育。寓教于乐，指把教育内容渗透到具有娱乐性的教育形式之中，比如故事、艺术、游戏等形式，寓教于乐是知行情意的统合，是对积极人格与良好情志的培养，其本身也蕴含了不可替代的教育内容。师徒制是中国历史上一种重要的教育形式，师徒制教育是师父以身示范，是生活教育，也是整体性教育。成为圣贤是教育的终极目标，其之实现既需要个体终其一生的努力，又需要在整个社会中完成。

六、师生关系与同伴关系

传统教育思想还重视良好的师生关系与同伴关系。“安其学而亲其师，乐其友而信其道，是以虽离师辅而不反”“独学而无友，则孤陋而寡闻”，老师要“传道授业解惑”、修己安人、教学相长、诲人不倦；学生应尊师重教、谦虚好学、开放包容、勤奋刻苦、学而不厌。

七、家庭教育

前面我们所介绍的教育理论，也是家长进行家庭教育应该掌握的。对于家庭教育来说，其重点是要与学校教育形成互补，而不是学校教育的简单延伸。学校教育在知识教育领域具有优势，家庭从事知识教育的效率比较低，但是，对于道德教育与情志教育，家庭教育是有特殊优势的。家庭可以根据自家孩子的具体特征将因材施教进一步深化。

八、中华优秀传统文化教育

我国提出要把中华优秀传统文化教育“贯穿国民教育始终”。中华优秀传统文化是能够反映人生真谛的文化，谨防以其他文化的价值观来判断中华传统文化的精华与糟粕。中华优秀传统文化教育思想的核心是人的品格，重点是整体观的思维方式及与之紧密联系的世界观、价值观和人生观。在中华优秀传统文化的教育过程中，要深刻理解教育的目的，以及教育形式和教育目的之间的关系，使两者相匹配。在中华优秀传统文化的教育过程中，应谨防不良倾向，比如买椟还珠、头上安头、偷梁换柱、夹杂混淆等。为了更好地实施传统文化教育，应该发展基于中华优秀传统文化的教育理论，积累相关教育资源，培养相关师资力量，并传播相关教育方法和经验。中华优秀传统文化在教育领域有广阔的应用前景，比如创新人才的培养、健康教育、心理健康教育等。

目录

第一章　中华传统人性观——人皆可以为圣贤

人性观是教育的出发点，教育者秉承着什么样的人性观，就可能会潜移默化地把人向着这个方向培养，人性观是决定教育目标的重要因素。在中华传统文化中，有“人皆可以为圣贤”的人性观，圣贤有两个基本特点：一是具有善性，二是具有无限潜能。受教育者作为有潜力成为圣贤的人，其特点表现为，善性与无限潜能。“人皆可以为圣贤”的人性观，与中华传统文化中的整体观思维是密切相关的。这种人性观具有重要的教育意义。

第一节　人皆可以为圣贤的人性观[①]

一、从善恶角度认识人性

在中国传统思想中，有很多关于人性的认识，比较有代表性的是儒家经典著作中的相关论述，其中包含孟子的性善论、荀子的性恶论、告子的性无善无不善论等。[②] 关于孟子的性善论，我们主要阐释两个方面：一是孟子为什么认为性善，二是孟子如何看待人之恶；关于荀子的性恶论，我们主要阐释荀子为什么认为性恶，荀子如何看待人之善，并对其观点进行评价。

1. 孟子性善论——天性善

孟子认为人天生就具有“恻隐之心”“羞恶之心”“辞让之心”“是非之心”，这“四心”分别是仁义礼智之端，因此，人的天性是善的。[③] 既然人的

---

① 本节内容在《中国人文管理学理论》一书中有更详细的论述，感兴趣的读者可以参考。

② 在后续的发展中，也有人提出了性“有善有恶”等观点，作为现有观点的整合，对于教育来说并不会增加新的价值，这里我们就不做介绍了。

③ （战国）孟子等．四书五经［M］．北京：中华书局，2009：73.

天性是善的，在现实中为什么人与人之间有差异呢？为什么有的人有恶的表现呢？孟子认为，差异是由外在条件造成的，是环境的差异使人表现出善恶差异。就像同样的麦子种子，不管在什么环境下都会长出麦子，但是地理、气候、种植水平的差异，麦子的产量是有差异的。同样具有善良天性的人，可能因为外界环境的差异而有不同的行为表现、内心感受等。所有物类都会有一些相同的特征，人也不例外。在形体、口味、审美等方面，人都具有相似性，“心”也应该是具有相似性的。人的口之于味、耳之于声、眼之于色都有相似的偏好，心也可能有相似的偏好，这个相似的偏好就是“义”。就像善于烹饪的厨师，可以根据自己对美味的了解做出大部分人都喜欢吃的美食，圣人也可以根据自己对人性的了解，制定符合人性需要的理义，圣人所制定的理义是顺应人性的。①

2. 荀子性恶论——禀性恶

荀子认为人在情性上有追求欲求满足的倾向，眼睛、耳朵、口、心、身体等都愿意去获得愉悦体验，各类欲求是人天生就有的，所以是人的本性；有了欲求以后就想被满足，为了满足欲求就可能与人起纷争，所以人性是恶的。而仁义礼智信需要“师法礼义”的作用才能获得，所以不是本性。② 有人问荀子，既然人性是恶的，那礼义是怎么产生的。荀子回答说：“礼义法度者，是生于圣人之伪，非故生于人之性也。”③

3. 告子无善无不善论——习性染

《孟子》中讲到，告子认为：“性如湍水也，决诸东方则东流，决诸西方则西流。人性之无分于善不善也，犹水之无分于东西也。”④ 也就是说，人性是受条件和环境影响的，无所谓善恶，受到好的影响就是善的，受到恶的影响就是恶的。孟子反问说：“水信无分于东西，无分于上下乎？人性之善也，犹水之就下也。人无有不善，水无有不下。今夫水，搏而跃之，可使过颡；激而行之，可使在山。是岂水之性哉？其势则然也。人之可使为不善，其性亦犹是也。”⑤ 孟子说水虽然不分东西，但是一定分上下，必然是向下流，善之于人，就像下流的性质之于水。

---

① （战国）孟子等．四书五经［M］．北京：中华书局，2009：104.
② （战国）孟子等．四书五经［M］．北京：中华书局，2009：420-423.
③ （清）王先谦．荀子集解［M］．沈啸寰，王星贤整理．北京：中华书局，2012：423.
④ （战国）孟子等．四书五经［M］．北京：中华书局，2009：103.
⑤ （战国）孟子等．四书五经［M］．北京：中华书局，2009：103.

中国有句古话叫“近朱者赤，近墨者黑”，在《论语》中也有“性相近也，习相远也”的说法，① 自古也流传着孟母三迁择邻的故事，这些都肯定了人的习性是受环境影响的。正如我们前面所论述的，受环境影响所形成的外在表现不能与本质划等号。

4. 如何看待不同的人性观

通过总结孟子的性善论、荀子的性恶论，以及告子的性无善无不善论，可以发现，三者是在不同的层面论述人性。孟子认为“天性善”，荀子认为“禀性恶”，告子认为“习性染”，三者之间并不矛盾，而是从不同角度为我们呈现了人的真实模样。下面我们还是以种子作为比喻，认识三者的区别。

天性：麦子的种子只能长出麦苗，将来结果也是结麦子，不能长出其他植物，不能结其他果实；其他种子也不能长出麦苗，不能结麦子。

禀性：麦子的种子需要适宜的阳光、土壤、水分、温度等，才能发芽，成长，结果。其他物种的种子在适宜的条件下，也可以发芽，成长，结果，但是，却不能结出麦子。

习性：同样的麦子种子，在干旱的条件下，为了获得更多水分，根就扎得深一些；在水源充沛的情况下，根就扎得浅一些。

在这个过程中，种子的种类非常重要，虽然不满足相应的条件，种子不能发芽，但是，如果没有种子本身所具有的特性，即使条件再适宜也无济于事。种子所具有的属性是不随条件变化的，类似于天性；种子能否长成植株开花结果需要适宜的条件，类似于禀性；在不同的条件下，植株等可能有不同的特点，类似于习性。

综上所述，在中国传统思想中，人性的善恶特征是“天性善，禀性恶，习性染”。不管是从哪个角度来认识人性，中国传统思想中的人性，都是以人观人，把人当成人来看。在中国传统思想中，我们可以看到性善、性恶、性无善无恶的观点，表面上看起来似乎这些观点是相互矛盾的，其实并不矛盾，不同的观点是从不同角度来认识人性，禀性恶、习性染，都不能否定天性善。在中华传统文化中，儒释道有机融合，《孟子》中说“人皆可以为尧舜”②，佛家说“一切众生皆有佛性”③。可以说，中国文化从源头上，是具有“性

---

① （战国）孟子等．四书五经［M］．北京：中华书局，2009：38.

② （战国）孟子等．四书五经［M］．北京：中华书局，2009：107.

③ 鸠摩罗什等．佛教十三经［M］．北京：中华书局，79.

善”倾向的，相信人的天性是善的。对于性善论的认识，我们不是说在每一个情景中每一个人都会表现出“行善”的特征，而是每个人都具有“向善”的可能性，都具有成为“善人”的可能性。①

二、从潜能角度认识人性

《孟子》中说，“圣人与我同类者”②“人皆可以为尧舜”，每个人都具有成为圣人的潜质。在儒家经典《中庸》中有这样的论述：“知、仁、勇三者，天下之达德也，所以行之者一也。或生而知之，或学而知之，或困而知之，及其知之一也；或安而行之，或利而行之，或勉强而行之，及其成功一也。”③ 可以看出，虽然不同的人在“知、仁、勇”三个方面会表现出一定的差异，但是，都具备达到同样的“知之”“行之”的潜能。《论语》中说“为仁由己，而由人乎哉”“我欲仁，斯仁至矣”，也从一定程度上肯定了人的潜在能力。中国的传统思想相信每一个人都具有无限的潜能。

中国对人性潜能的这种认识，集中体现在耳熟能详的寓言故事《愚公移山》中。《愚公移山》影响着中国人的人性观。《愚公移山》是《列子·汤问》中的一则寓言故事，原文如下。

太行、王屋二山，方七百里，高万仞。本在冀州之南，河阳之北。

北山愚公者，年且九十，面山而居。惩山北之塞，出入之迂也。聚室而谋曰：“吾与汝毕力平险，指通豫南，达于汉阴，可乎？”杂然相许。其妻献疑曰：“以君之力，曾不能损魁父之丘，如太行、王屋何？且焉置土石？”杂曰：“投诸渤海之尾，隐土之北。”遂率子孙荷担者三夫，叩石垦壤，箕畚运于渤海之尾。邻人京城氏之孀妻有遗男，始龀，跳往助之。寒暑易节，始一反焉。

河曲智叟笑而止之曰：“甚矣，汝之不惠。以残年余力，曾不能毁山之一毛，其如土石何？”北山愚公长息曰：“汝心之固，固不可彻，曾不若孀妻弱子。虽我之死，有子存焉；子又生孙，孙又生子；子又有子，子又有孙；子子孙孙无穷匮也，而山不加增，何苦而不平？”河曲智叟亡以应。

操蛇之神闻之，惧其不已也，告之于帝。帝感其诚，命夸娥氏二子负二

① 在后续的发展中，也有人提出了性“有善有恶”等观点，作为现有观点的整合，对于管理来说并不会增加新的价值，这里我们就不做介绍了。

② （战国）孟子等．四书五经［M］．北京：中华书局，2009：107.

③ （战国）孟子等．四书五经［M］．北京：中华书局，2009：55.

山，一厝朔东，一厝雍南。自此，冀之南，汉之阴，无陇断焉。[①]

列子是道家的代表人物，在中国历史上儒释道三家能够共同发展，一个重要原因是三个流派虽然各有侧重，但是在一些根本性的问题上是具有一致性的。佛家认为“众生皆具佛性”“自性具足”，也肯定了人的无限潜能。因为《愚公移山》的故事广为人知，这里我们就借这个故事来分析中华传统文化中如何认识人的潜能。

1. 愚公为何移山

看起来愚公移山是绝对不可能的事，但是，愚公偏偏相信可能，相信“何苦而不平”，敢于做出移山的决定。故事背后隐藏着中华民族的人性观——相信任何一个平常人的无限可能。

在中华文化中，人们相信“人皆可以为圣贤”，相信每个人都具有“神性”的自我。在中华文化中，没有一个主宰一切的神，中国的“神”大多是平常人通过自我修炼而超凡入圣。儒释道是中国的代表性文化，三个流派的代表性人物孔子、释迦牟尼、老子本身都是“人”，也是“人”之子，释迦牟尼在俗世间是王子，其父亲是国王，也都是“人”。中国文化中的很多神仙，都是平常人通过“修炼”而成为神仙的，比如八仙过海中的八仙。中国文化不是相信一个高高在上的神在主宰一切，而是相信自我的能动性，每个平常人都有无限潜能。不仅平常人相信自己的无限可能，“不平常”的精英也相信平常人的无限可能。《愚公移山》中说“操蛇之神闻之，惧其不已也”，一个“神”，居然对愚公“惧其不已”。可见，不仅“人”相信自己的“无限可能”“神”也相信“人”的“无限可能”。换一个角度来看，就是不仅相信自己的“无限可能”，也相信他人的“无限可能”。

这种“无限可能”不是局限在自我身上的机械的可能，而是相信自己可以贡献力量，也相信其他人可以贡献力量，每个人做好自己能做的事，就可以实现整体的目标。愚公为何要移山：一方面移山是一件利人利己的事；另一方面愚公相信自己和人类的“无限可能”。

2. 愚公如何移山

愚公要如何移山呢？“帝感其诚，命夸娥氏二子负二山，一厝朔东，一厝雍南。”移山成功看起来靠的是“帝”与“夸娥氏二子”的力量，但是，归

① 杨伯峻. 列子集释［M］. 北京：中华书局，2016：167-169.

根结底是愚公自己之“诚”所带来的“神力”。一位“至诚”之人，就具有了“神性”，具有“神”的力量。“帝”是谁？可能是一种高高在上的意志，也可以说是愚公自己由诚而致的“神性”。

“诚”是如何发挥作用的呢？愚公之“诚”，决定了自己坚定不移地行动，影响了自己的家人，影响了乡里的“孀妻弱子”，也感动了天上的“帝”。“诚”从自“心”开始，决定着自己的态度、情感、行为等，然后可以影响家人、影响乡里，乃至影响整个世界。内心一旦有了“至诚”，天地万物都要随之变化。

“诚”从哪里来呢？愚公移山开路，受益的不只是自己，还有面临同样困境的其他人，移山开路是一件造福百姓、造福子孙后代的事，因此，才会“得道多助”。《中庸》有言“诚之者，择善而固执之者也”[①]，“择善”与“固执”是达到“诚”的两个条件，做符合善性的正确选择，然后坚持不懈地去做。“坚定不移的信心与坚持不懈的努力”和“相信任何平常人的无限可能”存在着联系，一旦相信了人的无限可能，就相信人可以克服任何困难，在面对困难时就不会轻易退缩。总结起来，在中国的文化思想中，相信一个善良的人有善良的愿望并坚持做善良的事，就可以开发自己的无限潜能，创造奇迹。

第二节　中华传统文化中的整体观与人性观[②]

中华传统文化中为什么产生了“人皆可以为圣贤”的人性观？这是与中华传统文化中的整体观密切联系的。

一、从中西方思维方式差异看中华传统文化中的整体观

中西方在思维方式上有多方面的差异，从比较根本的层面上看，一般认为，中国文化中的思维方式偏向于一元整体观，西方文化中的思维方式偏向于二元分析观。这里我们通过认识东西方的思维方式差异，来感受中华传统文化中整体观的思维方式。首先，我们介绍社会心理学家关于东西方思维方

① （战国）孟子等．四书五经［M］．北京：中华书局，2009：56.

② 本节内容在《中国人文管理学理论》一书中有更详细的论述，感兴趣的读者可以参考。

式差异的一些实验；其次，介绍东西方思维方式差异在饮食观、医疗观等日常生活中的体现；最后，介绍东西方思维方式差异在社会生活中的体现。

1. 社会心理学家关于东西方思维差异的实验

美国社会心理学家尼斯贝特（2006）在《思维的版图：东西方思维差异及其原因》一书中，使用多个实验比较东西方思维方式的差异，得到的结论是："东亚人更倾向于整体思维（holistic approach），西方人更善于分析思维（analytic approach）。"其中一个实验分别请美国人和东亚人看一张图片并请其对图片进行描述，然后通过其描述方式判断其思维方式。美国人一般是先看到图片中具体的物体，而东亚人更多的是先看到画面的背景环境。考察对图片中事物的记忆力时，相同的背景对东亚人的记忆会有帮助，而对美国人的记忆没有帮助。这些思维方式差异在现实生活中也有体现，比如"西方的儿童更容易理解名词而不是动词，而东亚的儿童与此正相反"。当选择是鸡与牛更相配，还是草与牛更相配时，西方人更多的是选择鸡与牛般配，因为他们同属于动物，具有相似的体征。而中国人更多的选择草与牛相配，因为牛吃草，它们之间具有联系。西方人看到的是属性的相似性，而中国人看到的是事物之间的联系。"相对于西方人来说，东方人更多的是从各种关系的角度来看这个世界的，西方人更倾向于从可以归入各个范畴的静止事物来看这个世界。"作者总结说"东方人和西方人在对世界本质的基本假设、关注焦点、感知各种关系的必要能力以及在复杂的背景中认识事物、归因的特点、从范畴还是从关系的角度来组织世界的倾向以及运用规则的倾向（包括形式逻辑）方面都存在着很大的差异"。

2. 整体观在日常生活中的体现

中西方的思维方式差异体现在生活中的方方面面，这里选择与人们生活密切相关的饮食观、医疗观等来进一步说明。

西方人看事物是分析思维，看食物也是将其分解为局部来看，其饮食观体现为营养学，把食物分解成构成食物的元素，比如蛋白质、脂肪、碳水化合物、无机盐、维生素、纤维素、水等。在分析思维中，评价食品要看其包含的成分。

中国人看食物具有整体思维，并不把食物分解成局部来认识其作用，而是从整体特征出发，比如，看食物的性味气色、寒热温凉、酸甜苦辣咸等，在营养学家眼里，即使成分是相似的，但是其生长环境不同，对人体的作用也是有差异的，所以中国人选择食物一般讲究应季、当地、野生等。食物不同的味道与颜色对应不同脏腑，比如，酸味入肝、甜味入脾、苦味入心、辣味入肺、咸味入肾，青色入肝、红色入心、黄色入脾、白色入肺、黑色入肾。成分的组合并不等于整体，以生命为例，人体所包含的物质大自然中都存在，但是，从大自然中获得这些物质却不能构成有生命力的人体。可见，总体是不能简单分解为局部的。整体具有其构成要素所不具备的特征。食物也是这样，一样的物质成分组成，并不一定对身体有相似的效果。比如，从成分上说，深山中的野生人参和家养人参是相似的，但是其药效却有很大差别，价格也相差悬殊。说明食物的局部成分不是其食用价值的唯一决定因素。如果按照西方的营养学观点，长时间加热能够破坏营养成分，但是，中国却有“九蒸九晒”的药食炮制方法，经过这样的炮制，有些药食可以具有更好的疗效。

3. 整体观在社会生活中的表现

尼斯贝特（2006）认为：

“中国人的社会生活是相互依存的，人们所追求的不是自由而是和谐——道家学说中的人与自然的和谐，儒家思想中人与人之间关系的和谐。……世界是复杂的，万事万物是相互联系的，物体（和人）的相互联系不是杂乱地堆砌，而是像织成网的绳子一样交织在一起的。在中国的哲学家看来，家庭是各个家庭成员相互联系而组成的，而在希腊哲学家眼里，家庭是各有特点而又互不相干的人们的集合。对中国人来说，复杂性和这种相互依存的关系意味着要了解一个物体而不顾其背景是注定要失败的。”①

“东亚人生活在相互依赖的世界中，自我是整体的一部分；西方人生活在自我是单一自由行动人的世界中。东方人重视成功和成就是因为这会给他们所属的群体带来益处；西方人重视这些东西是因为这些是个人价值的勋章。东方人重视和睦相处，并进行自我批评以确保做到这一点；西方人重视个性，他们力求自我完美。东方人十分在意他人的情感，他们力求人际间的和谐；西方人更在意了解自己，他们牺牲和谐来换得公平。东方人可以接

---

① （美）尼斯贝特．思维的版图［M］．李秀霞，译．北京：中信出版社，2006：13.

受等级制度和群体控制，西方人则喜欢平等的个人行动的空间。东方人回避争论和辩论；西方人则对从法律到政治到科学各个领域的辩论修辞充满了信心。”①

“亚洲人有集体主义的性格，西方人则持个人主义观念”。②

东西方思维方式的差异，不仅体现在抽象的思维层面，也体现在现实生活中。从个体的日常生活到社会生活都有着深刻的差异。而从这些差异中，我们可以感受到中国人整体观的思维方式。整体观与“人皆可以为圣贤”的人性观有着密切的联系，我们知道具有“圣贤”潜质的人有两个基本特征：一是善性；二是无限潜能。下面我们来讨论整体观与人性观的这两个方面的联系。

二、整体观与善性

中国人的一元整体思维，在宇宙观方面体现为“天人合一”、万物一体，帮助别人就是在帮助自己，蕴含了利他奉献的“基因”，在人性方面体现为“善性”。如果宇宙是一个整体，其会有什么样的特点，不是我们能够轻易想象的，但是，我们可以通过类比进行一些思考，比如，人体这个整体。人体是有免疫系统的，那些危害人体的病毒等，会被免疫细胞吞噬。宇宙是否也可能有类似的“免疫系统”，对于危害这个整体的对象，是否也有自己的防御机制。中国有句古话叫“善有善报，恶有恶终”，《西游记》中说“人心生一念，天地尽皆知，善恶若无报，乾坤必有私”，这是否可能是作为整体的宇宙的自我防御机制？如果存在这样的机制，只有“善人”才能安然地存在，也就保证了人的“善性”。从形而下的角度来看，就像水塘里的鱼通过水实现了连接，我们每个人都在与空间交换着空气，大家至少通过空气实现了连接。这种“天人合一”的整体观与“善性”的人性观是具有内在联系的。

三、全息整体观与人的无限潜能

中国人为什么相信人有无限潜能，这与中国的整体观是密切相关的。中国传统整体观是全息的整体观，整体中的每一个局部，并不是割裂分散的局部，而是全息的局部。就像磁铁，每分出一小块都会有自己的南极北极，相

① （美）尼斯贝特．思维的版图［M］．李秀霞，译．北京：中信出版社，2006：47.

② （美）尼斯贝特．思维的版图［M］．李秀霞，译．北京：中信出版社，2006.

当于每一个局部，都包含了反应整体的信息。以中医为例，在中医理论中，人体的每一个局部都可以反映整体，比如手、脚、眼睛、鼻子、舌头、耳朵等，每一个局部都可以看到整个人体的信息，并能对整个人体进行调理，所以中医中有望诊、舌诊、手诊、眼诊、耳针、足疗等。同一个身体问题，可以在手上治，可以在脚上治，可以在腿上治，可以在手臂上治，可以在头上治，可以在肚腹上治等，都可以有良好的效果。比如，一个人的肺脏有问题，在手的肺部反射区可能有硬结，在脚、腹部、背部、眼睛、脸、鼻子、耳朵、皮肤等部位可能都有相应反应，或是硬结，或是红疙瘩，或是黑痣，或是疼痛，等等。如果通过按揉，揉开手上的硬结，肺部好转了，可能会带动各个部位都随之好转。这就是一个微小部位的调整，对整体的影响，可谓牵一发而动全身。世界也是相似的，一个人如果能够改变自己，就可能改变家庭，可能影响整个社区。社会的进步无非每个人都在进步。一个人可能会觉得自己对世界无力可施，对他人无可奈何，看什么都感觉不顺眼，想什么都感觉不顺心，但是，如果能从改变自己开始，自己改变了，看什么可能都感觉顺眼了，想什么可能都感觉顺心了，自己的改变可能带动身边的人改变，从而整个世界都变美好了。自己去努力，不一定能改变别人的世界，但是一定能改变自己的世界。如果每个人都改变，整个世界可能就真的改变了。

中国传统思想中有“天人合一”的宇宙观，在中国人眼里，人与整个宇宙是一体的，作为宇宙的一个局部，人具备了影响整个宇宙的能力，也具备了无限潜能。从这个角度来看，只要每个人都做好自己，就可以影响整个世界。“影响整个世界”听起来似乎是不可能的，但是“做好自己”，是每个人都可以实践的。每个微小的个体都具有影响整体的力量。我们知道，一块小石子落入湖水中，整个湖面都会泛起涟漪。一条小鱼在水中游动，也会引起整个水系的波动，虽然这种波动可能会很小，甚至是难以察觉的，但是，这种影响在理论上是存在的。就像鱼生活在水中，人是生活在空气中的，人在空气中的活动也会以波动的形式影响很大的空间范围，所以人的一言一行、一思一念，都可能具有影响力，影响着自己所在的时空，甚至是世界与宇宙。可见，中国传统思想中“人有无限潜能”的人性观，是有理论支撑的，并不是妄自尊大。物理学里有一个共振的概念，如果一个人引起的波动，能与其他人所引起的波动共振，这种力量就可能发生叠加，就会被放大。愚公的想法与行动影响了家人，影响了邻居，也影响了操蛇之神与天帝。中国人的思维方式可以与量子理论相契合，比如，中国的全息整体观就可以对量子纠缠有一定的解释力。在未来的量子时代，中国人的思维方式将更有用武之地。

如果“天人一体”，每个人都是宇宙的全息，在自己这个局部调节不好的问题，就可能通过调节其他“部位”而获得效果，比如，通过帮助别人使自己的境遇获得改进。作为地球上的生命，我们每个人都与地球息息相关，地球的处境也会影响每个人。对于每个人来说，并不是把垃圾从家里丢给地球，就与自己没有关系了，丢掉的垃圾可能以某种方式在与自己共处，所以我们每个人都应该有爱护地球的环保理念。这种全息整体观也会使人向善。

四、整体观与人性观

中国“人皆可以为圣贤”的人性观，是有其理论基础的，是与中国的整体观一脉相承的。善性与潜能两者是有机联系的，善性是潜能的前提，只有具备了善性才可以有无限潜能。“仁者无敌”“皇天无亲，惟德是辅”，都可以为我们认识两者的关系提供启示。如果人具有“善”的天性，只有顺从这种天性才能获得力量。在整体观视角下，即使理性人也可以具有利他的善性。理性人假设人具有自利性，而整体观认为“天人合一”、万物一体，善待其他人、善待万事万物，就等同于善待自己，人自然要“善”。在全息整体观视角下，人只要能够改变自己，就具有了改变世界的可能。人只要具有善性和无限的潜能，就具有成为圣贤的可能。《礼记·礼运》中说道：“故人者，其天地之德，阴阳之交，鬼神之会，五行之秀气也……故人者，天地之心也，五行之端也，食味别声被色而生者也。”①

中国历史上有帝王将相的历史观，认为帝王将相是历史的创造者，百姓不过是他们的配角；国际上有一种精英主义的历史观，认为精英是世界的主宰，其他人是可有可无的。中国近现代产生了人民史观，提出人民群众是历史的主体，是历史的创造者，这种人民史观与全息整体观是深切吻合的。人民不仅作为一个群体具有强大力量，而且每个个体都具有不可忽略的力量。作为个体，我们每一个人都应从我做起，为建设一个更美好的世界而贡献自己的力量。这种力量的发挥也是有条件的，就是要“符合整体的要求”，具有对整体的“善性”，符合“天道”，否则就可能被整体淘汰。还是以医学为例，作为整体的人体，有自己的运行机制，那些老化的细胞会被代谢掉，那些对身体有害的细胞会被免疫系统吞噬。个体的无限潜能的发挥，要以对整

---

① （战国）孟子等．四书五经［M］．北京：中华书局，2009：346.

体的善性为前提。

第三节　人性观的重要教育意义

人性观是人们对人的基本看法，可能与真实的人性一致，也可能不一致，它以信念的形式存在，影响着人的思维方式与行为方式。关于人性到底是善是恶，我们无法给出确切的答案。一方面期待科学的发展，能帮助我们实证检验其答案；另一方面期待人类在社会生活中能持有有益于社会发展的人性观。

每个人的内心，都有一个隐含的人性观，而教育实践者不管是否明确认识到自己的人性观，这个潜在的人性观必然会体现在自己的教育实践之中。有一次，在我讲授中华传统文化相关课程的课间，一个大三女生来找我，她看起来满面愁容，非常憔悴，她说自己已经几天没有睡好觉了。一则新闻消息让她久久不能平静：一个不到 10 岁的小孩把一个素不相识的 3 岁小孩以残忍手段伤害致死。她说自己从小就立志当老师，一直觉得所有的孩子都是可以被教育好的，但是，看到这条新闻以后，她受到了非常大的打击，感觉自己没有能力教育好这样的孩子，有些孩子天生就是恶魔，是无法教育好的，这让她对自己的理想产生了怀疑，以至于好几天都夜不能寐。从这件事我们可以看到教育者的人性观的重要性，这位女生因为这件事产生了“有些孩子天生就是恶魔，是无法教育好的”的人性观，甚至怀疑教育的意义及自己的教育理想。我对她说，不排除有些孩子天生就有点儿恶，但是，你试想一种情境，有些小孩刚会走路时，看到蚂蚁就踩着玩，如果这个时候大人能教育孩子，蚂蚁也是生命，被伤害也会疼痛，蚂蚁也可能有自己的家人，家人失去它们也会痛苦，教育孩子不要随便伤害蚂蚁，甚至让孩子走路时小心不要踩到蚂蚁，你觉得一个连蚂蚁都不忍心伤害的孩子，会去把另一个孩子残忍杀害吗？她无精打采的眼神马上明亮起来，开心地说不会。不管是孟子的性善论，还是荀子的性恶论，还是告子的性无善无不善论，都承认教化对人的作用，都相信“师法礼义”及适宜的外在环境，有利于个体表现出更多的善性。

中华传统文化中相信人具有无限潜能的人性观，无论是在日常生活中，还是在管理实践中，都有所体现。相信人的无限可能，无论是对个体还是对群体来说，都是非常重要的，很多事情只有想得到才能做得到。想到了，树立了目标，然后努力去做，终有一天能实现；但是，如果想都没想到，就很难做到。如果认为事情绝对不可能，就没有动力去做，也就不可能实现。有些事情，可能在开始的时候，并不是所有人都会相信，但是，只要有一部分人相信，就可能带动其他人。中国人创造了很多“奇迹”，很多看起来不可能的事，都被中国人变成了现实。

一、人的可塑性及其教育意义

人具有善的天性，但是，各种原因导致每个人外在所表现出来的善性有所不同，教育可以使人的善性更多地彰显出来。人具有无限潜能，教育的意义在于不断发掘人的这种潜能。人性观认为人是可塑的，是可以通过教育改变的，无论是对教育者，还是对受教育者都具有重要意义。

尼斯贝特（2006）指出：“对于东方人来说，物体的特性并不一定是稳定不变的。在西方，一个小孩如果数学学得很差，他就会被认为是没有数学能力或被认为是‘丧失了学习能力’。而在东方，这样的小孩会被认为是需要努力学习，或者是老师应该抓紧一点儿，或者是学习的环境应该改变一下。”①

心理学研究也发现，思维模式会影响儿童对自身潜力和能力的认知，进而影响其发展和成就。Dweek（2006）的研究指出，那些认为智力与能力是天生的且社会地位不可改变的孩子，在面临学习上的困难时，往往认为这是自己智力与能力有限的表现，在逆境中容易退缩；相反，那些认为能力可以通过努力学习培养的孩子，有更坚定的毅力，在逆境中也可能取得良好的成绩。中华民族“相信每一个平常人的无限可能”的文化特征，对于受此文化影响的每一个人，都是一笔宝贵的财富，可以促使人更自信、更努力。

二、人性观与学业成就

Stevenson 和 Stigler（1992）的研究表明，在评价不同影响因素对学业成绩的重要性时，华裔与日裔母亲相对于美国白人母亲，赋予努力的权重更高，赋予天分的权重更低。这种文化差异在孩子身上也有体现，美国白人的孩子认为天分是取得成功的重要因素，而华裔与日裔的孩子认为持续的努力是取

① （美）尼斯贝特．思维的版图［M］．李秀霞，译．北京：中信出版社，2006：96.

得成功的重要因素。“天分”是难以改变的，但是“努力”是可以改变的，可以认为华裔与日裔孩子更相信自己的“无限可能”，更相信“择善而固执之”的持续努力。

Liu 和 Xie（2016）的研究发现，在美国具有不同家庭社会经济地位的白人家长，对子女的教育期望有显著差异，家庭社会经济地位越低，家长对子女的教育期望越低；但是，不同家庭社会经济地位的亚裔家长，对孩子学业期望的差异则不显著，所有家长都对孩子有较高的教育期望；具有相同社会经济地位的亚裔家长比美国白人家长对孩子的学业期望更高。可以认为，亚裔家长更相信孩子的“无限可能”。该研究还指出具有相同社会经济地位的亚裔美国家庭比美国白人家庭的孩子学业成绩更好，更可能完成高中与大学教育，更可能获得研究生学位，更可能被一流的大学录取。该研究还指出，家庭经济状况、父母教育水平、父母职业情况等反映家庭社会经济地位的因素，不能解释亚裔孩子较高的学业成绩，在控制了家庭背景因素以后，亚裔学生的成绩仍然高于美国白人。即使家庭背景较差甚至处境不利家庭的亚裔子女，也都取得了相对较好的学业成绩。该研究认为，文化因素对这种差异有重要作用，文化可能直接对学生的学业成绩有影响，也可能调节家庭社会经济地位对学业成绩影响的大小。可以认为，信念上的差异造成了结果的差异，心念的差异造成了世界的差异，这也是“心诚则灵”的一种体现，潜在人性观的差异，体现在了孩子的学业成绩上。

三、人的无限可能与人工智能

教育领域对人工智能（AI）表现出一定的恐惧，比如，学术论文可能用AI来完成了。有学校或期刊明确提出，不许使用AI完成论文，或者必须做出一定的说明。这种恐惧说明教育与学术研究，还没有把人与机器区分开，没有充分挖掘人的潜能。有些教育就是把人变成具有某种劳动技能的“器物”，成为社会生产这个大机器上的一个部件，这样的教育本身就有问题，把人矮化成生产工具，把人生追求矮化成维持生存，把社会生活矮化成物质生产。我们要充分挖掘人的潜能，使其超越机器。

中国汉字是象形文字，在汉字里“学”与“觉”有着相同的部首，学习的重要内容就是“觉”。人工智能虽然可能在逻辑思维与理性思维方面很卓越，但是，在形象思维、辩证思维、感与觉方面，人类是有难以被替代的优势的。人类可以从眼神、语调等方面判断一个人的内心，这些是机器难以做到的。这正是我们的教育与人生发展该注重的方面。当然，也不是不培养逻辑思维与理性思维，是作为人的基本能力培养，而不是比较优势。如果我们能正确认识人的无限潜能，就不会在人工智能面前感觉恐惧。对“直觉”与“悟性”的培养，中华传统文化是有优势的，我们应该把这种文化优势尽快转化成教育优势。传统教育已经不能适应新的时代了，我们要基于中华优秀传统文化建立全新的教育模式，实现教育内容与教育方法的全新发展。

四、帮助学习者保持兴趣、树立自信

人具有无限潜能，但是，这种潜能要想转化成现实的能力，是需要一定条件的。一个人要对所做的事情有兴趣、有信心，才能坚定地积极探索，并最终取得成功。即使不获得所谓的成功，也至少会在这个过程中获得积极感受。如果学习是消磨兴趣、打击信心，就是与人才培养背道而驰。无论做什么事情，只要有兴趣去做，并具有做好的信心，在任何困难面前都能积极去解决而不退缩，就可以做好。

例如，有两个成年书法班，每个班都建立了班级群，一个班要求每天在班级群里打卡，老师会指出学生的问题，希望学生能改进，如果哪一天谁没有打卡，就会有负责的同学联系他；另一个班鼓励在群里打卡，但是没有强制的要求，是否打卡自愿，老师总是以热情而骄傲的语言表扬大家写得好，学生某方面存在问题老师一般只指出一次，希望以后注意。这两个班，您觉得哪班的同学会学得更好？实际结果显示是后一个班级，后一个班级甚至有很多学生，觉得自己写得很好，将来或许可以做书法家，所以大家学得非常起劲，投入了很多心思。前一个班有部分同学，觉得自己无法学好书法，已经准备放弃。有一个来自著名大学最热门学院的研究生，已经开始怀疑自己学不好书法了。他本是一个既有自信又有能力的人，老师每天指出他的书写问题，他每天都在努力改进，但是不管自己如何改进，第二天老师还是会指出同样的问题，他感觉自己无法达到老师的要求，愧对老师。前一个班的同学每天都在盯着自己的问题，每次写书法时都小心翼翼、胆战心惊，生怕又犯了老师指出的问题，要改进的问题没有改进多少，其他方面的成长也都忽略了。后一个班的同学，都觉得自己写得很好，虽然存在一些不足，但是，只要坚持练习，问题都会得到解决，他们每天都在看自己的优点并全面地提升自己。这样的例子在教育实践中并不少见。有一个小学生本来非常喜欢弹钢琴，自己的钢琴老师也是以鼓励为主，总是指出她好的方面，再补充需要改进的方面。这个小学生非常勤奋自律，每天不需要家长监督，自己会主动弹两小时钢琴。后来因为钢琴老师搬家了，孩子就换了一个钢琴老师，这个钢琴老师的教学风格是天天指出孩子的不足，让孩子改进，如果孩子做不到，就讽刺孩子能力不行。孩子自从换了钢琴老师，不仅没有进步，还在不断退步，甚至失去了学好钢琴的信心，觉得自己学不好音乐，每次提到音乐就会产生恐惧心理，再也不想弹钢琴了。

比如种庄稼，就算播种者再勤劳努力，也需要等到秋天庄稼才能成熟。不可能因为你勤劳，本该在秋季成熟的庄稼，在夏季就成熟了。学习过程中的很多问题，也是需要时间才可能解决的，不是老师指出来学生就能马上改进，改进需要一个过程，问题可能会随着学生的成长自然解决。在这个成长的过程中，会有很多方面的能力发展出来。如果只是盯着缺点看，缺点可能改进不大，其他方面的发展也被忽略了。教育者要多看学生的优点，帮助其保持兴趣与信心，只要兴趣与信心在，学好是早晚的事。

第四节　教育者应秉持的人性观

教育者所秉持的人性观，可能决定了教师如何看待学生，如何看待自己，如何看待师生关系，这是教育的重要起点。

一、教育者要相信受教育者的善性

在一所初中学校发生过这样一件事，一群男生在操场上奔跑追逐，操场上有一个大纸团，第一个男生看到纸团，想都没想就越过去了，第二个男生看到纸团犹豫了一下，但是，也没有停下奔跑的脚步越过去了，第三个男生看到纸团，本来已经要越过了，但是，他犹豫了一下，停下来捡起了纸团，捡起后环顾四周，发现垃圾桶在二三十米之外，他不想停下追逐同伴的脚步，就远远地把纸团扔向垃圾桶，纸团并没有被扔进垃圾桶，而是落在了垃圾桶之外，结果被在校园里巡视的校长看到了，校长对男孩进行了严肃批评。学校很重视学生的行为习惯培养，也经常强调扔垃圾时要扔到位，不能丢在垃圾桶外，这个男生正好触犯了规定，让校长火冒三丈。如果校长不是上来就假设这个男生是一个不遵守规范的学生，而是多问一句，纸团是哪来的，为什么不丢得认真一点，可能就会发现，一个正在奔跑疯玩的男孩，能停下来捡操场上的垃圾，相对于其他同学来说，是相当有责任心的。如果校长能表扬他并鼓励他下次丢垃圾要丢进垃圾桶，他可能会加强这种有责任心的行为。但是，受到批评的他，不知道会不会从此不想“多管闲事”。

教育实践中，这种老师“误解”学生的事并不少见。有时候老师可能会有一种倾向，认为每个学生都是需要教育的对象，任何事情都是教育的契机，尤其是在面对学生的时候，老师应该多提醒自己少做“有罪推断”，多做“无罪推断”，多去了解事情发生的缘由。

学校为了集体生活的需要，为了维持正常秩序的需要，对孩子的行为规范做了很多规定。很多规定并不属于自然人的需要，对孩子来说违反这些规定是难免的。但是，对于教师来说，抓违反纪律的学生成为习惯性思维。是社会生活强加给了孩子很多他们不需要的规定，老师应该多理解，并保持好自己的情绪，不要轻易认为谁是坏孩子。

二、教育者要相信受教育者的潜能

对于教育者来说，一定要相信孩子的“无限潜能”。有些家长很优秀，尤其是上学时学习成绩比较优秀的家长，很容易拿孩子的成绩与自己的成绩比较。自己的孩子是很难超越自己的。这就容易形成一种心理，就是自己做不到的，自己的孩子就很难做到。家长为孩子设了“上限”。如果孩子也有这种心理，就会一直生活在父母的阴影之下，这是非常不利于孩子发展的。父母和孩子都应该保持一种心理，就是人有无限的可能，父母能做到的，孩子也可能做到；父母做不到的，孩子也可能做到。

我父母生活在农村，会自己种一些杂粮吃，红小豆是每年必种的。我们自家种的红小豆从来不打农药，到了伏天很容易生虫子，母亲想到了一个办法，就是把小豆放到密封瓶里，就不会生虫子了，这也成了母亲保存很多小分量粮食的方法，我也学会了这种“家传”方法。母亲得意扬扬地告诉我，找一个小饮料瓶截去下半部分做成一个漏斗，这样向密封瓶里装粮食就容易了，我也长期采用了母亲的这种做法。直到有一次，我一边做饭一边想把新收到的豆子装进瓶子里，刚想装，做饭的锅又要去处理，情急之下，我就把瓶口伸进了装杂粮的尼龙丝袋里，把袋口在瓶口周围用手握紧，这样袋子就成了一个封闭的漏斗，很快就装好了。平时用漏斗装很慢，还总要掉一些，而我的新方法又快又不漏。这件事给了我很大的震撼，我们总是认为前人在教后人有价值的东西，其实，可能正是这些东西阻碍了后人获得更好的发展。

作为教育者，对自己所教给学生的东西，要保持一种谦虚的态度，不要觉得自己所教的内容就是绝对的真理，孩子可能有更好的答案。要相信每个学生都有无限的潜能，有超越了自己想象范围的潜能。

三、教育者要有向受教育者学习的心态

我个人的一个重要成长就是向一个小学生学来的。在一次旅程中，我与一位妈妈及其孩子——一个小学三年级男孩同行，我发现这个小孩子有个特点，他看到小动物的尸体时，如蚊子、蜜蜂、一些叫不上名字的昆虫等，总是将其掩埋了，还说一些祝福的话。这样的行为触动了我，我就询问孩子的妈妈。孩子的妈妈说，这是一种同理心，在中华传统文化里，人死了讲究入土为安，动物们死了也许会有同样的期望。小男孩掩埋动物尸体时那种单纯的善良打动了我，我感觉这样做是对的。从那以后，我也向他学习，看到小动物尸体时，我也会去掩埋，开始只是顺手这样做，后来就形成了一种“执着”，如果没有这样做就感觉过意不去，甚至有时候还特意去动物尸体多的地方掩埋。当我开始这样对待动物的尸体以后，我对活着的动物的态度也发生了变化，我变得不想去伤害动物，不想去把它们变成尸体。

当我这样对待小动物以后，我的心境、我与世界的关系也改变了，从前，如果在家里看到小动物，我会大惊小怪，甚至火冒三丈，觉得自己的空间被侵犯了。后来，我就能坦然接受家里那些不请自来的“访客”，我可以与他们和平共处，看到小动物我也不大惊小怪了，甚至有时候我能感受到一只小蜘蛛在单纯活泼地玩耍，一个小甲壳虫在懒散地晒太阳，小动物们也是有性格与情绪的。有时候在家里看到小动物，我会把它们请出去，但是并不是带着一种驱赶侵犯者的心态，而是觉得有更适合它们的空间。这样做的结果是，我很少因为小动物而烦恼或愤怒。这样做帮我实现了更好地控制情绪。

我虽然没有养过猫狗这样的宠物，但是我的家里间或有过不同种类的小虫子，对它们的态度是我对万事万物态度的重要组成部分，与它们的关系也是我与万事万物关系的重要组成部分。有一次，我去参观一个教育农场，由多方人员组成的参观团体看到农场广阔的天地顿时都兴奋了起来，饶有兴致地东看西看。突然，有人发现田地里有一只小白兔，在他的惊呼下，小白兔吸引了所有人的注意，一群人呼啦啦地向小白兔奔去，顿时小白兔的周围就严严实实地围了一圈人。大家跟小白兔打招呼，它不回应也不动，有人用石

块砸、用棍子捅，最后确定这是一只死兔子。原来这是一只不能取悦人的死兔子，热闹的人群一下子四散而去，刚才还人满为患的热闹场面，顿时只剩下我一个人。我想把兔子掩埋了，之前只掩埋过蚯蚓、蜗牛、蚊蝇之类小虫子的我，面对这个“庞然大物”感觉有点儿束手无策，我手头也没有合适的工具，怎么能挖这么大个坑呢？我去周围寻找，但没找到什么工具，但是在不远处发现一个土地特别松软的地方，可以很容易挖个坑，我就回头去取兔子的尸体。我硬着头皮伸出双手去抱兔子，在手触碰到兔子时，感觉它的身体是冰凉僵硬的，原来尸体是这个样子的，我心想我死之后可能也是这种感觉，心里一下子就变得柔软了，对生命与人生、生命与生命之间的联系，有一种难以言表的感触。我在前面讲过自己帮助一个大三女生解决“教育苦恼”的例子，其实也是受这件事情启发，是向那位小男孩学习的结果。如果我不曾向那位小男孩学习，我就不知道要如何解决这个女生的问题。成年人向社会学习了很多习以为常的做法，以为这是自己的经验，并想用这些经验去规范孩子。这些经验里有很多是束缚人的，但是人们却不自知，很多时候不受这些经验束缚的孩子，才是成年人最好的老师。按照中国传统理念，“修身”是要彰显人具有天性，不受社会污染的孩子可能比成年人更接近这种天性，从理论上看，孩子也可以做成年人的老师。成年人可以教给孩子社会规则，但是孩子可以教成年人重返天真——天性之本真。

四、教育者要尊重孩子的天性

一位特别有责任心的小学低年级班主任的班里有一位发育迟缓的孩子，家长对孩子的学业已经放弃了，但是班主任不忍心放弃孩子，还是想尽办法去帮助他。孩子的特点是语言能力发育迟缓，几乎不能说出完整的语句，学习的内容也是随学随忘，只会 10 以内的加减法。班主任为了帮助孩子学习，会把他叫到自己的办公室，一边批作业一边陪孩子写作业；还号召班里的同学帮助孩子，不歧视他；等等。班主任尽了自己最大的努力去帮助这个孩子，觉得自己为这个孩子献出了自己最大的爱心。有一次，她问孩子喜不喜欢自己的班级，孩子说喜欢；问喜不喜欢自己的同学，孩子说喜欢；问喜不喜欢自己这个老师，孩子紧闭着嘴不肯开口。班主任很受打击，觉得自己对孩子简直这么好，孩子居然不喜欢自己。班主任是从一个成年人的视角来看待这件事，从成年人的角度来说，班主任的做法非常让人敬佩与感动。然而，从孩子的视角来看，被叫到办公室由老师陪着写作业，并不是“恩典”，而是一种"惩罚"。这个老师就是没有从孩子的视角来看待这件事，而是以自己成年人的视角来看，才没有达到自己预期的相处效果。

每个孩子都有自己的成长节奏，但是在学校教育中，一般来说，我们只能是整齐划一地进行教育，没有适应这个节奏的孩子就被认为"落后"。有一些孩子可能并不适应这个整齐划一的节奏，对于这些孩子，老师应该给予足够的宽容。比如，对于小学一年级学生来说，到处跑、到处玩才是正常的；安静地坐在指定位置上，听话地做老师要求的事，这是不那么正常的。为了实现教育目标，老师需要逐步引导孩子，在这个引导过程中，老师要对那些"不听话"的孩子给予足够的宽容。老师要相信每一个孩子都具有人性的闪光点，要学会尊重他们，而不是居高临下地把他们变成我们期待的样子。

五、教育者要对学生一视同仁，评价标准要多元化

在教育领域，我们会自觉或不自觉地以学习成绩来评价学生，老师也容易偏向学习好的学生。这种评价标准是非常片面的。人有多方面的才华，但是现代社会偏向于用学习成绩来评价一个人，并以此来分配社会资源。这可能有其道理，但是也产生了一定的问题，使得一些学习成绩不好的学生发展被忽视。实际上，一些学习成绩不好的学生，可能擅长其他方面。教育者要善于发现孩子的长处，而不是用学习成绩来评价一切，应以多元化评价标准平等地赋予学生发展机会，做到一视同仁。

第二章　培养圣贤的教育目标及其评价标准

对人性的认识，决定了教育的目标。中华传统文化思想认为“人皆可以为圣贤”，认为每个人都具有成为圣贤的潜质，而教育的目标就是培养圣贤。教育目标有不同的层次，比如终极目标、阶段性目标等，这里我们首先探讨中国传统教育的终极目标。有了教育目标之后，就要确定评价目标实现程度的标准，评价标准从哪些方面评价一个人，在培养人时就要从那些方面去培养，也就确定了教育的内容。培养圣贤虽然是中华传统文化中的教育目标，但是其与当今时代德才兼备的教育目标有着密切的联系，因此，中华传统文化中的教育思想，对我们今天发展教育仍然具有重要的借鉴意义。

第一节　培养圣贤的教育目标

中国传统教育将培养圣贤作为终极教育目标，不同的受教育者其达到的程度会存在差别，但是人生的终极目标是相同的，教育的终极目标也是相同的。

一、天命之谓性，率性之谓道，修道之谓教

儒家经典《中庸》中说道：“天命之谓性，率性之谓道，修道之谓教。道也者，不可须臾离也，可离非道也。”[①] 教育是要“修道”，“修道”是要“率性”，“率性”是为了符合“天命”。“天命”是指人生来就具有的天性，而教育就是要实现人的这种天性。中国传统上有“人皆可以为圣贤”的人性观。具有“善性”及“无限潜能”是人与生俱来的特点，教育就是要把人的这些与生俱来的特点充分彰显出来。

---

① （战国）孟子等．四书五经［M］．北京：中华书局，2009：53.

二、大学之道在明明德，在亲民，在止于至善

从儒家修身的角度来说，做人应该追求的是“大学之道”，《大学》中说道：“大学之道，在明明德，在亲民，在止于至善。”① “至善”应该是指做人的最高境界，是学习能够达到的最高境界。朱熹《大学章句》有言：“止者，必至于是而不迁之意；至善，则事理当然之极也。”② “明德”是人性本具之至善天性。“明明德”是指通过学习使人本具之至善天性显发出来。朱熹《大学章句》有言：“明，明之也。明德者，人之所得乎天，而虚灵不昧，以具众理而应万事者也。但为气禀所拘，人欲所蔽，则有时而昏；然其本体之明，则有未尝息者。故学者当因其所发而遂明之，以复其初也。”③ “亲民”是对待他人的善性，不仅要自己“明明德”，也要以自己的“明明德”去帮助他人。也就是说，教育不仅是要使个体达到良好的状态，也要使其在社会中具有对他人的善性。郑玄注《宋本礼记》有言：“明明德谓显明其至德也。”④ 王阳明《传习录注疏》中讲到“修己”便是“明明德”，“安百姓”便是“亲民”，⑤ “至善是心之本体，只是明明德到至精至一处便是”。⑥ “至善”这个最高的境界是什么样的，普通人可能难以真正理解，其可能是一种“无善无恶”的境界，“至善”是一种最高的目标与追求，在达到这个目标之前还有很多层次或境界。

怎么实现教育的目标涉及教育方法，实现教育目标有一个前提，就是“知止”。“知止而后有定，定而后能静，静而后能安，安而后能虑，虑而后能得。”⑦ 朱熹说“止者，所当止之地，即至善之所在也。知之，则志有定向。静，谓心不妄动。安，谓所处而安。虑，谓处事精详。得，谓得其所止。”⑧ 作为传道授业的老师，应该引导学生明白至善之所在，明白当止之处，学习才能有正确的方向，才能有良好的效果。

---

① （战国）孟子等．四书五经［M］．北京：中华书局，2009：47.

② （宋）朱熹．四书章句集注［M］．北京：中华书局，1983：3.

③ （宋）朱熹．四书章句集注［M］．北京：中华书局，1983：3.

④ （汉）郑玄注．宋本礼记（第4卷）［M］．（唐）陆德明释文．北京：国家图书馆出版社，2017：148.

⑤ （明）王阳明撰．传习录注疏［M］．上海：上海古籍出版，2012：7.

⑥ （明）王阳明撰．传习录注疏［M］．上海：上海古籍出版，2012：7.

⑦ （战国）孟子等．四书五经［M］．北京：中华书局，2009：47.

⑧ （宋）朱熹．四书章句集注［M］．北京：中华书局，1983：3.

三、至诚如神

《中庸》有言："今夫天，斯昭昭之多，及其无穷也，日月星辰系焉，万物覆焉。今夫地，一撮土之多，及其广厚，载华岳而不重，振河海而不泄，万物载焉。今夫山，一卷石之多，及其广大，草木生之，禽兽居之，宝藏兴焉。今夫水，一勺之多，及其不测，鼋鼍蛟龙鱼鳖生焉，货财殖焉。……盖曰文王之所以为文也，纯亦不已。"① 空气无限得多就成了天空，土无限得多就成了大地，石头无限得多就成了高山，水无限得多就成了海洋，而对于人来说，诚无限得多就成了圣人，甚至成了神——至诚如神。在中国人心中，神具有无限的能力，而每个人都可以通过"至诚"而成神。

"神"与"至善"之境界的关系，我们是难以讲述清楚的，但是"神"相对来说是人们经常使用并相对容易理解的概念，具有一种相对于人来说的超越性，也就是说，人可以通过修养达到一种超越普通人的境界。

我们经常说，要遵守教育规律，而我认为教育真正的意义是超越规律，使人超越原来的自己。比如，按照一般规律来说，家庭经济条件不好的孩子，可能相对于家庭经济条件好的孩子，快乐程度相对较低。而教育的意义就在于，不管家庭经济条件如何，孩子都可以有相似的快乐程度。如果教育没有缩小家庭经济条件对孩子的影响，而仅仅是因循了规律，就相当于没有发挥作用。教育的意义在于可以帮助人超越自我，甚至把"普通人"变成"神"，变成"圣贤"。

第二节　教育目标实现程度的评价标准

教育的终极目标是培养"圣贤"，但是"圣贤"的境界并不是可以轻易达到的，在"圣贤"之下，还有不同的发展境界。这些不同的发展境界，可能是同一个个体的不同发展阶段，也可能是不同个体所处于的不同发展位置。《礼记》把人划分为圣人、贤人、君子、士人、庸人等不同类型，每个类型都有对应的特点，这种划分方式，可以为我们思考教育目标实现程度的评价标准提供参考。当然，这种划分方式可能有其时代特点，并不一定适合现在直接使用，我们可以借鉴其方法与思路，以此为参考，根据当今的时代特点与

① （战国）孟子等．四书五经［M］．北京：中华书局，2009：56.

教育的实际情况来确定教育目标实现程度的评价标准。

一、圣人的标准

中华传统文化中的人性观是“人皆可以为圣贤”，个人修养中也以“圣人”与“贤人”为追求目标。《中庸》中说道：“唯天下至圣，为能聪明睿知，足以有临也；宽裕温柔，足以有容也；发强刚毅，足以有执也；齐庄中正，足以有敬也；文理密察，足以有别也。溥博渊泉，而时出之。溥博如天，渊泉如渊。见而民莫不敬，言而民莫不信，行而民莫不说。是以声名洋溢乎中国，施及蛮貊。舟车所至，人力所通，天之所覆，地之所载，日月所照，霜露所队，凡有血气者，莫不尊亲，故曰配天。”① 《大戴礼记·哀公问》中说道：“所谓圣人者，知通乎大道，应变而不穷，能测万物之情性者也。大道者，所以变化而凝成万物者也。情性也者，所以理然不然取舍者也。故其事大，配乎天地，参乎日月，杂于云蜺，总要万物，穆穆纯纯，其莫之能循；若天之司，莫之能职；百姓淡然不知其善。若此，则可谓圣人矣。”② 《道德经》中也有很多关于圣人的论述，但是，不同的思想体系中圣人所指代的境界是有差别的。

圣人的影响力已经超越了人的范围，可以“配天”，“配乎天地，参乎日月”，“圣人，神明不测之号”③。圣人具有一种超越性，超越了一般人所能理解的境界。

二、贤人的标准

《大戴礼记·哀公问》中讲道：“所谓贤人者，好恶与民同情，取舍与民同统，行中矩绳而不伤于本；言足法于天下而不害于其身，躬为匹夫而愿富贵，贵为诸侯而无财。如此，则可谓贤人矣。”④ 贤人是愿意帮助他人的人，是对他人有利而无害的人，是言行能为他人提供正确示范的人，是有积极进取意愿与行为的人，是能在一定程度上放下个人得失而不贪婪的人。贤人的影响力还在“人”的范畴内，也是一般人可以理解的。

在中国文化中，“神”都是由人积功累德而超凡入圣的。当然贤人作为做

---

① （战国）孟子等．四书五经［M］．北京：中华书局，2009：57.
② 方向东译注．大戴礼记［M］．南京：江苏人民出版社，2019：19.
③ （宋）朱熹．四书章句集注［M］．北京：中华书局，1983：99.
④ 方向东译注．大戴礼记［M］．南京：江苏人民出版社，2019：18.

人的目标，也不是可以轻易达到的，现实中大多是以君子为做人目标。

三、君子的标准

一般来说，贤人与圣人是比较高的做人标准了。《大戴礼记·哀公问》中说："所谓君子者，躬行忠信，其心不买；仁义在己，而不害不志；闻志广博而色不伐，思虑明达而辞不争。君子犹然如将可及也，而不可及也。如此，可谓君子矣。"①《论语》中说："君子道者三，……仁者不忧，知者不惑，勇者不惧。"②《中庸》中说："知、仁、勇三者，天下之达德也，所以行之者一也。或生而知之，或学而知之，或困而知之，及其知之一也；或安而行之，或利而行之，或勉强而行之，及其成功一也。子曰：'好学近乎知，力行近乎仁，知耻近乎勇。'知斯三者，则知所以修身；知所以修身，则知所以治人；知所以治人，则知所以治天下国家矣。"③ 君子可能具有很多优秀品质，但是"知、仁、勇"应该属于比较核心的品质，具备了这三种品质就自然具备其他品质。

《论语》中提到："子路问君子。子曰：'修己以敬。'曰：'如斯而已乎？'曰：'修己以安人。'曰：'如斯而已乎？'曰：'修己以安百姓。修己以安百姓，尧舜其犹病诸！'"④ "君子所贵乎道者三：动容貌，斯远暴慢矣；正颜色，斯近信矣；出辞气，斯远鄙悖矣。"⑤ "有君子之道四焉：其行己也恭，其事上也敬，其养民也惠，其使民也义。"⑥ "君子不以言举人，不以人废言。"⑦ "人不知而不愠，不亦君子乎？"⑧ "君子不器"。⑨ "先行其言而后从之"。⑩ "君子去仁，恶乎成名？君子无终食之间违仁，造次必于是，颠沛必于是。"⑪ "君子怀德，小人怀土；君子怀刑，小人怀惠。"⑫ "君子喻于义，小

① 方向东译注．大戴礼记［M］．南京：江苏人民出版社，2019：17-18.
② （战国）孟子等．四书五经［M］．北京：中华书局，2009：32.
③ （战国）孟子等．四书五经［M］．北京：中华书局，2009：55.
④ （战国）孟子等．四书五经［M］．北京：中华书局，2009：33.
⑤ （战国）孟子等．四书五经［M］．北京：中华书局，2009：19.
⑥ （战国）孟子等．四书五经［M］．北京：中华书局，2009：14.
⑦ （战国）孟子等．四书五经［M］．北京：中华书局，2009：35.
⑧ （战国）孟子等．四书五经［M］．北京：中华书局，2009：5.
⑨ （战国）孟子等．四书五经［M］．北京：中华书局，2009：7.
⑩ （战国）孟子等．四书五经［M］．北京：中华书局，2009：7.
⑪ （战国）孟子等．四书五经［M］．北京：中华书局，2009：11.
⑫ （战国）孟子等．四书五经［M］．北京：中华书局，2009：11.

人喻于利。”[①] “君子欲讷于言而敏于行。”[②] “君子坦荡荡，小人长戚戚。”[③] “君子不忧不惧。……内省不疚，夫何忧何惧?”[④] “君子成人之美，不成人之恶。小人反是。”[⑤] “故君子名之必可言也，言之必可行也。君子于其言，无所苟而已矣!”[⑥] “君子和而不同，小人同而不和。”[⑦] “君子泰而不骄，小人骄而不泰。”[⑧] “君子上达，小人下达。”[⑨] “君子义以为质，礼以行之，孙以出之，信以成之。君子哉!”[⑩] “君子求诸己，小人求诸人。”[⑪] “君子矜而不争，群而不党。”[⑫] “君子谋道不谋食。……君子忧道不忧贫。”[⑬] “君子贞而不谅。”[⑭] “君子有九思：视思明，听思聪，色思温，貌思恭，言思忠，事思敬，疑思问，忿思难，见得思义。”[⑮] “君子惠而不费，劳而不怨，欲而不贪，泰而不骄，威而不猛。”[⑯] “君子固穷，小人穷斯滥矣。”[⑰] “君子道者三，……仁者不忧，知者不惑，勇者不惧。”[⑱]

标准是判断的前提，对于同样的情境，标准不同就会有不同的判断结果。自我修养首先是要确定做人的标准，人在不同角色中可能有不同的标准，但是都应该符合善性。“为人君，止于仁；为人臣，止于敬；为人子，止于孝；为人父，止于慈；与国人交，止于信”，[⑲] “仁”是做“君”的标准，“敬”是做“臣”的标准，“孝”是做“子”的标准，“慈”是做“父”的标准，“信”是与人交往的标准。知道了做人的标准，才能更好地按照正确标准来要

---

① （战国）孟子等．四书五经［M］．北京：中华书局，2009：11.
② （战国）孟子等．四书五经［M］．北京：中华书局，2009：12.
③ （战国）孟子等．四书五经［M］．北京：中华书局，2009：18.
④ （战国）孟子等．四书五经［M］．北京：中华书局，2009：27.
⑤ （战国）孟子等．四书五经［M］．北京：中华书局，2009：28.
⑥ （战国）孟子等．四书五经［M］．北京：中华书局，2009：29.
⑦ （战国）孟子等．四书五经［M］．北京：中华书局，2009：30.
⑧ （战国）孟子等．四书五经［M］．北京：中华书局，2009：30.
⑨ （战国）孟子等．四书五经［M］．北京：中华书局，2009：32.
⑩ （战国）孟子等．四书五经［M］．北京：中华书局，2009：34.
⑪ （战国）孟子等．四书五经［M］．北京：中华书局，2009：35.
⑫ （战国）孟子等．四书五经［M］．北京：中华书局，2009：35.
⑬ （战国）孟子等．四书五经［M］．北京：中华书局，2009：35.
⑭ （战国）孟子等．四书五经［M］．北京：中华书局，2009：35.
⑮ （战国）孟子等．四书五经［M］．北京：中华书局，2009：37.
⑯ （战国）孟子等．四书五经［M］．北京：中华书局，2009：44.
⑰ （战国）孟子等．四书五经［M］．北京：中华书局，2009：34.
⑱ （战国）孟子等．四书五经［M］．北京：中华书局，2009：32.
⑲ （战国）孟子等．四书五经［M］．北京：中华书局，2009：47.

求自己。如果一个人能在任何一个角色上都按照好的标准来做，就能算是一个好人。

四、士人的标准

《大戴礼记·哀公问》中孔子对士人的描述为："所谓士者，虽不能尽道术，必有所由焉；虽不能尽善尽美，必有所处焉。是故知不务多，而务审其所知；行不务多，而务审其所由；言不务多，而务审其所谓。知既知之，行既由之，言既顺之，若夫性命肌肤之不可易也。富贵不足以益，贫贱不足以损。若此，则可谓士矣。"① 士人的特点是虽然不完美，但是有可取之处；其言行虽然没有多么高尚的境界，但是，也不违背情理。

五、庸人的标准

《大戴礼记·哀公问》中孔子对庸人的描述为："所谓庸人者，口不能道善言，而志不邑邑；不能选贤人善士而托身焉，以为己忧；动行不知所务，止立不知所定；日选于物，不知所贵；从物而流，不知所归；五凿为政，心从而坏。若此，则可谓庸人矣。"② 庸人不知道正确的做人标准，没有正确的努力方向，其言行也不符合"善"的标准。

第三节　从君子标准的评价指标看教育内容

前文介绍了在传统经典著作中，圣人、贤人、君子、士人、庸人的评价标准，这些标准所涉及的指标提示我们从哪些方面培养人。例如，当问一个学生成绩好不好，我们要考虑他各个科目考了多少分数，60 分是及格的标准，90 分是优秀的标准，但是，考的科目是语文、数学，这就是考察的指标，知道了这些指标，我们就知道，如果要提高一个人的成绩，就要教育其学习语文、数学。后文我们以君子的标准为例，分析传统文化中对人的评价涉及哪些指标。之所以以君子的标准来进行分析，是因为传统经典著作中关于君子的论述最为丰富。

---

① 方向东译注．大戴礼记［M］．南京：江苏人民出版社，2019：17.

② 方向东译注．大戴礼记［M］．南京：江苏人民出版社，2019：16.

一、从君子标准的文本分析看传统教育内容

从表 2-1 可以看出，君子的标准主要涉及三个指标，即道德、才能与情志。《论语》中讲到“仁者不忧”，从大的方面来说，道德统摄情志。中国传统上又有“道明法自生”的看法，道德也可以统摄才能，可见，在三个指标中道德是核心，言行是道德的重要表现。三种教育内容并不是相互独立的，而是相互关联、相辅相成的。比如，人际交往既涉及道德教育与情志教育，也涉及才能教育。

表 2-1　君子的标准与涉及的指标

君子的标准	涉及的指标
所谓君子者，躬行忠信，其心不买；仁义在己，而不害不志	道德
闻志广博，而色不伐；思虑明达，而辞不争	道德、才能
君子道者三，……仁者不忧，知者不惑，勇者不惧	道德、情志、才能
修己以敬，修己以安人，修己以安百姓	道德、才能
君子所贵乎道者三：动容貌，斯远暴慢矣；正颜色，斯近信矣；出辞气，斯远鄙悖矣	道德、才能
有君子之道四焉。其行己也恭，其事上也敬，其养民也惠，其使民也义。	道德、才能
君子不以言举人，不以人废言。	道德、才能
人不知而不愠，不亦君子乎？	情志，道德
君子不器	才能
先行其言而后从之。	道德（言行）
君子去仁，恶乎成名？君子无终食之间违仁，造次必于是，颠沛必于是	道德
君子怀德，小人怀土。君子怀刑，小人怀惠。	道德
君子喻于义，小人喻于利。	道德
君子欲讷于言而敏于行。	道德、才能
君子坦荡荡，小人长戚戚。	道德
君子不忧不惧。……内省不疚，夫何忧何惧？	道德、情志
君子成人之美，不成人之恶。小人反是。	道德
故君子名之必可言也，言之必可行也。君子于其言，无所苟而已矣。	道德（言行）
君子和而不同，小人同而不和。	道德

续表

君子的标准	涉及的指标
君子泰而不骄，小人骄而不泰。	道德、情志
君子上达，小人下达。	道德
君子义以为质，礼以行之，孙以出之，信以成之。	道德
君子求诸己，小人求诸人。	道德
君子矜而不争，群而不党。	道德
君子谋道不谋食。……君子忧道不忧贫。	道德、情志
君子贞而不谅。	道德
君子有九思：视思明，听思聪，色思温，貌思恭，言思忠，事思敬，疑思问，忿思难，见得思义。	道德、才能、情志
君子惠而不费，劳而不怨，欲而不贪，泰而不骄，威而不猛。	道德、情志、才能

言行是道德的重要体现，修身都是要落实到行动上的。儒家经典中也特别强调“行”，比如：“弟子入则孝，出则弟，谨而信，泛爱众，而亲仁。行有余力，则以学文。”[①]“子贡问君子。子曰：‘先行其言而后从之。’”[②]“君子欲讷于言而敏于行”，[③]“子路有闻，未之能行，唯恐有闻”，[④]“子以四教：文，行，忠，信”[⑤]“君子耻其言而过其行”[⑥]“君子义以为质，礼以行之，孙以出之，信以成之。君子哉！”[⑦]等。此外，《论语》开篇“学而时习之不亦说乎”[⑧]中的“时习”也是带有实践行动的意义。

我们在新时代发展教育事业，一方面要学习西方注重知识与逻辑教育，另一方面也要注重中华传统文化思想中的道德与情志教育。当今的教育体系比较重视道德教育，有专门的德育系统，但是情志教育还没有提到同样的高度。人才的发展，智商只是一部分因素，面对困难与挫折等的情志调节能力也是非常重要的。

① （战国）孟子等．四书五经［M］．北京：中华书局，2009：5.
② （战国）孟子等．四书五经［M］．北京：中华书局，2009：7.
③ （战国）孟子等．四书五经［M］．北京：中华书局，2009：12.
④ （战国）孟子等．四书五经［M］．北京：中华书局，2009：13.
⑤ （战国）孟子等．四书五经［M］．北京：中华书局，2009：18.
⑥ （战国）孟子等．四书五经［M］．北京：中华书局，2009：32.
⑦ （战国）孟子等．四书五经［M］．北京：中华书局，2009：34.
⑧ （战国）孟子等．四书五经［M］．北京：中华书局，2009：5.

二、教育内容的体用分析

在前文中，我们把传统教育内容划分为道德、情志、才能三个方面，这主要是根据其功用性进行划分的。从本体上看，其实都是以道德为本体。“仁者不忧”，道德水平统摄情志水平；“道明法自生”，道德水平也统摄才能水平。因此，在教育领域，还是应该以道德教育为根本。虽然情志教育与才能教育都有自身的特点与功用，但是，如果脱离了道德教育，两者都难以取得良好的效果。

第四节　培养圣贤与当今教育目标的关系

我们研究中华传统教育思想，是为今天的教育发展服务。能否达到这个目标，在很大程度上取决于古今的教育目标是否具有某种程度的一致性。培养圣贤与德才兼备的教育目标和自由全面发展具有密切的关系。

一、培养圣贤与德才兼备教育目标的关系

前文我们分析了中华传统教育的终极目标是培养圣贤，圣贤的两个基本特征就是善性与能力。圣贤有卓越的能力，并且应用自己的能力以仁爱之心为人服务。圣贤的基本特征与德才兼备具有密切的联系，善性属于德，能力属于才。德才兼备是当今时代我们的教育目标，可见中国传统上培养圣贤的教育目标，与当今时代的教育目标具有一致性。从这个意义上说，我们研究的传统教育思想是能够服务于今天的教育的。

只有德才达到比较高的水准才能称为圣贤。圣贤是教育的终极目标，“德”与“才”是评价人才的两个指标。比如看一个人成绩好不好，可以看其语文与数学成绩，分数比较高就是学习成绩好。语文、数学这两个科目就相当于“德”与“才”两个指标，90分以上算高分，这是好成绩的标准，同样的道理，只有“德”与“才”达到比较高的水平时，才能成为圣贤。在现代社会，我们一般用“德才兼备”“立德树人”等词语来描述教育目标，其中暗含了高道德、高才能的意义。之所以要强调“高”道德、“高”才能：一是分析古今的教育目标是否具有一致性，从前文的分析来看，是具有一致性的，这样，古代的教育思想就可以为我们今天提供参考。二是明白“德才

兼备”中的“德”与“才”，其实在一定程度上具有指标的意义，如果想应用其指导具体的教育实践，我们必须对指标进行细化，并有明确的评价标准。指标是指我们评价教育目标实现程度的具体方面，是教育的内容。展开来看，德才兼备涵盖“德智体美劳”，培养圣贤也是在培养“德智体美劳”全面发展的人。在上一节中，我们分析了中华传统文化中君子的评价标准涉及的指标，主要有道德、情志、才能。从广义上来说，情志也属于道德的一部分，但是，因其重要性与特殊意义，在本书中，我们将单独把情志作为一项教育内容来阐释。

二、培养圣贤与自由而全面发展的关系

成为圣贤是教育的终极目标，少有人能说自己达到了这个目标，只能说是在追求这个目标的过程之中。怎样能达到目标呢？马克思主义以自由而全面发展作为人的发展目标，“自由”意味着遵循人的天性，“全面”意味着臻于至善之境。中华传统文化认为人的天性是善的，且具有无限的潜能，人应该以成为圣贤为目标。两者对人的发展方向的认识，都具有“遵循天性，止于至善”的意义。中华传统文化中“培养圣贤”的一些教育思想，仍然可以为今天我们培养社会主义事业的建设者与接班人所用。

“发展”是一个过程，“自由而全面发展”是走向圣贤之路的过程性目标。过程性目标指向终极目标，终极目标是过程性目标发展的自然结果。“德”与“才”的无限提升与发展，就达到了自由而全面发展，就成了圣贤。

三、如何与学生沟通圣贤目标

培养圣贤是教育的终极目标，德才兼备是教育的过程性目标。这两个关于教育目标的表述更倾向于教育者视角，从老师和家长的角度来说是可以理解的，但这种表述可能难以直接与低龄孩子沟通。如何与孩子沟通需要教育者根据具体情况转化。这里我们提出一种表达方式。“做更好的自己”，这实际上是一个过程性目标的表达方式，如果孩子能够不断成长，今天的自己比昨天的自己更好，就是在向圣贤目标不断迈进。进一步地可以对“做更好的自己”有一定的诠释，主要有两个方面：一是自信、自立、自强，相信自己有无限的潜能，努力发展自己的品格与能力，这是人生的意义，要求乐观自信、努力学习、勤奋刻苦、发展自己的兴趣爱好、做自己能做的事情等；二是使世界因自己而变得更美好，这就要求热爱祖国、热爱集体、团结同学、

助人为乐、文明友善等。这两方面的表述，既可以对应到“大学之道在明明德，在亲民，在止于至善”，也可以对应到“德才兼备”，还可以对应到“人的自由而全面发展”。以孩子能够理解的方式，把教育目标传达给他们，获得他们的认可，并落实到他们的具体行动中，这是教育目标实现的关键。教育者把教育目标明确地传达给孩子，使他们能够自愿自觉地朝着目标努力，这个目标就成为一种内驱力。如果孩子不知道自己的发展目标是什么，而只是盲目地按照大人的要求去做，就失去了主动成长的乐趣，成为被动的服从者，久而久之就可能厌烦，以至于叛逆。如果一个人一直都是按照自己的心愿在生活、成长，又谈何叛逆呢？只有当大人的要求与孩子的意愿不一致时，当孩子想表达自己的主体意识时，才会出现成年人眼里的叛逆。

四、区分教育的人才培养目标与教育实践的目标

成为圣贤应该是个体终生的追求，培养圣贤是教育的终极目标，而这个终极目标的实现并不是靠学校教育能够完成的，也不是家庭教育能够完成的，也不是社会从外部给予的终生教育能够完成的，目标的实现非常依靠个体终其一生的孜孜以求的自我修养，终其一生的不断追求与提升。学校教育与家庭教育的实践，其目标是引导受教育者走上自我主动成长的正确道路。也就是说，帮助受教育者树立成为圣贤的人生目标，并走上能够向目标接近的人生道路。这样的目标对于不同人来说可能会有不同体现，但是，都具有充分发挥自己的才能、有益社会等特点。比如，袁隆平先生的人生目标是让天下人都能吃饱饭，钱学森先生的人生目标是让自己的同胞过上有尊严的幸福生活，虽然具体内容不同，但是都具有圣贤之心的特征。实现这个目标，成为真正的圣贤，是在他们毕生的追求中完成的。教育实践的目标，就是要帮助受教者树立人生目标，并找到实现目标的路径。

第三章　教育的内容——道德

圣贤是在道德与能力两方面都达到了非常高的标准的人，教育是培养人成为圣贤的过程。然而教育难以一蹴而就地就把人变成圣贤，所以需要有阶段性目标。在教育实践中，教育目标的表达往往转化为“德才兼备”“立德树人”等。对于指导具体教育实践来说，类似目标还需要进一步细化。以“德才兼备”为例，“德”与“才”两个维度都包含丰富的内容，这些内容如何通过教育实现？如果这个问题没有明确的答案，就难以用“德才兼备”的教育目标引领与指导具体教育实践。本书根据中华传统文化与传统经典，对德才的内容进行具体探讨，并对如何在具体教育实践中落实相关教育内容进行一定的探讨。教育内容分解成道德、情志、才能三个方面，本章将分别对这三方面进行分析与介绍。

在中华传统文化中，有关道德的表述非常多，如果把这些表述都陈列出来，会“无穷无尽”。管理学中这样的经验、指标一多，其在实践中就难以被把握，容易顾此失彼。出于指导教育实践的方便，我们从三个方面来认识道德——智、仁、勇。《中庸》中说：“知、仁、勇三者，天下之达德也，所以行之者一也。或生而知之，或学而知之，或困而知之，及其知之一也；或安而行之，或利而行之，或勉强而行之，及其成功一也。子曰：‘好学近乎知，力行近乎仁，知耻近乎勇。’知斯三者，则知所以修身；知所以修身，则知所以治人；知所以治人，则知所以治天下国家矣。”① 人可能具有很多优秀品质，但是智、仁、勇应该属于比较核心的品质，具备了这三种品质就自然具备其他品质。就像红黄蓝三原色可以调配出所有色彩，智、仁、勇三达德可以生化出所有优秀品质。本章从智、仁、勇三个方面来细化教育内容，以期可以为教育实践提供切实可行的参考。需要指出的是，本书关于智、仁、勇的相

---

① （战国）孟子等．四书五经［M］．北京：中华书局，2009：55.

关论述很难是完备的，只是作者根据自己的经验做的一个简单总结。为了使其在教育领域发挥更真切的作用，需要教育研究者与实践者不断深入探讨、尝试与总结，本书只是起到抛砖引玉的作用。

第一节　培养什么样的道德——智

在儒家经典里，“智”与“知”是相通的，对宇宙人生的真理性认识就属于智。“知道”是中国人的日常用语，表示知晓、了解、明白等意，“道”是宇宙人生的真理，或者是通向宇宙人生真理的途径，知“道”就是“智”了。如果要培养智者，我们首先要知道智者的特征。智者的特征，主要是以其所知道的来表征。一位智者所应该知道的内容是广泛而细微的，我们难以尽述，本书根据重要性和基础性原则，简述智者所应知道的内容，及如何获得智者的情志特点等。

一、知天知人

《中庸》中说“天命之谓性，率性之谓道，修道之谓教”,[①] 只有知道了“天命”才能知道“人性”；《孟子·尽心上》中说“尽其心者，知其性也。知其性，则知天矣”,[②] 知道了人性也就知道了天性。可见，知天与知人是一体的，这也符合中华传统文化中“天人合一”的宇宙观。“道也者，不可须臾离也，可离非道也”,[③] “道”是时刻对人发生着作用的规律，人必须遵守这样的规律，否则就要被规律惩罚。孔子说“不知命，无以为君子也”,[④] 知天知人就能知道做人的目标与方向。知天知人的根本应该是知道“天命”，即人与生俱来的“天性”，孟子认为天性是善的。“仁义礼智，非由外铄我也，我固有之也。”[⑤] 首先要有正确的目标与方向，知道做人正确的标准是什么，才能通过正确的修为达到应有的人生境界。《大学》中说“大学之道，在明明德，在亲民，在止于至善”,[⑥]“明明德”“亲民”“止于至善”是人生境界的

---

① （战国）孟子等．四书五经［M］．北京：中华书局，2009：53.

② （战国）孟子等．四书五经［M］．北京：中华书局，2009：111.

③ （战国）孟子等．四书五经［M］．北京：中华书局，2009：53.

④ （战国）孟子等．四书五经［M］．北京：中华书局，2009：44.

⑤ （战国）孟子等．四书五经［M］．北京：中华书局，2009：104.

⑥ （战国）孟子等．四书五经［M］．北京：中华书局，2009：47.

一种表述。知天、知人是一个很广泛的范畴，包含的内容非常多，比如，《论语》中说“不知礼，无以立也；不知言，无以知人也”，[①]“知礼”“知言”等都属于知天、知人的范畴。

在寒冷的严冬，作物是无法生长的，如果有人不信这个“天命”非要种植庄稼是不可能收获的。“气候寒冷作物无法生长”，这既是“天命”又是“物性”，“天命”与“人性”的道理也是相似的，只是两者的关系没有那么容易被人理解，孔子这样的圣人也是“五十而知天命”。如果把人类看成一个整体，古圣先贤所总结的人生道理，是可以为后人所学习的。向圣贤学习，并努力去实践，即所谓“学而时习之”，是“知天知人”的捷径，是人生成长的捷径。就像种庄稼，可能前人总结了很多种植经验，即使种植者学习了这些种植经验，也要经过自己的亲自实践，才能把庄稼种植出来。我们学习古圣先贤的做人道理，也是要在实践中应用，才能真正受益。《论语》中特别重视“行”，也是这样的道理。

《荀子·天论》中说“天道有常，不为尧存，不为桀亡”，“知天”是对客观存在的不以人的意志为转移的终极规律的认识。无论是“知天”还是“知人”，都不是容易的事，但是中国传统文化会把一些深奥的道理转化成浅显易懂的朴素语言，从而迅速而有效地教育人，这些朴素语言背后往往也有事实支撑。比如，“善有善报，恶有恶终”，一方面可以教人向善，另一方面也有其现实基础。我在一个小山村里长大，小山村的特点是人与人之间的了解比较深入，我通过观察有一个发现，那些小时候就“名声”比较好的孩子，长大后往往发展得比较好，反之，“名声”不好的孩子，长大后往往发展也困难。有人从小就非常善良，别人有困难需要帮助时，总是愿意尽心尽力地给予无偿的帮助，久而久之就在乡亲们中间形成了良好的口碑，而每个乡亲都可能有一些潜在的就业机会可以介绍，当这样的机会出现时，乡亲们首先会想到那个自己欣赏的年轻人，即使不是亲戚朋友关系，也会觉得为双方搭个桥是成人之美的好事。反之，有些孩子从小就在村里树立了一种不学无术的形象，有什么就业机会大家都不会介绍给他，即使找上门来也担心他做不好给自己造成不良影响。中国有很多名言佳句，都蕴含着深刻的做人道理。

“知天、知人”的另一个途径是选择合适的榜样与偶像。我在教育领域工

① （战国）孟子等．四书五经［M］．北京：中华书局，2009：44.

作，发现学生往往容易崇拜老师，我对此进行了深入思考，最后总结出来“你崇拜谁，谁就保佑你”的观点，崇拜谁就会向谁学习，在面临人生的抉择时，偶像的做人原则或行为方式会成为你的参考，你也更可能成为偶像那样的人。人类历史上有很多的人物，我们应该选择那些具有圣贤品质的人作为自己的偶像。人在选择偶像时必须慎重，选择错误很可能就走向错误的人生方向。

二、知常达变

“生生之谓易”，万事万物都是处在变化之中的，“道生一，一生二，二生三，三生万物”，[①] 如何把握这种千变万化呢？首先是要知常，知常其实也是“知天、知人”的重要内容。

做人首先要知道“常”是什么，比如，“正常作息，食饮有节”是获得健康的“常”，如果自己不改变不正确的生活习惯，想通过吃药、吃保健品等方式获得健康，是不可能的。“提高自己的能力，做好自己的本职工作”是获得职业发展的“常”，如果想通过不正当竞争、非正常手段来实现职业发展，是危险的。“诚实守信，待人真诚”是与人交往的“常”，如果通过欺骗、花言巧语获得朋友是不会长久的。“知常”是做人的基本标准，本该是从现实生活中自然获得的，但是现代化的生活方式，使家庭规模缩小、亲戚邻居交往减少，人们从真实世界中获得价值观的机会减少了，反而影视与文学作品等虚拟世界对人的价值观有很大的塑造作用。影视剧、文学作品等为了吸引眼球，往往要进行一定的夸张，突出人物的性格，受众如果没有正确且稳定的价值观，很容易把“反常”当“正常”。

一次，一个朋友提到要注重健康，我就想请教一下要如何注重健康，结果他说，要买医疗保险，我被惊得目瞪口呆。买医疗保险，只能保证你生病后有钱治，并不能保证你能治好，更不能保证你不生病。要想健康，最根本的还是要从饮食作息中自我保养，而不是靠买保险。这也反映了人们普遍存在的“金钱至上”思维，凡事都以为可以“花钱解决”，花钱也成为一种习惯，一种解决问题的思维。我自己也有这种感觉，想要学点儿什么技艺，首先想到的不是自己如何学习、如何勤奋努力，而是想买点什么东西，比如书籍、设备、课程等。游泳还不会，就想着买各种款式的泳衣、泳镜；线条还

---

① 陈鼓应．老子注释及评介［M］．北京：中华书局，2009：225.

写不稳，就开始买各种类型的毛笔；画没画几笔，颜料积攒了一大堆；弹奏古琴的基本指法还不会，就开始琢磨各种琴弦琴轸；等等。如果说后来学会了也就罢了，就怕“主业”一辈子都没学会，只是在“周边”白忙一场。只要钱花了，自己就能获得进展的错觉，其实与真实的进步一点儿关系也没有。努力实践才是学习技艺的“常”，花钱买相关东西很多时候只是可有可无的辅助。如果我们不能把“真实”与“错觉”、“常”与“非常”区分开，就很难找到解决问题的关键。

三、自知之明

“知人者智，自知者明”，[①] 自知非常难，有时候如果我们能自知，我们就可能从困境中解脱，而很多的时候，我们是在不自知的情况下，沉浸在自己的错误或情绪里。

怎样才能有自知之明，首先要对人性的弱点有一定的认识，比如人普遍具有贪财、贪色的倾向，在财色面前可能会丧失理智，基于这种认识，就要在财色面前加倍小心，以防自己步入“被诱惑”的危险境地。人天生或多或少具有傲慢的心理，总觉得自己比别人好。基于这样的认识，我们就是要努力去尊敬他人。尊敬他人并不是让他人得到什么好处，而是在对治我们自己的傲慢。人一旦有傲慢的心理，就很难向他人学习。除了对人性的弱点有一定认识，还要在平时的言行上努力克服这些弱点。

要对个人的特点有所认识。性格特点是不会轻易改变的，它会以不同的形式、不同面目再出现。如果想彻底摆脱性格弱点对自己的影响，就需要时时处处反省自己。自己犯过什么样的错误，就要深刻反省自己的性格特点，以期以后少犯类似的错误。

在了解自己的基础上，也要学会接纳自己。只要不是道德上的缺陷，就接纳自己，安心地做自己，这是人生的快乐之道。如果是道德上的缺陷就要努力改正，因为这种缺陷可能伤害别人或自己。伤害别人其实也是伤害自己，力的作用总是相互的，对别人的伤害最后往往也要作用到自己身上。我是不善交际、不善言辞的人，在上大学时，遇到了一些能说会道、善于交际的人，我对这样的人有点儿羡慕，就感觉自己笨嘴拙舌是缺点，想向那些“优秀”的人学习，又学不来，就一度有点儿小焦虑。后来，我渐渐明白了人生中最

---

① 陈鼓应．老子注释及评介［M］．北京：中华书局，2009：192.

重要的并不是学会了做别人，而是能安心地做自己。别人的优点，欣赏就好了，别期待长到自己身上。别人的幸福，可以羡慕，但是放到自己身上，自己可能享受不来。了解自己，接纳自己，安心地做自己就好了。了解自己是自知之明，接纳自己也是自知之明。

四、无所不知——最高智慧

作为普通人，我们可能难以理解“无所不知”的智慧，但是，这种智慧在中华传统文化中，从理论上来说是存在的。“道生一，一生二，二生三，三生万物”，那些把握了“道”的人，可能把握了万事万物。我们在前文提到过全息整体观，对某一个局部有了深入认识，可能就有效地把握了整体。佛家说“自性具足”，自性上的灰尘擦拭掉了，自性的明镜显现出来，就可以清晰地照见一切。并不是主动去照一切，而是当事物来到自己面前时，能正确地觉知。对于智慧足够高的人来说，或许是有可能达到“无所不知”的境界的。其实每个人也都具有达到“无所不知”境界的潜力。“知、仁、勇三者，天下之达德也，所以行之者一也。或生而知之，或学而知之，或困而知之，及其知之一也；或安而行之，或利而行之，或勉强而行之，及其成功一也。”

五、格物致知

“格物”有多种解释，其中一个是“去除物欲”，对任何事物的过分贪求都会影响正确认知。比如，中国有句古话叫“情人眼里出西施”，一旦喜欢一个人就觉得他怎么看都美，其实这种情况下你是难以正确判断真实情况的。还有“当局者迷，旁观者清”“酒不醉人人自醉，色不迷人人自迷”“孩子总是自己的好”，都蕴含了相似的道理。

1. 人一旦陷入某种利益格局就会失去判断力

我们学校的两座教学楼之间的小花园里矗立着一尊高大的孔子石像，有时候我上课到得早，就走到圣像前瞻仰，在心里说说话，更多的时候是相对无言。某个飘雪的冬天早晨，我走到圣像前，看到圣像前摆放着两盒东西，一盒像是糕点，一盒像是一杯饮料，上面覆盖着一层白雪。我顿时热泪盈眶，我想那是有学生为了表达对古圣先贤的敬仰，摆放在那里的“祭品”。我自己热爱中华传统文化，想尽自己的能力弘扬中华传统文化，但时常感觉力不从心，又知音难觅，我总是把希望寄托到未来的年轻人身上，他们从小就学习中华传统文化，又在祖国强盛时长大，有较好的文化基础，也有充分的文化自信。记得有一次我送几个本科生进一所中学实习，与学生一起参加了学校的升旗仪式，国旗伴随着国歌缓缓升起，国旗下的讲话是由中学生自主选择主题，当我在鲜红的国旗下，听到那青春嘹亮的声音，“士不可不弘毅，任重而道远”，讲述着中华传统文化，讲述着焦裕禄的故事……顿时眼睛就模糊了，感觉未来可期。这一次的“祭品”事件，又是让我心潮澎湃，过后忍不住跟人分享。其中，有一个朋友对我说，你走近看了吗？你确定那不是有人正好走到那里，手中的垃圾没地方放，就随手放到了那儿？我顿时惊呆了，因为我太期待那是一个能肩负起文化传承重任的年轻人热爱传统文化的一种表达，所以根本就没有想到其他可能。我当时没有仔细看，至今也不相信那会是垃圾。然而，我必须承认，因为自己内心的期待，我成为“利益相关者”，倾向于把看到的事情按照自己的期待进行解读，朋友是“利益无涉”的，所以能够想到更多种可能。

内心有所希求是没做到格物，就难致知。想要骗我非常容易，只要谁说自己热爱中华传统文化，想弘扬中华传统文化，我肯定能上当。一个人一旦在一定的利益格局里，其内心的期待、不由自主的渴望，就自然给其带来“致知”危机。因为人一旦进入了某种利益格局，就不是主观意愿所能左右的，会不自觉地认为能满足自己贪求的那个选择才是最正确的，失去客观理性的判断能力。所以“格物”是“致知”的重要前提。

2. 在教育过程中慎用外在诱惑进行激励

凡是心里有所期待，有所贪恋，有所希求，人都会变得不理性。为什么很多人容易上当受骗，为什么看起来很明显的骗局，当事人却无法看透。因为人一旦进入了那个“想得到”的情境里，眼里就只有想得到的东西，其他地方都成了盲点。比如，在困境中，有人渴望得到帮助，如果正好有人能帮助他，他就感觉抓到了救命稻草，但其实这可能是陷阱。看到好东西能够停下来用理智思考，就能避免很多陷阱。然而，很多人没有这个“一分钟”的忍耐力。人具有贪婪性，荀子说“目好色，耳好声，口好味，心好利，骨体肤理好愉佚”，教育的一个重要价值在于帮助人摆脱这种固有的贪婪性，使人能够彰显出更多智慧。遗憾的是，在教育实践中，很多教育者正在做着相反的事情，在用外部激励强化受教育者的欲望，引导控制其表现出自己期待的行为。

教育与激励是有本质区别的。教育是使品德实现内化，外在行为是内化品德的自然表现。激励是利用某种诱惑使人表现出外在行为，但是不一定实现品德内化。虽然外在行为也是可以影响内在品质的，但是并不是必然的。教育者必须区分教育与激励的差异。激励是管理者使用的管理方法，不能直接转化为教育方法。

教育与激励的效果都体现在“言行”上，于是，部分教育者在部分教育情境里，就以“激励”来替代“教育”。例如，在教育领域被广泛应用的“小红花”。我们不否认适当的外部激励，能够起到辅助内在善性提升的作用，但是过度的外部激励，可能反而损害了内心里的善性。强激励会使人形成对诱惑的条件反射，从而丧失理性判断，影响心灵成长。教育是让善性从一个人的内心里自觉生发出来，并体现在言行上。如果没有内心的善性做基础，即使外在的言行再完美，也没有达到教育目的。激励是以某种个体期待的回报为诱惑，去引导其出现某种言行。激励是利用人的“贪心”去诱惑人，而“贪心”会蒙蔽智慧。所以在教育领域，应该谨慎用激励来代替教育。

3. 培养人自省、谦逊的品格

作为教育者或者自我修养者，我们要明白什么样的人更可能做到“格物致知”。人对利益的贪取有时候是非常细微而不自觉的，如果人想做到“格物”，就需要很强的反省能力，并且经常进行反省。《论语》中曾子说“吾日三省乎吾身”。① 每个人都有贪求，教育者要注重培养受教育者对自己贪心的自省能力。反省必须是个体自己完成的，教育者只能引导受教育者进行反省，而不能代替其进行反省。

一个人如何找到“反省点”，情绪是一个抓手。负面情绪背后，往往有贪心的踪迹，过分极端的正面情绪，可能也有问题。恐惧、担心、焦虑、不满、抱怨、嫉恨等，往往都是因为自己有所贪求，贪心没有得到满足时就容易产生负面情绪。教育者可以引导受教育者分析自己负面情绪产生的原因，找到自己贪取的到底是什么，正面认识贪取对象，然后问问自己是否真的需要，是否要为获得这个东西付出代价。找到“反省点”的另一个方法，是在发现其他人的错误、缺陷、问题时，引导受教育者反省自己是否有同样的或者类

① （战国）孟子等．四书五经［M］．北京：中华书局，2009：47.

似的情况。

要想做到“格物”，把自己从利益格局里拉出来，除了反省，还可以借助外在的力量，就是听取其他人的意见。“三人行，必有我师焉！择其善者而从之，其不善者而改之。”① 并不需要别人比自己高明，哪怕提意见的只是一个很平常的人，因为他不在利益格局里，就可能比自己有更清醒的判断。所谓“当局者迷，旁观者清”。我们经常看到，一些非常明显的骗局，居然可以骗到人，因为作为没有利益关系的旁观者，我们可以有清醒的判断；但是，被拉入利益格局里，被利益诱惑的当事人，就很难看清真相。如果一个人掉进了陷阱里，即使力气再大，也不可能自己揪着自己的脑袋把自己从陷阱里提出来，而其他人即使力气没有那么大，也可能把他救出陷阱。在中华传统文化里，一直把谦虚作为重要品质，认为“谦虚使人进步，骄傲使人落后”，《周易·谦》中提到一谦而四益，“天道亏盈而益谦，地道变盈而流谦，鬼神害盈而福谦，人道恶盈而好谦”，② 天地鬼神人都喜欢谦虚的人。谦虚之所以如此重要，是因为它是克服人性固有弱点的捷径，一个谦逊的人，才能听别人的意见，才能从自己的局限里超脱出来。在教育领域，我们要注重培养孩子谦虚的品格，而傲慢是很多人固有的秉性，教育要帮助受教育者去除傲慢。培养孩子尊敬老师、尊重同学是帮助孩子克服傲慢的一个途径，是孩子自我成长的需要，而不是老师同学的需要。试想一个人，在小时候连老师都不尊敬，长大后还能尊敬谁。一个自高自大的人，如何进步，如何与其他人友好相处。

六、智慧的来源

中国有句俗语叫“实践出真知”，智慧从实践中来；还有一句俗话叫“吃一堑，长一智”，智慧来源于经历。中华传统文化思想中的智慧来源于哪里呢？“大学之道，在明明德”，智慧是人本来就具有的，但是它仿佛是镜子蒙上了灰尘，难以彰显。我们很容易认为是自己的经历让自己增长了智慧，而实际上经历可能只是激发了人本具的智慧。教育过程、人的自我修养过程，就是要彰显出人本具的智慧等品质，所谓自性具足。那么“实践出真知”对不对呢？也是对的，实践可以帮助我们发现自己本具的智慧。

---

① （战国）孟子等．四书五经［M］．北京：中华书局，2009：18.

② 李申等．周易经传译注［M］．北京：中华书局，2018：61.

要怎样彰显出人自身本具的智慧呢?《大学》中说:“大学之道,在明明德,在亲民,在止于至善。知止而后有定,定而后能静,静而后能安,安而后能虑,虑而后能得。”《周易·系辞传》中说“无思也,无为也,寂然不动,感而遂通天下之故”[①]。很多重要的想法,并不来自绞尽脑汁的冥思苦想,而是来自内心宁静安定时的瞬间灵感。坚持做正确的事,坚决不做错误的事,久而久之智慧就会越来越多。数学里有两个词——连续性与渐变性,如平面里一条连续的线,就不可能是跳跃性变化的,从一个低点到一个高点一定是渐变的。按照这个道理,智慧也不可能是跳跃性变化的,做到多少,只会在此基础上向上发展多少。懂得的道理如果没有做到,就只能停留在知识层面,是难以在此基础上生发智慧的,只有能做到才实现了内化,才能在此基础上生发智慧。按照中国传统思想,有“渐修”,也有“顿悟”,虽然“顿悟”存在可能,但是“顿悟”也不可能凭空产生,其是从量变到质变的飞跃,而量变的过程还是“渐修”的。在一言一行、一点一滴中实践是非常重要的。如果天天做着错误的事,是不可能增长真正的智慧,只有正确的言行才是智慧增长的土壤。

七、好学近乎知

《中庸》中说:“知、仁、勇三者,天下之达德也,所以行之者一也。或生而知之,或学而知之,或困而知之,及其知之一也;或安而行之,或利而行之,或勉强而行之,及其成功一也。子曰:‘好学近乎知,力行近乎仁,知耻近乎勇。’”[②]“好学”是使人接近“智”的方法,“好学”至少有两种意义:一是勤奋、精进、竭尽全力,是一种纯一无杂的努力,不仅自己要努力达到这种至善之境,也要努力帮助他人达到这种至善之境;二是具有知道自己的局限性的意义,知道自己的不足,并努力去完善自己,这就是智慧。所学的内容,是大学之道,“大学之道,在明明德,在亲民,在止于至善”,“知止”是了解“至善”之境在哪里,这个至善之境是宇宙人生的最高真谛。越是知识水平高、有见识的人,往往越谦虚。一旦知道了人类可能的高度在哪里,就知道自己与之有多大差距,就不可能骄傲,即使自己比其他人好一点,也是非常有限的,大家离圣人、觉者的距离都是同样遥远的。能认识到自己

① 李申等. 周易经传译注[M]. 北京:中华书局,2018:255.
② (战国)孟子等. 四书五经[M]. 北京:中华书局,2009:55.

的不足，才会尽自己所能努力提升。

八、智者不惑

不符合宇宙人生真谛的错误认识，都是“惑”。“惑”就会不安，“知止而后有定，定而后能静，静而后能安，安而后能虑，虑而后能得”，不安就不能虑，就不能得。人生的很多痛苦来自左右为难，这种纠结可以认为是一种“惑”，而之所以纠结是“智”不足。比如，在一次升职竞争中，如果凭实力晋升可能有些困难，但是如果投机取巧，机会可能就大很多，你会怎么做？正直不阿的人是凭实力，能上就上，不能上就不上，这样的人可能会失去很多发展机会，但是他收获了内心的安宁；投机取巧的人可能会不择手段去达到目的，但是即使达到了目的，可能也会承受法律的制裁或被道德谴责；还有一种人，既不是正直不阿之人，也不是投机取巧之人，他可能在两者之间纠结，又想升职，又不想做不光彩的事，左右为难。人一旦有了明确的正向的价值观，就会减少很多不必要的纠结，就能坦然地面对得失，即使外在的收获看起来少了，但是内心的安宁、笃定、喜悦却多了。

智者的情绪特点是“不惑”，是气量宏大、豁达、坦然、正直，看起来获得少了，但是却没有风险；取巧的人看起来获得多了，但是由于触犯了法律或道德，可能随时面临被惩罚的风险。做一个正直的人，所获得的内心的安宁自在是确定的，而做一个投机取巧的人，所获得的外在利益是不确定的。做一个正直的人，也不一定有外在损失，正直的人可能会有正直的人支持，取巧的人可能会有其他取巧的人压制。如果不从一时一事来看，而是从整个人生来看，正直的人肯定会获得更多的内心安宁，获得的外在利益也不一定比投机取巧的人少。

第二节　培养什么样的道德——仁

《论语》中有关于仁的论述较多，比如：

◆ 颜渊问仁，子曰：“克己复礼为仁。一日克己复礼，天下归仁焉。为仁由己，而由人乎哉？”颜渊曰：“请问其目？”子曰：“非礼勿视，非礼勿听，非礼勿言，非礼勿动。”颜渊曰：“回虽不敏，请事斯语矣。”①

◆ 仲弓问仁。子曰：“出门如见大宾，使民如承大祭。己所不欲，勿施于人。在邦无怨，在家无怨。”仲弓曰：“雍虽不敏，请事斯语矣。”②

◆ 司马牛问仁。子曰：“仁者，其言也讱。”曰：“其言也讱，斯谓之仁已乎？”子曰：“为之难，言之得无讱乎？”③

◆ 樊迟问仁。子曰：“居处恭，执事敬，与人忠。虽之夷狄，不可弃也。”④

◆ 子张问仁于孔子。孔子曰：“能行五者于天下，为仁矣。”请问之。曰：“恭、宽、信、敏、惠。恭则不侮，宽则得众，信则人任焉，敏则有功，惠则足以使人。”⑤

◆ 子曰：“刚毅、木讷，近仁。”⑥

◆ 子曰：“苟志于仁矣，无恶也。”⑦

◆ 樊迟……问仁，曰：“仁者先难而后获，可谓仁矣。”⑧

◆ 子贡曰：“如有博施于民而能济众，何如？可谓仁乎？”子曰：“何事于仁，必也圣乎！尧、舜其犹病诸！夫仁者，己欲立而立人，己欲达而达人。能近取譬，可谓仁之方也已。”⑨

◆ 冉有曰：“夫子为卫君乎？”子贡曰：“诺，吾将问之。”入，曰：“伯夷、叔齐何人也？”曰：“古之贤人也。”曰：“怨乎？”曰：“求仁而得仁，又何怨。”出，曰：“夫子不为也。”⑩

◆ 子曰：“富与贵是人之所欲也，不以其道得之，不处也；贫与贱是人之所恶也，不以其道得之，不去也。君子去仁，恶乎成名？君子无终食之间违仁，造次必于是，颠沛必于是。”⑪

◆ 子曰：“我未见好仁者，恶不仁者。好仁者，无以尚之；恶不仁者，其为仁矣，不使不仁者加乎其身。有能一日用其力于仁矣乎？我未见力不足

---

① （战国）孟子等．四书五经［M］．北京：中华书局，2009：27.
② （战国）孟子等．四书五经［M］．北京：中华书局，2009：27.
③ （战国）孟子等．四书五经［M］．北京：中华书局，2009：27.
④ （战国）孟子等．四书五经［M］．北京：中华书局，2009：30.
⑤ （战国）孟子等．四书五经［M］．北京：中华书局，2009：38.
⑥ （战国）孟子等．四书五经［M］．北京：中华书局，2009：30.
⑦ （战国）孟子等．四书五经［M］．北京：中华书局，2009：11.
⑧ （战国）孟子等．四书五经［M］．北京：中华书局，2009：16.
⑨ （战国）孟子等．四书五经［M］．北京：中华书局，2009：16.
⑩ （战国）孟子等．四书五经［M］．北京：中华书局，2009：17.
⑪ （战国）孟子等．四书五经［M］．北京：中华书局，2009：11.

者。盖有之矣，我未见也。”①

《论语》中虽然没有给出一个关于“仁”的明确概念，但是通过理解在不同情境下的这些陈述，读者也可以在内心里形成自己的认识。朱熹认为：“仁者，天地生物之心，而人得以生者，所谓元者善之长也。”②“仁”可以理解成至善之境的本体。而“善性”是“仁”之“用”，这种善性从内在本体“仁”生发出来，体现为对外在事物的善意，可以表现为自爱、爱人、爱万事万物等。本书从不同角度来认识“仁”，并讨论如何达到“仁”，以及仁者的情绪特征。《论语》中说：“孝弟（悌）也者，其为仁之本与！”③《孟子》中说“亲亲而仁民，仁民而爱物”。④“仁”的培养是有次第的，是从爱父母开始，然后再逐渐扩展的。

一、自爱

“仁”者首先是爱自己。自爱有多层次的体现，最高境界是成贤、成圣，“人皆可以为圣贤”，圣贤是人类可以达到的较高境界。彰显出人性至善的天性，充分挖掘出自身的潜力，才是自爱的最高表现。从这个意义来说，自爱的人应该把提升德行修养作为人生的第一要务，要按照符合善性的心理与言行方式去实践。自爱并不等于自私，自爱是在道德的方面提升自己，而自私是在欲望的方面纵容自己。

自爱也要充分发展自身的才能，并在必要的时候使用这些才能服务社会。发展自身的兴趣爱好，也是自爱的表现。不是所有才能都一定能服务社会，这个才能如果能取悦自己也是一种价值，而愉悦的自己可以更好地做好其他事情，更好地服务社会。兴趣爱好是取悦自己的，有些人一辈子都在努力取悦别人，而忽略了取悦自己。比如，有些人喜欢绘画也善于绘画，但是因为绘画不能赚钱，就放弃了发展自己这方面的才能，而是把全部的时间与精力都投入赚钱中，工作做得也并不开心。在个体身上，很多才能都是相通的，在某个方面发展了自己，获得了技巧并提升了自信，在其他方面也可能做得更出色。有些家长觉得孩子做其他事都是不务正业，只有提高成绩才是正务，

---

① （战国）孟子等．四书五经［M］．北京：中华书局，2009：11.
② （宋）朱熹．四书章句集注［M］．北京：中华书局，1983：28.
③ （战国）孟子等．四书五经［M］．北京：中华书局，2009：5.
④ （战国）孟子等．四书五经［M］．北京：中华书局，2009：114.

一个不那么善于学习书本知识的孩子，可能因为学不好书本知识而丧失学习的乐趣与自信，进而觉得自己什么都做不好。如果能够从孩子擅长的方面入手，使其充分发展自己某方面的兴趣爱好，对提升其课业成绩也是有帮助的。

自爱也要善于保持自己的良好情绪，凡事往开了想，不钻牛角尖。人生不可能十全十美，有值得开心的事，也有不尽如人意的事。我发现很多时候，那些快乐的人与不快乐的人，境遇其实是相似的，只不过快乐的人把注意力放到了开心的事上，而不快乐的人把注意力放到不开心的事上。不管谁伤害了自己，都要做一个快乐的人，而不能因为一个不值得的人就不快乐了。永远不要用伤害自己的方式惩罚别人，这永远是赔本买卖。用善待自己的方式回应所有伤害。不管世界如何伤害自己，都要快乐坚强地存在，这是对伤害者的“报复”，不能让他人的伤害那么容易就得逞。

在日常生活中，自爱是能够过健康的生活，顺应身心的需要，做有益身心的事。比如，寒冷的天气要穿适宜的衣服保护自己不受寒；饮食营养均衡，不暴饮暴食；等等。自爱是善待自己，但是我们并不是天生就懂得如何善待自己，我们总是向他人、向社会学习对待自己的方式，而这些方式并不一定是对自己好的。

一个自爱的人往往要有判断事物的独立成熟的价值观，而不是随波逐流。有智慧，“知止”，知道“至善”之境，这是实现自爱的前提。随波逐流是很难获得对自己有利的价值观的，因为所有的外在影响，都企图把别人变成对自己有利的样子。商家想把你变成他的客户，媒体想把你变成他的流量，明星想把你变成他的粉丝，几乎所有人都想把你变成他们期待的样子。有些人没有形成自己的价值观，就容易被他人影响。往往认为别人在做的，尤其是那些比自己年长的人、条件好的人、能力强的人等在做的事，是值得向往与期待的。随波逐流可能会获得一些外在的东西，却可能迷失了自我。有自己独立的价值观，不一定能获得外在的东西，却可能保持自我的完整。比如穿衣服，不是按照时尚界提供的范围来选择，也不是按照其他人提供的示范来选择，而是按自己的需要和品位来选择。所谓独立的价值观，并不是说多么独特的只被自己所拥有的，而是不受外在因素影响的价值观。

不让自己处于危险的境地，也是自爱的一种表现。所谓“君子不立危墙之下”。危险的表面往往都有美好的陷阱，如何识破陷阱是需要一定智慧的。非常之得必有非常之患，陷阱的门口总是有大诱惑，你拒绝了看起来没什么收获，其实却收获了平安；你拒绝不了，看起来是收获了，等待你的却可能是无尽的烦恼。人无远虑必有近忧，所谓的远虑，有时候就是拒绝眼前的诱惑。

二、爱身边的人

爱身边的人指能够爱自己的父母、祖父母、兄弟姐妹、亲戚、同学、老师、邻居、朋友等这些身边的人。“孝弟（悌）也者，其为仁之本与!”[①] 孝顺父母是最根本的“仁”。无论是家庭教育，还是学校教育，对“仁”的培养都可以从孝顺父母开始。结婚工作以后，能爱自己的孩子、爱人、同事等。身边的人是自己的镜子，自己的层次在一定程度上是由身边的人决定的，能够欣赏身边的人，就是在欣赏自己。有些人特别具有“批判”精神，天天挑身边人的毛病，最后的结果，人家还是人家，自己的好心情却没有了，以至于身体也因心情不好而变糟。爱是成全，而不是占有；是慈悲，而不是私欲。如何去爱，是一门学问。如何去善待身边的人，也需要智慧。

1. 学会欣赏他人

中国有句古话叫“金无足赤，人无完人”，是说每个人都不是完美的，都有优点与缺点。按照中国传统的辩证思维，优点可能是缺点，缺点可能是优点。与人相处，能否懂得欣赏他人的优点，决定了相处的融洽程度，也影响着自身情绪。还有一种情况是，知道别人的优点，但对别人的优点产生嫉妒情绪。嫉妒谁就会抵触谁，甚至会因为嫉妒而有意贬低他人的好，这就失去了向他人学习的可能。每个人的能力都是有限的，自己在某方面比不上别人，并不代表自己不够优秀。人与人应该相互帮助、相互借力。看到他人的长处与成就，要学会赞叹，学会替他人高兴。这样一方面可向他人学习，另一方面也可借力。

2. 接纳而不是改变

爱并不是把别人变成自己期待的样子，而是接纳别人本来的样子。我母亲是一个急性子，干活非常麻利，脾气也急，在母亲的呵护下，我从小就没有养成良好的劳动习惯，做事情也都比较慢。有一次母亲做了一个较大的手术，我在医院护理，手忙脚乱的，感觉有很多事情需要做，那一天我饭都没

---

① （战国）孟子等．四书五经［M］．北京：中华书局，2009：5.

吃上一口，到了晚上6点才喝上几口水。可能也不是事情很多，主要是我做什么事都慢，我母亲发了脾气。我感觉很委屈，心想我从小就这样，你也不是不知道，为什么就不能接受自己有一个做事慢的孩子呢？这个想法在心里徘徊了很久，后来我突然想到，妈妈不能接受自己有一个做事情慢吞吞的孩子，我又是为什么不能接受自己有个急脾气的妈呢？这样想过之后，我就释然了，我何必抱怨妈妈不接受这样的我，我接受这样的妈妈就可以了。其实妈妈发脾气，也是希望我能省点儿事，不想让我太辛苦。痛苦的一大来源就是不接受或者想改变别人，而从来都不想改变自己。

很多时候，我们总想着把别人变成自己想要的样子，而忽略了自己的样子才是塑造自己环境的关键，外在只不过是自己内在的一面镜子。当你去指责别人，别人可能就成了需要被你指责的样子；当你去尊敬别人，别人可能就成了值得你尊敬的样子。

3. 帮助而不是惩罚

我读研究生时，结识了一对老年夫妇，毕业后很多年没有联系过，工作几年后，大妈到我的工作单位来找我，此时大伯已去世，孤独无助的大妈想起了我。恢复联系后，我第一次去她家，站在门口敲门说我来看她了。她让我等一等，她先把门口的东西收拾收拾。门开了以后，一股强烈的骚臭味扑面而来，地上堆了厚厚的几层垃圾，到处都很乱。我踩着垃圾进了屋，大妈又说让我等一等，给我收拾一个坐的地方，然后，找了一个凳子摆到了满是垃圾的地中间，我就坐在凳子上与大妈聊起了天。脏乱不会影响我，但是屋子里的味道引起了我强烈的不适感，当时天还比较冷，估计大妈很久没开窗通风了。从大妈家里出来后，我就开始头疼，疼了很久才恢复。从此，我对进大妈家就产生了恐惧感，后面两次去看她，一次是邀大妈走出家门，在春日的阳光里边走边聊，另一次是站在门口聊了一会儿，没进家门。后来，大妈给我打电话，让我去看她，说："你来吧，我新结识了两个朋友，她们帮我把家里打扫了一遍，垃圾都收拾了，卫生间的马桶也刷干净了，现在家里干净了，你来吧。"我听了以后既惊讶又惭愧，我怎么没想到帮大妈打扫一下房间呢？我只盯着自己的头痛不放，就没想到帮大妈打扫一下房间。我这才想起，大妈可能是因为鼻子不灵敏，闻不到屋里的气味，此外，失去大伯的痛苦及悔恨，让大妈心力交瘁，能吃口饭活下来已经不容易了，打扫室内卫生这样的事，已经超出了她的能力与心力范围。而我只自私地感到了自己的头疼，而没有想到去帮助大妈打扫卫生。是大妈的两位新朋友的善行教育了我。后来我仔细想想，其实这种情况在我们生活中是常见的，我称之为“当别人需要帮助时，我们给予的却是惩罚”。比如，有人某些事情做得不好，让我们感觉不满或者受伤害，其实，并不是他们有意伤害我们，而是他们自己没有能力做得更好，这个时候我们需要给予的是帮助，但是，我们往往被自己的伤痛控制，只想到去控诉甚至惩罚对方。有时候孩子考试没考好，他们自己也是很难过的，家长应该帮助孩子寻找没考好的原因，帮助他们走出低落情绪，鼓励他们树立信心，可是很多家长却是指责、辱骂，甚至殴打孩子，这不是从孩子的需要出发去帮助孩子，而是从自己的不满出发发泄情绪。

4. 如何面对伤害自己的人

去爱爱自己的人很自然，去爱与自己无关的人也容易，去原谅伤害自己的陌生人也不难，难就难在去原谅那些伤害自己的“亲人朋友”。很多人被人伤害后，陷入憎恨之中不能自拔。憎恨不管是否能伤害到别人，但是一定会伤害自己。

别人对你是好是坏都要从长远来看。中国有句话叫作“塞翁失马焉知非福”，要从长远来看，才能看出来一件事情是祸是福。我们的努力也可以让我们重新定义从前发生的事情。只要你能过好自己的生活，一切过往都是助缘。例如爬山，当你在山底时可能希望山矮一点儿，而当你爬到山顶后，山越高才越有成就感。山的高度是确定的，但是其意义是由你的位置决定的。

在任何时候，我们都要把注意力放到如何提升自己、如何过好自己的生活上，这样自己才是人生的主角，其他人不过是自己成长的背景与环境。如果让一个伤害自己的人控制了自己的情绪和人生，相当于把自己的主角地位拱手相让，成为别人的配角。所有影响你情绪的人，都是你的主人。

5. 不必勉强，可以远离

我们必须承认，我们不是和所有人都合得来。有些人，即使通过努力能合得来，这个努力也不一定是我们愿意付出的。对于那些合不来的人，不用非得为难自己，可以保持适当的距离。

三、爱所有人

一个具有仁爱之心的人，不仅会对认识的人有善意，对不认识的人也会有善意；不仅会对与自己相关的人有善意，对与自己无关的人也会有善意。

1. 以平等之心善待他人

有时候爱无关的人，比爱相关的人更容易，因为一般都不会有利益冲突，也没有过节，就不容易有厌恶、怨恨等负面态度。然而，无关的人，因为缺乏共同的情感纽带，缺乏接触，给人负面评价不需要什么成本，所以也容易产生贬低、歧视等态度。对任何人的歧视，其实都是对自己的歧视，因为一个对比自己差的人有歧视态度的人，就很容易对比自己强的人产生卑微态度。相反，一个能对下不骄的人，就更可能对上不媚。中华传统文化中有“天人合一”的宇宙观，人与人也是合一的，不管是利益相关者，还是利益无关者，都应该以善意的心去对待。如果能够将心比心，己欲立而立人，己达立而达人，己所不欲勿施于人，也是对自己的善待。对陌生人也应该友善，提供力所能及的帮助，不用负面的刻板印象去评价人，凡事多理解，少做负面判断。

2. 不要用自己的标准要求别人

我所居住的小区，有一段时间经常有人在小区里外放收音机，而且非常大声，感觉整个小区都能听到，我是听得清清楚楚，尤其是在午休静坐的时候，感觉尤其刺耳。我觉得这个外放收音机的人太不考虑他人的感受了，想到这个人美滋滋地听收音机的样子，我就窝火。后来，有一天我在小区正好看到这个外放收音机的人，他两眼发直，面无表情，大声外放的收音机似乎并没有在听。突然之间，我似乎明白了，那大声外放的收音机是他无望的挣扎，而并不是他美滋滋的享受。这是一个痛苦而绝望的人，我却希望他能顾及别人的感受，他连自己的感受都照顾不了，怎么去顾及别人的感受呢？我们总想用自己的标准去要求别人，使其符合我们的评价标准。我们不能向别人要求他们所没有的东西。从那以后，我再听到这个声音也不愤慨了，我感受到的是一个孤寂的灵魂，我接纳了这种声音，这是我与自己的和解。

多接纳，少评价，尤其是负面的评价。我发现有些人就很少评价别人，在自己能接受的范围内尽量接纳别人。还有一种人，随时随地在评价别人，而且以负面评价为主，不管与自己有没有关系，这样的人就很难开心。无论我们如何对待别人，其实对别人的影响都是有限的，最受影响的其实是自己。

3. 你觉得不可理喻的事，可能有你所不了解的理由

我有次参加公益劳动，干了一上午的活儿，有点儿累了，想休息一下又

想继续干，我就放慢了速度，这样可以适当休息又能再继续做点儿。一起合作的人并不熟悉，她以为我在有意偷懒，其实她不知道，我是有些累了，干得慢点儿是我以这种方式在休息，以恢复体力。每个人做事可能都有自己的理由，并不是不想做好。通过自己的经历，我告诫自己，不要太急于给别人负面评价，忽略了去了解别人这么做的理由。凡是你觉得不可理喻的事，都可能有你所不了解的理由。我们每个人的认知范畴毕竟是有限的，我们对事物的认识很难超出自己的认知，总是急于用自己的标准去判断别人，可能委屈了别人，也限制了增加见识的机会。

4. 不要以己度人

大学时，宿舍是公用水房，洗漱时一般人多，特别挤，有一个同学就用洗脸盆打了一盆水回宿舍洗漱，她先用刷牙杯从洗脸盆里舀一杯水留着刷牙。刚开始我发现她这样做时，感觉很不可思议，觉得她一定是一个很不讲卫生的人。后来发现她是宿舍里公认的最爱干净的人，所有的东西都摆放得整整齐齐，所有地方都一尘不染。洗脸盆每天用完都要刷得干干净净。当我觉得她不讲卫生时，想到的是自己那个洗脸盆，每天用完只是简单用水冲冲，是绝对下不了决心从中舀刷牙水的。我们总是从自己的经验出发去判断他人，这种判断很可能产生误解。

四、爱国家、爱集体、爱社会

对学生的爱国主义教育、集体主义教育，不能只喊口号，也不能仅在情感上引导，要能讲出其中的道理，要深入理性层面，让大家认识到每个人与祖国、集体是密切联系的。爱国不只是一种情感，更是每一个人的利益所在，是民族的利益所在。

1. 大部分人是通过组织获得社会资源的

大部分人都是通过自己的组织获得社会资源的，而不是直接获得社会资源。有些荣誉称号，很多时候并不是直接落到个人头上，而是先分配到某个单位，单位再分配到个人。一个获得了荣誉称号的人，除了自己优秀外，其所在的单位也要有相应地位。平台不一样获得社会资源也不一样。如果是个体直接获得社会资源，具有相同劳动技能的劳动者在不同单位工作应该得到相似的待遇，但是现实情况往往是同样的劳动者，在经济效益相对好的单位工作，待遇也会相对更好。这可能是因为个体在更好的平台上创造了更大的价值，也可能是因为效益好的单位与员工分享了收益，总之，单位对个体获得社会资源的作用是不可忽略的。

2. 爱国不仅是情感倾向，也是理性选择

中国文化中个体自然对国家、对社会有一种义不容辞的责任感。平时他们也许只是一个平凡无奇的人，但是一旦国家与人民需要他，而他又有这个能力的时候，大多是有牺牲精神与奉献精神的。记得多年前我刚到北京读书时，在一个大型的服装批发市场逛街，过道两边是密密麻麻的格子间，我随着人流往前走，并没有细看，在经过一个小格子间时，店铺里没有人光顾，店主正坐在凳子上与人闲聊，我没有听到前言后语，只听到她带着些许疲懒却坚定地说："一个人最重要的就是要爱国，其他任何不足都是可以原谅的，但是如果一个人连国都不爱，就不配做一个人。"因为这一句话，我特意回头看了一下她的样子，四十多岁，穿着黄绿色毛衣，扎着染黄的头发，红艳的唇色，消瘦的脸庞，微垂的眼帘半盖着一双略带浑浊的大眼睛，一点儿也没有招呼生意的意思。如果不是因为这句话，我会把她当成不同世界的人，但是在那一刻我觉得自己与她无比亲近，我为自己是中国人骄傲，为自己能有这样的同胞骄傲。以至于在十七八年之后，很多当年曾经熟识的人我都想不起来了，但还依稀记得她当时的样子。这就是一个普通中国人的爱国情怀，这就是因共同的爱国情怀而产生的共鸣。在时空交错的一个瞬间，一个人热爱祖国的心，在另一个人心里，实现了某种永恒，心与心的共鸣产生了力量。爱国从来都不是空洞的口号，所有的情感都必然要有表达情感的行动，比如，对于我来说，我在每一个选择面前，都要努力做利国利民的事，作为个体，我的作用可能微不足道，但是我是有行动的，如果十几亿人每个人都拿出自己的行动，力量就是无穷的。

国家对每个人的影响都是非常大且非常切实的。中国的基础设施建设完善、治安环境好，这是每个人都可以享受到的外在环境。中国有世界上最先进的高铁设施，每个中国人都有机会享受到出行的舒适与便捷。我们知道中国社会治安环境好，每个人都可以自由活动，有安全感。这种影响不仅体现在外在的环境上，也体现在内在的心理上。我们以诗词来举例，盛唐的诗与晚唐的诗，有着明显不同的气象。国家的情况，对每一个人的心灵世界都是有影响的。华人在国际上所能得到的保障与祖国的发展息息相关。

教育者要使受教育者明白，爱国并不只是一种情感倾向，也是一种最优的理性选择。很多情况下，有了国家给我们提供的平台，个人才能发挥更大的作用。整体好了，整体的每一个局部才能好；如果整体不好，就意味着大部分局部都不好。没有国就没有家，并不是爱国主义教育的口号，而是真真切切的现实。每个人都受国家、社会的影响，每个人也都具有影响国家、影响社会的力量，我们要让个体与国家之间实现良性互动，每个人都努力建设自己的国家，国家的富强又保障每个人的幸福生活。

3. 热爱本身也是一种积极情感，还可以转化为行动力

热爱本身也是一种积极情感，可以给人带来积极感受，如果大家有共同热爱的事情，情感上的共鸣可以带来积极感受。在人流中逆行是很困难的，甚至是有危险的，如果与周围的人流一个方向走，就安全多了。热爱祖国、热爱集体不仅体现在情感上，也体现在行动上，热爱也可以促发行动力。要教育孩子对祖国有正确的认识，对于祖国的卓越方面，要有充分的自信，对于祖国存在的不足要从我做起，让祖国变得更好。

五、爱万事万物

对任何事物都应带着善意，哪怕是没有生命的物品，这是培养一颗善意圆满的心的需要。“至善”应该是善意圆满的，我们在任何事物面前，都能善意圆满，才能成就自己的“止于至善”。比如，对于一些对自己没有危害的小生命，我们要如何对待，是“扫地不伤蝼蚁命，为怜飞蛾纱罩灯”，还是随手就给打死了。所有的生命都有存在的理由，“万物并育而不相害”① 是我们的传统思想。我们可以试想，有一种存在，体积是我们的成千上万倍，对我们具有生杀予夺的力量，如果他恣意伤害我们，你觉得他是什么？如果他小心谨慎地保护我们，你觉得他是什么？我们每个人都是平凡的人，但是对于那个针尖大小的虫子来说，我们可以是神，可以是鬼，可以是佛，可以是魔。对万事万物的爱是在成就我们自己，圆满我们自己。

六、利他奉献精神及“仁”的边界

总体来说，“仁”的一个重要内涵是利他奉献，具有利他奉献精神是中华民族的重要特征。利他奉献精神既是生发许多其他优秀民族精神的源泉，是中华民族得以延续与发展的核心动力，也是中华文化区别于其他文化的重要

---

① （战国）孟子等．四书五经［M］．北京：中华书局，2009：57.

特征。利他奉献不是自我消耗性地利他奉献，而是自我滋养性地利他奉献，在奉献的过程中也在实现自我的成长与提升。利他奉献精神与中国的整体观思维是有内在联系的，在整体观中，“天人一体”“万物与我为一”“万物备于我”，人与人之间是有密切联系的。帮助他人就是帮助“整体”，也是在帮助身处这个“整体”中的自己。

有些人可能会担心，做好人会吃亏。一些父母可能会担心，把自己的孩子教育成好人会不会被坏人欺负，或者做好人会不会成全了别人，却亏待了自己。正统教育都是教大家做好人，没有出现过教大家自私自利的教育目标。因为人秉性上就具有趋利避害的特点，所以趋利避害不用特意去教，基本上天生就会。人具有趋利避害的利益自我倾向，而这种倾向如果过于强烈，对自己、对他人都是不利的。也就是说，教育是帮助大家获得自己缺少的东西，本来自己就有，甚至有点儿多的东西，就不用刻意去教了。可以说秉性自动为“仁”设定了边界。如果“仁”没有边界，也并不可怕，说明已经进入了“至诚如神”的境界。

现实中，我们确实可以看到一些好人吃亏的例子，但是，吃亏的原因到底是不是因为其是好人，还需要深入探讨。有一次，有个朋友劝诫我说做好人容易吃亏，我说吃亏是因为愚蠢而不是因为善良，靠愚蠢吃的亏不能靠恶来弥补。

即使在某一件事情上因为做好人吃亏了，也不等于从长远来看这件事就是不值得做的。在单次博弈中，如果不遵守道德规则，虽然可能有一定的短期回报，但是从长期来看，可能失去获得更多回报的机会。对个体来说，为了获得短期利益而做一个不道德的人可能是得不偿失的。这只是从物质利益角度来认识道德，道德也可能带来其他收益，比如，更愉悦的心情等。“理性人”观点提出“每个人都追求个体利益的最大化，可以实现社会利益的最大化”，如果做一个有道德的人也是一种理性选择，“道德人”与“理性人”具有一致性，那么，反过来的论述“每个人都追求社会利益的最大化，可以实现个体利益的最大化”也是成立的。

七、力行近乎仁

《中庸》中说：“知、仁、勇三者，天下之达德也，所以行之者一也。或生而知之，或学而知之，或困而知之，及其知之一也；或安而行之，或利而行之，或勉强而行之，及其成功一也。子曰：‘好学近乎知，力行近乎仁，知耻近乎勇。’”“力行”是使人接近“仁”的方法，“行”是按照“至善”标准去实践，“力行”就是要竭尽全力去做，“力行近乎仁”就是能够竭尽全力去做正确的事，具有“修一切善”的意味。做好人并不是在意识里想做好人就够了，想做好人与能做到什么程度之间是需要实践做桥梁的。要在已做到的基础上不断向上提升，细小的没有做到，就直接做大好人，并不是那么容易的。一些在小事上做得并不是多好的人，在大义面前却能表现出牺牲精神，这种是可能的，但是还有一些事情，是需要从小事逐渐做起的。

八、仁者不忧

《论语》中说“仁者不忧”[①]，实证研究也表明，“仁”与积极情绪状态正相关。[②] 一旦一个人把自己从私利中解脱出来，就不会患得患失，就少了忧虑。如果考虑自己的忧虑，可能时刻抓着自己的心，考虑天下的忧虑，可以把自己从小我的忧虑中解脱出来了，而天下的忧虑有天下人共同考虑，自己的担忧也就有很多人分担，就不会那么痛苦了。

仁与不忧之间到底是什么关系，还需要进一步探讨。两者的关系在不同层面可能有所不同。比如，在现实中可能是因果关系，因为“仁”，所以“不忧”。而在“至善”的境界上，仁与不忧可能是一体两面，都是人的本性，本性在道德上表现为仁，在情志上表现为不忧。“不忧”不同于“无忧”，“无忧”可能更多是外境上的合意，而“不忧”是内心的强大。得道多助，仁者无敌，也可能是仁者不忧的原因。总之，作为仁者是可以获得情绪上的回报的。

第三节　培养什么样的道德——勇

“勇”能够把内在的品质转化为外在的行动，总体来说，“勇”可以理解成一种行动力，其具体内涵在不同情境下可能有不同的习惯性表述，比如行动力、自制力、勤奋、毅力、英勇无畏、生机勃勃、知耻、不惧等。

---

① （战国）孟子等．四书五经［M］．北京：中华书局，2009：22.

② 实证分析的具体内容，请参考《中国人文管理学理论》一书。

一、行动力

行动力是勇的重要内涵之一，是身体力行地去做。儒家对行非常重视，比如：“弟子入则孝，出则弟，谨而信，泛爱众，而亲仁。行有余力，则以学文。”“子贡问君子。子曰：‘先行其言而后从之。’”“君子欲讷于言而敏于行”“子路有闻，未之能行，唯恐有闻。”“子以四教：文，行，忠，信。”“君子耻其言而过其行”“君子义以为质，礼以行之，孙以出之，信以成之。君子哉!”等。此外，《论语》开篇“学而时习之不亦说乎”中的“时习”也是带有实践行动的意味。行动力是“行”的能量。“行”好比是汽车要开到哪里去，而“行动力”相当于是汽车的发动机与能源。有些人有意愿去做，也有才华、有能力去做，但就是做不到，头脑里行了千里，腿脚在家里，很可能是缺乏能量，缺乏行动力，就像汽车没有能源。《中庸》中说“力行近乎仁”，《论语》中说：“仁者必有勇，勇者不必有仁。”① 正确使用行动力是“仁”，错误使用行动力就不是“仁”。如果一个人能做到“仁”，就是勇者了。

二、自制力

自制力是勇力的起点，如果没有自制力，做什么事都很难取得成就。做正确的事，不做不正确的事，这听起来容易，做起来却十分不易。人生中的成败很多都是从自制力开始的：能否按时起床，能否不吃美味但不健康的食物，能否坚持锻炼身体，能否不看让内心不安宁的东西，能否不联系不该接触的人，能否不拿不属于自己的东西……“合抱之木，生于毫末；九层之台，起于累土；千里之行，始于足下。”② 人生中很多重要的事，都是从一点一滴的小事开始的。能坚持早起就能做很多有意义的事；能坚持健康的饮食与作息方式，就可能避免了未来的病痛；能坚持不联系不该联系的人，就可能避免使自己陷入混乱的人际关系；能坚持不拿不属于自己的东西，就避免了道德的谴责与法律的制裁。自制力是勇的重要组成部分。

---

① （战国）孟子等．四书五经［M］．北京：中华书局，2009：31.

② 陈鼓应．老子注释及评介［M］．北京，中华书局，2009：296.

三、勤奋

勤奋是在行动力的基础上，能够持之以恒、坚持不懈地去做事。子曰：“善人，吾不得而见之矣；得见有恒者，斯可矣。亡而为有，虚而为盈，约而为泰，难乎有恒矣。”① 据我观察，学习成绩的差异，很多情况下并不是因为头脑是否聪明，而是自制力、行动力、勤奋程度使成绩出现了差异。那些学习成绩好的学生，基本上都是自制力强、非常勤奋的人。

真正的自制力与勤奋并不来自克制，而是来自习惯，或者来自兴趣。自制却没有感觉在自制，勤奋却没有感觉在勤奋，而只是在自然地做自己喜欢的事。刻意为之的，往往都是不长久的。我在读硕士研究生的时候，我的室友中有一位是某个省的高考状元，她各方面都非常优秀。每天当我睡觉的时候，她在学习，第二天早晨我醒来的时候，她还在学习。我不知道她是什么时候睡觉，也不知道她是什么时候起床的，有时候恍惚间会觉得她一直没有睡，一直在看书。不仅如此，马上要毕业的时候，课程都结束了，她还是每天保持这样的学习形式。在我看来，她非常勤奋，可她觉得这是自然的生活状态，她没有觉得自己有多勤奋刻苦，从小学开始，她就是这样的生活状态。

四、毅力

毅力是在勤奋的基础上能够克服困难，比如，克服身体上的疲惫、心灵上的折磨等，坚持去做正确的事。很多超越性的成就，都是依靠毅力实现的。子曰：“刚毅、木讷，近仁。”② 曾子曰：“士不可以不弘毅，任重而道远。仁以为己任，不亦重乎？死而后已，不亦远乎？”③

五、英勇无畏

“勇”是有品类的，《荀子》中说：“有上勇者，有中勇者，有下勇者。天下有中敢直其身，先王有道敢行其意，上不循于乱世之君，下不俗于乱世之民，仁之所在无贫穷，仁之所亡无富贵，天下知之则欲与天下同苦乐之，

---

① （战国）孟子等．四书五经［M］．北京：中华书局，2009：18.
② （战国）孟子等．四书五经［M］．北京：中华书局，2009：30.
③ （战国）孟子等．四书五经［M］．北京：中华书局，2009：19.

天下不知之则傀然独立天地之间而不畏，是上勇也；礼恭而意俭，大齐信焉，而轻货财，贤者敢推而尚之，不肖者敢援而废之，是中勇也；轻身而重货，恬祸而广解，苟免，不恤是非、然不然之情，以期胜人为意，是下勇也。”① 勇于做正确的事，才是真正的勇。

1. 匹夫之勇与王者之勇

匹夫之勇是为鸡毛蒜皮而不惜生命，王者之勇是为天下人福祉而卧薪尝胆。中国历史上有韩信受胯下之辱的故事，韩信在未发达之前，是别人眼里游手好闲、不学无术的青年，靠别人的施舍生活。有一天他带着剑经过集市，有个屠夫就侮辱他说：“你虽然长得高大，好带刀剑，但是，心里却很怯弱，不敢用剑刺人。你要是有勇气就拿剑刺我，要是没勇气就从我的胯下爬过去。”韩信瞪大眼睛直视着屠夫，然后从他的胯下爬过去，满集市的人都嘲笑韩信怯弱。后来，韩信成为淮阴侯，成了有勇有谋的英雄，并不怯弱。② 如果当初韩信不能忍受屈辱，用剑刺屠夫，就会因为杀人而吃官司，也许就没有后面建功立业、名扬天下的机会了，小不忍则乱大谋。他有勇气忍受小的屈辱，才能成就大的伟业。

英勇无畏是勇于做正确的事，不做不正确的事。做不该做的事不能算勇气。有一个抽烟的中学生，我问他知不知道抽烟对身体不好，他说知道，我问他那为什么要抽烟，他说他在学校里的几个朋友都抽烟，如果自己不抽烟，就感觉难以与朋友融合。朋友是相互尊重，而不是苟同。作奸犯科不是勇气，安贫乐道是勇气。不为五斗米折腰是勇气；生活逼迫下，在不违反法律与道德的情况下，为五斗米折腰也是勇气。

2. 勇于寻求帮助

承认自己的缺点，愿意接受他人的帮助，也是一种勇气，要教育孩子学会寻求他人的帮助。在孩子向自己寻求帮助时，一定要重视，不能以成年人的眼光，把孩子的事情看得微不足道。人类眼里微不足道的一粒沙子可能压死蚂蚁。要看事件给孩子带来的影响，而不是看事情本身在成年人的眼里有多大。

---

① （战国）荀况．荀子［M］.（唐）杨倞注，耿芸标校．上海：上海古籍出版社，2014：293.

② 淮阴屠中少年有侮信者，曰：“若虽长大，好带刀剑，中情怯耳。”众辱之曰：“信能死，刺我；不能死，出我袴下。”于是信孰视之，俛出袴下，蒲伏。一市人皆笑信，以为怯。（汉）司马迁．史记（第 92 卷，第 19 册）［M］. 北京：中国社会科学出版，2020：5899.

六、生机勃勃

生机勃勃是有一种快乐的积极向上的力量，可能包含兴趣、好奇心等驱动力，这种生机勃勃之勇能够把内在的品质转化为行动力。我父亲65岁左右时，我带他去北京的公园玩，他对什么都表现出一种好奇心，他当时的身体也比较好，如果看到远处特别的东西，都要跑过去看一看。而我却没有那个兴致，就坐在主路边上等他，他去看过了再回来找我。那时候，我像一个老气横秋的大人，而父亲像一个充满童趣的孩子，不为好处与利益，只凭兴趣去看。我突然意识到，创新并不是追求创新就能有的，创新可能来自创新者用不完的劲，有兴趣，各种尝试，可能哪次就成功了。一个人想创新，但是没有尝试新鲜事物的兴致与精力，创新能力是有限的。

七、知耻近乎勇

《中庸》中说：“知、仁、勇三者，天下之达德也，所以行之者一也。或生而知之，或学而知之，或困而知之，及其知之一也；或安而行之，或利而行之，或勉强而行之，及其成功一也。子曰：‘好学近乎知，力行近乎仁，知耻近乎勇。’”“知耻”是使人接近“勇”的方法，“耻”是在做了不正确的事时产生的羞愧感受。知耻就是能够认识到不足，并能够产生改正不足的意愿，“勇”带有难行能行的意味。一个人做到了很容易做的事，不能称为“勇”，只有做到了不容易做的事，才能称为“勇”。“知耻近乎勇”就是能够认识到自己的不足，并尽力改正，具有“断一切恶”的意味。能做正确的事就是“仁”，不做错误的事就是“勇”。今日知昨日之非，然后坚决改正，这样的人很难不成功。很多人是明明知道自己做得不对、做得不好，可是就不改正。

八、勇者不惧

勇敢的人，内心是坦然安宁、不畏惧的。面对不确定的事物，他们敢于去尝试，敢于相信自己。如果不相信自己能做到，就很难真的做到，很多的成功是从相信开始的。对于不确定的未来，内心里没有恐惧担心，不管是福是祸，是成功还是失败，都有勇气去接受。这种不惧的勇气来自自身与大道的契合，按照大道去做人做事，就可以无所畏惧。所以，勇还是要以所作所为是否符合道义为基础。一件事情的结果由多种因素决定，但是只要自己坚持在做正确的事，其结果是好是坏，都可以坦然面对。在教育的过程中，培养孩子的勇气，并不是鼓励其说“要勇敢”就可以了，有时候越指责孩子不够勇敢，孩子可能越害怕。如果能够给孩子足够的包容，即使其失败了也不指责他，久而久之其就会有尝试的勇气。

第四节　各种优秀品质与智仁勇的关系

《道德经》中说“道生一，一生二，二生三，三生万物”，复杂的万事万物都有其起源，把握了事物的本源与本质，就把握了千变万化的万事万物。《中庸》中把智、仁、勇称为“三达德”，智、仁、勇“三达德”能否综合出其他所有优秀品德？中华传统文化中，对优秀品质的表述非常多，比如仁义礼智信、恭宽信敏惠、孝悌廉耻勤俭谦等。本书选取其中一部分进行分析。

一、智仁勇如何生发各种优秀品质

表 3-1　智、仁、勇生发的各种优秀品质

	智	仁	勇
义	知道什么样的言行符合义的标准	有牺牲自我利益他人的精神	有按照义的标准去做的行动力
礼	知道在不同场合下的礼仪标准	能够尊重他人，愿意遵守适宜的礼仪	能够按照正确的礼仪规范去做
信	知道人无信不立，讲信用是做人的基本标准	答应他人的事想尽力做到，愿意做一个讲信用的人	即使面临困难或诱惑，也有讲信用的自制力与行动力
孝悌	知道孝顺父母尊敬师长是良好的品德	发自内心爱自己的父母师长，愿意为他们付出	父母让做的事情能够尽快去做，能够认真听取师长的建议
廉	知道不应该贪取不属于自己的东西	对他人有仁爱之心，不想争夺他人的东西	在诱惑面前有抵制力
耻	能用正确的是非标准判断出什么样的行为是可耻的	对可耻的行为有厌恶感	有不做可耻事情的勇气

续表

	智	仁	勇
俭	知道俭是一种美德，认可俭的生活方式	觉得一切东西都来之不易，爱惜财物	能够做到物尽其用，不浪费
谦	知道谦虚是一种美德，知道谦虚才能使人进步	对他人有尊敬之心，相信三人行必有我师，每个人都有值得自己学习的优点	能够表现出谦卑的行为，不耻下问
坚强	认可坚忍不拔是优秀品质，相信人生在世难免遇到挫折，人应该坚强面对		有克服困难的勇气与行动

从表 3-1 可知，所有的优秀品质都可以通过智、仁、勇“三达德”生发出来。这样在学生德育过程中，把握了智、仁、勇三个方面，就可以比较全面地把握一个人的道德品质。

二、智、仁、勇的教育应用

培养学生的某种品德，也可以从智、仁、勇三个方面入手。很多品质都是与受教育者当前生活相关的，比如孝、礼、俭、信等；有些品质虽然与当前生活看起来不相关，但是在当前的教育中也可以培养，比如廉。“智”的方面，人应该知道不贪取不属于自己的东西；“仁”的方面，对他人有仁爱之心，不争夺他人的东西；“勇”的方面，勇于不做不该做的事，在诱惑面前有抵抗力。

第五节 德育观测与改进工具的开发与利用

《礼记·学记》中说：“知其心，然后能救其失也。教也者，长善而救其失者也。”[①] 教育者首先要了解受教育者的发展状况、需要改进的方面，然后有针对性地因材施教。一位教育经验丰富的教师，可以对学生的发展情况了然于胸，能够及时发现学生的问题，并能使用有效的教育方法帮助学生解决问题，能够及时发现学生的优点，并给予强化。对于一些经验不够丰富的教师，一个良好的观测工具，是其提升教育能力的抓手。良好的观测工具还需要教育研究者与实践者共同努力去开发，不同学段的学生所适用的观察工具

① （战国）孟子等．四书五经［M］．北京：中华书局，2009：380.

也是不同的。

一、德育观测与改进工具的开发

表 3-2　德育观测与改进工具

	观测点或观测维度	做到程度					判断依据	教育方法与改进方案	家校合作分工
智	具有正确的是非观念	1	2	3	4	5			
	知道正确的行为规范								
	……								
仁	接纳自己，对自己满意								
	欣赏他人，不嫉妒								
	……								
勇	有勇气做自己想做的事								
	自己能做的事自己做								
	……								
其他									

表 3-2 中，对于“有勇气做自己想做的事”这个条目，如果老师发现某个学生“上课时，会的问题也不敢举手发言”这就是“判断依据”，然后采取“多提问这样的学生，并给予适当的表扬与鼓励，让其感受到发言并不是可怕的事，而是快乐的事”，这就是“改进方案”，如果老师能够与家长沟通，请家长也多鼓励孩子做想做的事，这就是“家校合作”。对于“接纳自己，对自己满意”这个条目，如果老师发现某个学生“有自卑心理，觉得自己不如其他同学”，这就是“判断依据”，然后“根据其兴趣爱好发挥其特长，帮助其树立自信”，这就是“改进方案”。对于“欣赏他人，不嫉妒”这个条目，如果老师发现某个学生“看到别人比自己强感到不开心”，这就是“判断依据”，然后“时常询问他欣赏谁，欣赏人家什么”，这就是“改进方案”。

二、避免机械化应用评价工具

避免机械化应用评价工具，不能反向应用。不能按照观察工具的观测点去培养孩子，认为只要观测点做到了，就达到了培养目的。例如，在一次考试中，学生考出了高分，可以作为学生学习好的判断；但是，如果学生已经见过试卷并提前准备了答案，再考出高分就不能作为是否学习好的判断。观察工具的观测点，可以理解成从一个海量题库中随机抽取出的测试题，如果能够较好地回答这些随机抽出的问题，说明其他问题也可能回答好，但是不能根据已经被抽取的既定题目去培养学生，认为只要这几道题会了，其他题也就会了。某个观测点只是评价品质的一个窗口，很多观测点都能反映某个品质，要培养的是观测点所反应的品质，而不是只看某个观测点。

三、充分发挥德育的育人功能

老师要更多地与学生相处，充分了解每一个学生的发展状态、优缺点、喜怒哀乐。有些学生被霸凌，而他们的老师却不知道。这是因为学生管理没有真正深入教育层面，只简单停留在表面行为，表面行为也仅仅是几个简单的指标。有没有写作业？上课认真听讲了吗？是否遵守了校纪班规？有没有跟人打架？上课有没有说话？这些与培养一个优秀学生相去甚远。有人说人工智能兴起以后教师就要失业了。知识技能类的教育，人工智能可能更具优势，大家集中精力与智慧开发出的人工智慧会比某个教师教得更好，但是关于人品格的培养，需要根据学生的具体情况因材施教，对教师的要求更高。在人工智能社会，体力劳动对人力投入的需求降低，教育领域可以投入更多的人力，从而对人的品格进行更精细化的培养，让教师真正成为“传道授业解惑”者。

第四章 教育的内容——情志

情志教育既关系到个体的体验，也关系到道德培养，还关系到社会和谐发展，是中国传统教育思想中重要的教育内容，对当今的优秀传统文化教育也具有重要意义。中华传统教育思想中，特别注重情志教育，在儒家经典中，与情绪相关的词有“悦”“乐”“愠”“惑”“忧”“惧”“悔”“怒”“怨”“恐”“尤”“哀”“伤”“忿懥”“忧患”“恶”“羞耻”“爱”“好乐”“安”等。“情”指情绪、情感等，是受外部刺激而形成的感受。《礼记·乐记》中说，“哀”“乐”“喜”“怒”“敬”“爱”等，“非性也，感于物而后动”。[①]“志”是志意，心之所向，愿之所往，具有内发性，具有对“情”的引导性，《礼记·乐记》中说，“是故君子反情以和其志”[②]。传统中医思想中，情志是七情和五志的合称，皆由五脏功能化生。七情是喜、怒、忧、思、悲、恐、惊七种情绪的总称。五志是怒、喜、思、忧、恐五种志意的总称。七情相对五志而言，是在外来刺激作用下表现于外的情绪。五志是在外来刺激作用下隐藏于内的志意。现代研究认为，情志是一种非智力因素，对个体成长有非常重要的意义（林崇德，1992；2009）。情志教育是通过培养及合理引导个体的情志反应方式，帮助其达到积极的情绪体验、正面的人格倾向、正向的情感态度等。

人们常用的关于“情”的词语有“情绪”“情感”“情志”等，“情”本身是人主观上的一种体验，这三个词都是对“情”的描述，既有区别又有联系。从主观体验的稳定性来说，情绪的稳定性低于情感与情志，可能是受外在因素促发产生的暂时性体验，但是如果一个人在某种外在因素面前总是能发生某种主观体验，也反映了其性格特征。情感与情志相对于情绪来说，是

---

① （战国）孟子等. 四书五经［M］. 北京：中华书局，2009：381.
② （战国）孟子等. 四书五经［M］. 北京：中华书局，2009：384.

更稳定、更持续的主观体验，情感是受外在因素影响或者相互影响而自然发生的体验；情志在自然生发的情感的基础上，有了自我意志在里面，包含了主观意志对情感的调控。“情感”与“情志”都能反映一个人的性格特征，“情志”可能比“情感”更深刻。本书并没有对三者进行严格区分，而是进行了混用。

情志关系到个体的感受，情志教育是培养心理健康、乐观积极者的途径，情志是教育“知”与“行”的桥梁，关系到社会和谐。在中华传统思想中，道德与情志有着密切的联系，中华传统情志教育思想在教育内容、目标与方法等方面，都与西方有所差异。大学生的情志状态并不是在大学教育中塑造的，而是在整个教育系统中塑造的，通过认识大学生的情志状态，可以加深我们对情志教育的理解与认识。

第一节 儒家教育思想中的情志

儒家教育思想非常重视人的情志修养，《论语》《大学》《中庸》中都有相关论述。

一、《论语》中有关情志的论述

儒家非常重视个体的情志修养。《论语》记载：“哀公问：‘弟子孰为好学？’孔子对曰：‘有颜回者好学，不迁怒，不贰过，不幸短命死矣！今也则亡，未闻好学者也。’”① 这里提及的“不迁怒”是一种情志状态。在孔子与子路的对话中也提到了颜回：“子谓子贡曰：‘汝与回也孰愈？’对曰：‘赐也何敢望回。回也闻一以知十，赐也闻一以知二。’子曰：‘弗如也。吾与汝弗如也。’”②《中庸》中也提到了孔子对颜回的评价：“回之为人也，择乎中庸，得一善，则拳拳服膺弗失之矣。”③ 从这些论述中，我们可以看出颜回是孔子非常欣赏的弟子，甚至可以说是孔子最得意的弟子。在提到颜回“好学”时，其“证据”为“不迁怒，不贰过”，一个人会有多种特点，孔子以“不迁怒”来形容最“好学”的学生，说明其很看重这个特点。可见，儒家的教

① （战国）孟子等．四书五经［M］．北京：中华书局，2009：15.
② （战国）孟子等．四书五经［M］．北京：中华书局，2009：13.
③ （战国）孟子等．四书五经［M］．北京：中华书局，2009：53.

育思想十分看重情志修养。《论语》开篇说道“学而时习之，不亦说乎；有朋自远方来不亦乐乎；人不知而不愠，不亦君子乎”，[①] 其中的“说”“乐”“不愠”都是情志状态。对于这三句话的认识，大家往往着眼于前半句，而忽视了后半句中关于情志的内容。如果个体不能通过“学”与“习”达到“说”“乐”与“不愠”的情志状态，就难以说是有效的学习。《论语》中说“仁者不忧，智者不惑，勇者无惧”[②]，“不忧”“不惑”“不惧”也都是情志状态，智、仁、勇是道德教育的重要内容，而情绪与道德有着密切的联系。

二、《大学》中有关情志的论述

儒家经典《大学》提出了八个条目，“格物、致知、诚意、正心、修身、齐家、治国、平天下”[③]，这八个条目是个人成长的次第，其中包含了情志的相关内容。关于“正心”与“修身”的关系，《大学》中有这样的论述，“所谓修身在正其心者，身有所忿懥，则不得其正；有所恐惧，则不得其正；有所好乐，则不得其正；有所忧患，则不得其正”[④]，这里所提到的“忿懥”“恐惧”“好恶”“忧患”都是一种情志状态，如果不能管理好自己的情志状态，就难以管理好自己的行为，无法达到人格修养的应有境界，也就不能成为好的行动者。《大学》中还说“知止而后有定，定而后能静，静而后能安，安而后能虑，虑而后能得”[⑤]，其中的“定”“静”“安”“虑”都与情志有联系。

三、《中庸》中有关情志的论述

《中庸》中说“喜怒哀乐之未发，谓之中；发而皆中节，谓之和；中也者，天下之大本也；和也者，天下之达道也”[⑥]，喜怒哀乐都是情志，而“中”与“和”是评价情志状态的标准，是很高的修身境界。对于“喜怒哀乐之未发”，不同的人有不同的理解，有人认为心中的喜怒哀乐没有表达出来是“中”，有人认为没有产生喜怒哀乐的情绪是“中”。我个人不同意前一种

① （战国）孟子等．四书五经［M］．北京：中华书局，2009：5.
② （战国）孟子等．四书五经［M］．北京：中华书局，2009：32.
③ （战国）孟子等．四书五经［M］．北京：中华书局，2009：47.
④ （战国）孟子等．四书五经［M］．北京：中华书局，2009：48.
⑤ （战国）孟子等．四书五经［M］．北京：中华书局，2009：47.
⑥ （战国）孟子等．四书五经［M］．北京：中华书局，2009：53.

看法，比如产生了对别人的不满情绪，却装作没有产生，是不满足儒家“诚”的标准的。我个人倾向后一种说法，认为“喜怒哀乐之未发”是一种“不以物喜，不以己悲”的情绪状态，情绪处于一种平稳状态，不受外界的影响。“和”是能够产生适宜的喜怒哀乐情绪，并能够用正确的方式调节情绪。比如，见到久别重逢的朋友产生了喜悦情绪，亲人离世产生了悲伤情绪，都是自己的情绪反应与所面临的情境相“和”，能够以适宜的方式调节自己的情绪，使情绪不伤害自己，就是“中节”。

第二节　情志教育的价值

情志教育因其重要性，值得特别强调，但是，情志教育并不是独立的教育内容，而是与其他教育内容密切相关的，可以渗透在其他教育内容中，对实施其他教育内容有促进作用。情志管理能力是儒家评价个体人格修养的重要维度，是儒家教育思想的重要内容。

一、情志教育是培养身心健康、幸福快乐者的途径

人时刻处于某种情志之中，情志也时刻对人产生着影响。对很多人来说，“幸福”“快乐”都是值得向往的情绪体验。在部分人的思维方式里，他们习惯通过“间接”的方式获得幸福，比如，取得好成绩、工资上涨、职位提升、被别人认可等，这些都可以认为是幸福的“外在条件”，而所有的外在条件，都需要通过内在的自我来转化为情志体验。如果只是努力改变“外在条件”，而不去完善转化这些“外在条件”的“内在自我”，效果终究是有限的。可以说，善于调节情绪是获得幸福快乐最直接的方式。幸福与快乐是可以没有任何外在条件的，对于有强大自我情绪管理能力的人，即使外在条件很差，情志也不会受到不良影响。《论语》中说，“饭蔬食，饮水，曲肱而枕之，乐亦在其中，不义而富且贵，于我如浮云”① “贤哉，回也！一箪食，一瓢饮，在陋巷，人不堪其忧，回也不改其乐，贤哉，回也”，② 都说明了良好的人格修养及情志管理能力能超越外在条件，帮助个体获得积极的情志体验。反之，如果缺乏必要的情志管理能力，即使外在条件再好，也很难体验到幸福。对

① （战国）孟子等．四书五经［M］．北京：中华书局，2009：17.
② （战国）孟子等．四书五经［M］．北京：中华书局，2009：15.

个人来说，因为情志是天生所具有的，时时刻刻对人产生影响，而外在条件是随时可能发生变化的，因此，从外在条件上追求幸福有很多不确定性，但是从情志管理能力方面来追求幸福相对可控。另外，通过改进外在条件获得幸福，可能使人的幸福发生异化，容易使人为自己缺少的而沮丧，而不为自己所拥有的而欣喜。

二、情志是教育“知”与“行”的桥梁

在教育领域，教师都希望学生能做到“知行合一”，但是，无论是家庭教育还是学校教育，我们都可以看到这样的现象：在某些情境下，有些孩子虽然知道良好的行为规范是什么，但是并不能自觉做到。可以从中国传统教育思想中寻找发生“知行不一”情况的原因。“格物、致知、诚意、正心、修身、齐家、治国、平天下”可以看成修身为学的一个次第，也可以认为是教育的具体原理，“格物、致知”可以理解为在理性上知道好的标准是什么，指向“知”；“修身、齐家、治国、平天下”可以理解为符合道德标准的实际行为，指向“行”；“诚意、正心”可以理解为情感上的共鸣，指向“情”与“意”。只有“知道好的标准”，并在情感上“乐于去做”，才能“按照好的标准去做”，养成良好的行为习惯。否则，就可能出现“知行不一”“言行不一”的情况。因此，想让受教育者做到“知行合一”，应该在“知”与“行”之间架设起“情”与“意”的桥梁，让受教育者在行动过程中产生情感共鸣，产生积极的情志体验，这样行为才能具有自觉性和持续性。

行为习惯养成是中小学阶段的重要教育内容。教育部出台的《中小学生守则》《小学生日常行为规范》《中学生日常行为规范》是我国基础教育领域对学生进行德育及行为习惯培养的指导性文件。对于一些没有养成良好行为习惯的学生来说，他们并不是不知道好的行为标准是什么，甚至也不是不想按照良好的行为方式去做，只是就是做不到。也就是说，“知道”不等于“做到”，在“知道”与“做到”之间存在着一条鸿沟。如何跨越这条鸿沟，“情感共鸣”是一个重要的桥梁。

有一个小学生，不认真写作业，老师让其重写以示惩戒。他还是不愿意写，甚至让妈妈帮他写。如果一个孩子看着自己写得工整的作业，升起了一种赏心悦目的感受，他就可能想重复体会这种感受，从而养成书写工整的好习惯。我们提倡让孩子靠“自我驱动”去做事，不建议用外部激励去引导孩子，但是在开始阶段，可以应用一定的方法引导孩子对“工整作业”产生情感上的

愉悦感，如老师的表扬，甚至一些小奖励，但不提倡一直用外部激励来代替教育。如果一直用外部激励来引导孩子，相当于真实的教育并没有发生。

三、情感共鸣对德育的重要意义

“立德树人”是我国教育的根本任务，而情感共鸣是德育教育的重要环节。比如，榜样的力量是如何发挥教育作用的？因为榜样的事迹感动了人，使人产生了情感共鸣，这种情感共鸣促进了后续的行动。受教育者只有对某种行为形成积极的情感共鸣，才能形成行为习惯。

某小学为了培养孩子孝敬父母的品格，给学生布置了作业，要求给父母洗脚并拍成视频提交。一个孩子在父亲的脚刚伸进洗脚水里时，一只手在父亲的脚上随便划拉了几下，另一只手拿着手机摆拍。第一次享受这种待遇的“受宠若惊”的父亲，刚想跟孩子说话，孩子已完成拍摄任务扬长而去。德育必须有受教育者的情感共鸣才有效果，这样的德育作业，可能还不如让孩子回忆父母做过的让自己感动的一件事有效果。人自然会对给自己带来积极感受的人好，如果孩子通过回忆重新唤起了感动的感受，自然会产生对父母好的意愿。反之，如果只是一个摆拍的行为，孩子完全没有情感共鸣，可能完全没有教育效果，甚至起反作用。当然，可能也有孩子在给父母洗脚时，产生了愉快的情感交流，能产生教育效果。德育作业可以这样布置：先让孩子回忆父母让自己感动的一件事，然后问孩子想不想用自己的实际行动表达自己的感激之情，如果孩子想的话，就鼓励其思考用什么样的行动，有些孩子可能会根据自家的情况有更贴切的行动选择，如果孩子没有什么想法，可以把洗脚作为一个备选项，建议孩子在洗脚的过程中，向父母回忆这件让自己感动的事，并表示感谢。哪怕是给孩子们讲一讲其他父母爱护孩子的故事，也可能使其产生去爱自己父母的情感共鸣。孩子与父母之间发生了情感上的互动，并且在互动中感觉到快乐与幸福，这样一个完整的德育教育才算完成。总之，在德育教育中，情感是不应该被忽略的环节。

四、个体的情志良好是社会和谐的基础

从社会层面来说，“心中斯须不和不乐，而鄙诈之心入之矣”,[①] 情绪调节不好，可能生出罪恶。比如，愤怒情绪调节不好，小则引起人与人的矛盾，

---

①（战国）孟子等．四书五经［M］．北京：中华书局，2009：387.

大则可能引起群体与群体的矛盾。行为的产生都是伴随着一定情志的，良好的情志可能产生良好的行为，反之亦然。和谐社会的建设，归根结底需要社会中人内心和谐，而内心和谐的重要一点就是良好的情志。

一些危害社会公共安全的事件的发生，很多都是由当事人的情绪问题造成的。比如，有人与家人吵架或者投资失败，却伤害无辜的人。可见情志教育对和谐社会建设是有积极意义的。

第三节　道德与情志的关系

实证研究结果表明，道德与情志之间具有正向关系，道德水平越高的人，情志状态越好。[①] 情志状态好的人，也更可能对他人友善，表现出更高的道德水平。在中国传统思想中，道德与情志之间具有密切的联系。

一、道德与情志相互影响

1. 情志影响道德

《大学》中有这样的论述："所谓修身在正其心者，身有所忿懥，则不得其正；有所恐惧，则不得其正；有所好乐，则不得其正；有所忧患，则不得其正。"[②]"忿懥""恐惧""好恶""忧患"都是情志状态。《礼记·乐记》中说"心中斯须不和不乐，而鄙诈之心入之矣"。[③]《论语》提到："人不知而不愠不亦君子乎"，即使不被人理解也没有怨恨之心，可以称为君子。《中庸》中提到："君子素其位而行，不怨乎其外。素富贵，行乎富贵；素贫贱，行乎贫贱；素夷狄，行乎夷狄；素患难行乎患难，君子无入而不自得焉。在上位不陵下，在下位不援上，正己而不求于人，则无怨。上不怨天，下不尤人。故君子居易以俟命。小人行险以徼幸。"其中"自得""怨""尤"也是情志，"君子"都要处理好。可见，如果不能管理好自己的情志状态，就难以管理好自己的行为，无法达到人格修养的应有境界。一个人的情绪状态是与道德修养密切相关的，例如，一个动辄怨天尤人的人，自身的情绪很差，也很容易对别人造成伤害。如果想要培养良好的道德品格，需要从情绪入手，能控制

---

① 详细论述请参考《中国人文管理学理论》。

② （战国）孟子等．四书五经［M］．北京：中华书局，2009：48.

③ （战国）孟子等．四书五经［M］．北京：中华书局，2009：387.

情绪，是人格培养的重要环节。

2. 道德影响情志——儒家的“仁者不忧”思想

《论语》中说“知者不惑，仁者不忧，勇者不惧”① “智者乐水，仁者乐山；智者动，仁者静；知者乐，仁者寿”② “君子不忧不惧”③ “不仁者不可以久处约，不可以长处乐”④ “苟志于仁矣，无恶也”⑤，可见，在儒家的思想理念中，良好的道德可以导致良好的情志，用我们现代语言来说，就是道德水平高更容易获得快乐的感受。在儒家看来，人天生具有一种向上生长的力量，如果听从良心本心的指挥，按照良心本心的要求去做，内心就会感到巨大的愉悦（杨泽波，2003）。道德是人的本性，顺应这种道德本性就会获得愉悦感。有道德指导的情志宣扬，可以达到舒展人性的目的，但是缺乏道德指导的情志宣扬，可能产生忧郁痛苦等不良感受。道德也可以转化不利的外在环境，使内心获得愉悦的感受。论语中说“饭疏食，饮水，曲肱而枕之，乐亦在其中矣。不义而富且贵，于我如浮云”，⑥ “贤哉，回也！一箪食，一瓢饮，在陋巷，人不堪其忧，回也不改其乐，贤哉，回也”。⑦

3. 道德与情志相互影响

道德与情志是相互影响的，具有密切的联系。如果“道德”是人的本性，那“道德快乐”有没有可能也是人的本性，即本性在人格上体现为道德，在情志上体现为快乐。也就是说，“道德”与“道德快乐”之间，可能是因果联系，也可能是同一枚硬币的两面。

二、道德快乐与欲求快乐的比较分析

需求的满足会给人带来愉悦感，人是有道德需求的。道德需求得到满足可以给人带来愉悦感，欲求需求得到满足也可以给人带来愉悦感，两者之间有时候是矛盾的，比如，物质财富是用于满足自己的欲求，还是用于满足道德需求。“欲求快乐”蕴含着“因满足欲求而获得快乐”的意义，“欲求满

① （战国）孟子等．四书五经［M］．北京：中华书局，2009：22.
② （战国）孟子等．四书五经［M］．北京：中华书局，2009：16.
③ （战国）孟子等．四书五经［M］．北京：中华书局，2009：27.
④ （战国）孟子等．四书五经［M］．北京：中华书局，2009：11.
⑤ （战国）孟子等．四书五经［M］．北京：中华书局，2009：11.
⑥ （战国）孟子等．四书五经［M］．北京：中华书局，2009：17.
⑦ （战国）孟子等．四书五经［M］．北京：中华书局，2009：15.

足”与快乐之间具有因果关系，但是在“道德快乐”里，道德与快乐之间是因果关系还是共时决定关系，还需要进一步探讨。

1. 易感知性

孔子说“吾未见好德如好色者也”，从侧面说明，道德快乐可能不如欲求快乐那样容易被感知。比如，饥饿状态可以被人明显地感知到，如果不及时吃东西，这种饥饿感可能会一直持续，吃了东西马上就不饿了。而通过帮助别人获得快乐，有时候可能不如吃饱了那样容易感知。

2. 持续性

美味的食品从口中进入腹中之后，就品尝不到滋味了。道德快乐相对来说，更容易在回忆中重新构建。曾经在道德快乐中所获得的感动，可能通过回忆再次获得。一般来说，道德快乐可能比欲求快乐更具持续性。

3. 无餍足性

有些情况下，人的欲望是无餍足的。以对奢侈品的需求为例，如包，从功能角度来看，任何材质和品牌的包都可以满足装东西的需求，但是奢侈品牌能够通过营销来创造消费者的需求，使得包的价格从几万元到几十万元不等。欲求具有无餍足性，因此难以被满足，获得快乐的“筹码”可能会不断增多。一般来说，欲求快乐的无餍足性比道德快乐高。

4. 饱和性

在有些情况下，欲求快乐具有饱和性。比如吃饭，即使有再多的钱，饭量是有限的；即使有再多的房间，睡觉能占的空间也是有限的；一日三餐吃饱了，再多吃无益，反而可能有害。然而，对于道德快乐的追求可能是没有饱和性的，人的自我修为是没有止境的。一般来说，欲求快乐比道德快乐更容易饱和。

5. 可转化性

在儒家的观点里，道德快乐可以转化欲求快乐。如果欲求需求不能被很好地满足，但是只要有足够的道德修养，也可以获得快乐。比如：“贤哉，回也！一箪食，一瓢饮，在陋巷，人不堪其忧，回也不改其乐。贤哉，回也!”“饭疏食，饮水，曲肱而枕之，乐亦在其中矣。不义而富且贵，于我如浮云。”“富与贵，是人之所欲也，不以其道而得之，不处也。贫与贱，是人之所恶也，不以其道而得之，不去也。”① 道德修养高的人，可以坦然地面对人生困境，在同样的情境下，能增加快乐的情感体验；反过来，欲求快乐难以转化为道德快乐。

三、以道德快乐引领欲求快乐

道德能够带来快乐，欲求满足也可以带来快乐，而很多时候道德与欲求满足之间是相互矛盾的。根据儒家思想，欲求快乐比道德快乐更容易让人感受到“吾未见好德如好色者也”②，但是欲求快乐的满足，并不一定对人有实质的好处，甚至可能是有损害的，比如：“乐骄乐，乐佚游，乐宴乐，损矣。”③“郑音好滥淫志，宋音燕女溺志，卫音趋数烦志，齐音敖辟乔志。此四者，皆淫于色而害于德。”④ 当两者之间存在矛盾时，儒家主张欲求要让位于道德。“富与贵，是人之所欲也，不以其道而得之，不处也。贫与贱，是人之所恶也，不以其道而得之，不去也。”“不义而富且贵，于我如浮云”，“志士仁人，无求生以害仁，有杀身以成仁。”⑤ 儒家主张追求道德快乐，而不是追求欲求满足。⑥ 另外，即使欲求不满足，也并不影响道德快乐，“饭疏食，饮水，曲肱而枕之，乐亦在其中矣”。“一箪食，一瓢饮，在陋巷，人不堪其忧，回也不改其乐。”《孟子》中说：“鱼，我所欲也；熊掌，亦我所欲也。二者不可得兼，舍鱼而取熊掌者也。生，亦我所欲也；义，亦我所欲也。二者不可得兼，舍生而取义者也。生亦我所欲，所欲有甚于生者，故不为苟得也；死亦我所恶，所恶有甚于死者，故患有所不辟也。”生存可以认为是人最基本的“欲求满足”，在这种底线性的欲求满足面前，也不能失去“义”。这就是中国传统的义利观，体现了对道德快乐与欲求快乐孰轻孰重的态度。在国家危难面前，很多中华儿女都表现出了舍身忘我的精神，也是道德快乐超越了欲求快乐的体现。

当道德快乐与欲求快乐之间发生矛盾时，人们为什么不去享受触手可及的欲求快乐，而是要压抑这种快乐去追求道德快乐呢？“不仁者不可以久处

① （战国）孟子等．四书五经［M］．北京：中华书局，2009：11.
② （战国）孟子等．四书五经［M］．北京：中华书局，2009：22.
③ （战国）孟子等．四书五经［M］．北京：中华书局，2009：36.
④ （战国）孟子等．四书五经［M］．北京：中华书局，2009：385.
⑤ （战国）孟子等．四书五经［M］．北京：中华书局，2009：34.
⑥ 詹世友．先秦儒家道德教化的不同范型之分析［J］．哲学研究，2008（2）.

约，不可以长处乐”，[①] 道德作为人的本性，符合人的本性才能获得持久的真正的快乐。而感性欲求作为非本性的、受外界刺激才能产生的感受，是不具有可持续性的，当外界刺激消失时，这种感性欲求快乐就会消失。道德所带来的快乐是一种持续的状态，而感性欲求所带来的快乐是暂时的。如果这种感性欲求违背了人的本性，甚至可能带来反作用。脱离了道德引领的欲求快乐，并不能给人带来真正快乐，“‘乐者，乐也。’君子乐得其道，小人乐得其欲。以道制欲，则乐而不乱；以欲忘道，则惑而不乐”[②]。也就是说，不符合道义的快乐，最终会让人“惑而不乐”，只有符合道义的快乐，才能让人“乐而不乱”。儒家说“乐骄乐，乐佚游，乐宴乐，损矣”[③]，缺乏道德指引的“穷奢极欲”，并不能给人带来真正的快乐，甚至可能给人带来痛苦。从儒家的视角来看，并不提倡严格的“禁欲主义”，而赞成适当的欲求满足，但是反对“穷奢极欲”。欲求的满足应该在符合“道德”的前提下，不能为了满足欲求去做不道德的事。可见，放纵欲望不是快乐，违背道德本性的放纵，并不通向快乐。

“颜渊问仁。子曰：‘克己复礼为仁。一日克己复礼，天下归仁焉。为仁由己，而由人乎哉?’颜渊曰：‘请问其目。’子曰：‘非礼勿视，非礼勿听，非礼勿言，非礼勿动。’”[④]“视”“听”“言”“动”对应着眼、耳、舌、身等的感性欲求，要克制不符合“礼”的感性欲求，以实现“仁”，而“仁者不忧”。儒家虽然主张克制不符合“礼”的感性欲求，是并不是反对所有的感性欲求。欲求快乐如果把握不好，可能会有损道德快乐，如果运用得好，则可能使人趋向人之本性，有助于实现道德快乐，“是故先王之制礼乐也，非以极口腹耳目之欲也，将以教民平好恶而反人道之正也”。[⑤]“求仁而得仁，又何怨”，能做一个好人，本身就是一种快乐，因为做一个好人，不去做昧良心的事，即使损害了欲求快乐，又有什么可以抱怨的呢?

---

① （战国）孟子等．四书五经［M］．北京：中华书局，2009：11.
② （战国）孟子等．四书五经［M］．北京：中华书局，2009：384.
③ （战国）孟子等．四书五经［M］．北京：中华书局，2009：36.
④ （战国）孟子等．四书五经［M］．北京：中华书局，2009：27.
⑤ （战国）孟子等．四书五经［M］．北京：中华书局，2009：381.

第四节　情志教育的内容、目标与方法

在中华传统教育思想中，有关情志教育内容、目标与方法等的相关论述，可以为我们今天开展情志教育提供参考。

一、情志教育的内容

情志包含的内容十分广泛，主要指感受和心理方面的体验或认知，包括情感、情绪、情怀、态度、精神、意志、信念等。快乐、幸福、喜悦、忧伤、愤怒、焦虑、抑郁等属于体验感受；乐观、自信、坚韧、豁达等属于人格倾向；家国情怀、乐于助人、民族自豪感等属于情感态度。《礼记·乐记》中说，“哀”“乐”“喜”“怒”“敬”“爱”等情绪，“非性也，感于物而后动”。① “情”侧重于情绪情感等，是受外部刺激而形成的感受；而“志”是志意，心之所向，愿之所往，具有内在性，具有对“情”的引导性，“是故君子反情以和其志”。②《中庸》中说“喜怒哀乐之未发，谓之中；发而皆中节，谓之和”，③ “未发”接近一种没有产生喜怒哀乐的情绪稳定状态，“中结”是适宜的情绪反应。“未发”与“中结”，即“中”与“和”是情志教育的核心内容，分别对应着情绪的稳定性与情绪的适宜性。

1. 培养情绪的稳定性

儒家经典《中庸》中说“喜怒哀乐之未发，谓之中；……中也者，天下之大本也”④，没有发生“喜怒哀乐”的情绪变化，是一种情绪稳定状态。《大学》中说“知止而后有定，定而后能静，静而后能安，安而后能虑，虑而后能得”⑤，其中的“定、静、安”意味着情绪稳定的状态。《论语》中孔子评价颜回“不迁怒”，不把不良情绪迁移到其他人或其他事物，意味着稳定。

为什么情绪稳定是一种良好品质？从中医角度来说：“怒伤肝，恐伤肾，忧伤肺，思伤脾，喜伤心”⑥，所有情绪变化都可能会伤害身体。《大学》中

① （战国）孟子等．四书五经［M］．北京：中华书局，2009：381.
② （战国）孟子等．四书五经［M］．北京：中华书局，2009：384.
③ （战国）孟子等．四书五经［M］．北京：中华书局，2009：53.
④ （战国）孟子等．四书五经［M］．北京：中华书局，2009：53.
⑤ （战国）孟子等．四书五经［M］．北京：中华书局，2009：47.
⑥ 任廷革点校．黄帝内经素问［M］．北京：人民军医出版社，2005：14-15.

有这样的论述，“所谓修身在正其心者，身有所忿懥，则不得其正；有所恐惧，则不得其正；有所好乐，则不得其正；有所忧患，则不得其正”①，不管产生了什么样的情绪，都可能对修身造成不良影响。情绪总是会消耗身体的能量，情绪也可能蒙蔽人的智慧，比如，人在生气时，很难保持冷静判断。情绪稳定并不是对什么都无所谓、不关心的冷漠状态，而是一种持续的喜悦状态，这种喜悦并不是出于外在原因，而是从内心里自然生发的状态，可以说是一种情绪习惯。

2. 培养适宜的情绪反应

情绪反应应该与所面临的情境相适应，该悲伤的时候悲伤，该高兴的时候高兴。适宜的情绪反应是内在感受的一种宣泄或表达，能够帮助人达到相对舒适的“和”的状态。

适宜的情绪反应，本身可以起到对情绪的调节作用，如果不能做出适宜反应，不良情绪可能会积压。例如，写书这件事，我拖了很多年，之前写不出来是因为没有思路，后来有想法，但是不想写。理智上，我是非常想写的，但是情绪上就是投入不进去。这种情绪状态对我来说是不多见的。后来，我进行了分析，那段时间发生了一些事情，经历了生离死别，可是我觉得自己没有时间悲伤，或者我不承认自己悲伤，觉得自己已经到了不惑之年，应该往前看，不应该再有那些看起来于事无补、无可奈何的悲伤。我不承认自己的悲伤，也就不想给自己疗伤的时间，但是不良情绪是不会自己消失的。后来，我承认自己有难过、有悲伤，并且对自己说：“我不要求你马上工作，等你好了再说。”过了两三天我就好了，两三个月没有解决的问题，两三天就解决了。这也让我对“诚意”与“正心”的关系有了更深刻的认识。很多事情并没有绝对的标准，不过是仁者见仁、智者见智，但是真诚是有标准的，骗别人不行，骗自己也不行。情绪就像一个弹簧，你不去压它，它就没有力量，你越压弹力越大。

3. 培养调节不良情绪的能力

一些情绪反应，虽然与所面临的情境是相适应的，但是超过了正常限度，达到了伤害人身心健康的程度，就需要进行调节。调节情绪有多种方法，要根据具体情况具体选择。比如，做一些自己喜欢的事转移注意力、进行心理

---

① （战国）孟子等．四书五经［M］．北京：中华书局，2009：48.

疏导等。本章将介绍几种从认知上进行情绪调节的方法。

当自己有不良情绪时，能够针对所面临的情境找到让情绪变好的方法很重要。很多情绪问题面临的情境具有特殊性，但是也有可以应用的普遍规律。对这种普遍规律的总结，可以提高情志教育的效果。比如，被其他人伤害，他人的身份、伤害的方式等是不同的，但是有一些调节规律具有普适性。当被别人伤害时，不要只盯着自己的痛苦，要看一看对方伤害自己的原因。一个人能看到别人的苦是具有慈悲心，有慈悲心自己的痛苦就会减少。

4. 培养情绪的觉知能力

如果想判断自己的情绪状态是否合理，首先就要对自己的情绪状态有觉知。比如，一个正在发怒的人，如果他能认识到“我发脾气了”，可能很快就能冷静下来。大家可以回忆一下，在发脾气时，有没有意识到“我在发脾气”，再比较一下有这种意识与没有这种意识时，走出发怒情绪的速度。当你意识到自己的情绪时，自己就仿佛成了观众，虽然有情绪带入，但是这种情绪带入在一定程度上能自由收放；如果你意识不到自己的情绪，自己就仿佛是入戏很深的演员，会难以自拔。《圆觉经》说“知幻即离，不作方便。离幻即觉，亦无渐次”①，说明了觉知的重要性。

有些情绪容易被感知，有些情绪不容易被感知。我小学和初一是在村里上的，初二开始到县城上学，并开始了自己的寄宿生活。一起去县城读书的同学，很多都会想家，我也想家，但是感觉并不像其他同学那么强烈。我特别爱自己的村庄，爱自己的家乡，那时我还没有意识到分别是长久的，觉得等现在的事情完成了，我就会回家的。工作以后，我总感觉生活不开心，但是不明白为什么。有一次，与一个朋友聊天，她说感觉你对你妈妈的生活充满了羡慕。从前我并没有意识到这一点，朋友“一语点醒梦中人”，我才意识到，我的心一直没有离开自己从小长大的村庄。从读初高中、读大学到工作以后的前几年，我总是莫名其妙地不开心，戏称自己是“天生忧郁的性格”。之所以不开心可能是这样的生活与自己小时候在村庄里的生活不一样。小时候到县城寄宿上学，看似情绪稳定的我，其实还没明白分离的真相，潜意识里还觉得离家是暂时的，自己总有一天还会回去。在那些回不去的岁月里，我一步三回头不想往前走，所以总是不开心。我认识到这一点以后，便试着摆脱这种忧郁感。所有的不良情绪，如果没有被正确地处理，都会积压下来，

---

① 鸠摩罗什等．佛教十三经［M］．北京：中华书局，2010：46.

影响人的生活状态。

二、情志教育的目标——不以物喜，不以己悲

做任何事情都要尊重规律，但是我认为教育不是要因循规律，而是要超越规律。比如，家庭物质条件好更有助于孩子获得快乐的情绪，这是规律，如果屈从于既定的规律，那就不需要教育了，人自然就具有这样的特点。教育是要超越规律，通过个人修养使得人的情绪超越外在条件，达到“不以物喜，不以己悲”的程度。

一般认为，外在环境可以影响一个人的情绪，良好的外在条件容易给人带来积极情绪，而恶劣的外在条件，可能给人造成消极情绪。然而，需要指出的是，“外因要通过内因起作用”，不管外在条件如何，都需要个体通过自我感知转化为情绪。不同的人转化外在条件的内因差异较大。比如，在同样的情境下，乐观的人可能感觉充满了希望感觉很开心，而悲观的人却可能焦虑痛苦；面对同样的挫折，有的人可能越挫越勇，有的人可能一蹶不振。所以，在教育的过程中，我们不能仅注重培养学生的“外在能力”，如“会什么”“有什么”“能做什么”，还要注重培养学生的“内在能力”，如“是什么”。一些各方面都很优秀的学生，在挫折面前特别脆弱。“外在能力”再强大，如果没有足够的“内在能力”来转化，也不一定能获得良好的体验；反之，即使“外在能力”很一般，只要有足够的“内在能力”，也可能获得良好的体验。很多教育实践者，包括家长、教师等，更多的是努力帮助孩子去创造外在条件，或者培养孩子为自己创造外在条件的能力，而忽视了把这些外在条件转化成内心感受的那个“自我”。好的教育应该帮助受教育者实现在任何艰难困苦面前都能保持积极的心态、良好的情绪状态。

用外在东西激励孩子，其实是让孩子的快乐屈从于外在条件，而我们能提供给孩子的外在条件终是有限的，且在不同人之间很难均衡。比如，第一名一般只有一个。在一次调研中，我们询问孩子的学习成绩在班级中的位置，有四个选项：班级前25%、25%~50%、50%~75%、后25%，按照正常的规律，每个选项的样本，应该是相等的，但是统计结果显示，选择后25%的人非常少。可见，孩子们对好成绩的渴望。外在条件是有限且难以均衡的，但是内在的道德成长空间可以无限。道德高尚的人，在诱惑与考验面前能够保持高尚的人格；情绪稳定的人，在困境与挫折面前能保持乐观。道德与情绪是可以不受外界情境影响的。我们要培养精神的贵族，而不是物质的贵族。

精神的贵族，即使在物质条件困乏的情况下，也能保持乐观与积极，过快乐的生活。

三、如何进行情志教育

道德教育是中国传统教育的重点，在中国传统教育思想中，道德教育与情志教育是相辅相成的，情志教育是道德教育的重要内容与关键环节，以人格修养为主的道德教育也是实现情志教育的重要途径与方法。

1. 培养良好道德是情志教育的根本

儒家的情志教育与道德教育是相辅相成的，通过道德教育完善人格修养，形成一套思维模式与行为模式，这种思维模式和行为模式具有对情志的积极调节作用。人格修养是“内核”，情志状态是“表现”，终极目标是培养圣贤，通过“仁者不忧”的逻辑，实现良好的情志状态。道德可以影响情志，而道德具有稳定性，一旦一个人形成了某种道德品质，就会长期地影响一个人的情志状态。因此，培养高尚道德是情志教育的根本。引导孩子对积极正向的事情有积极情志反应，对消极负向的事情有消极的情感反应，这既是情志教育，也是道德教育。

为什么德育才是最根本的情志教育？关注自己的苦是真痛苦，而关注别人的苦是慈悲，这个过程实现了情志的转化。对他人的痛苦感同身受，是同情、是慈悲。

2. 培养良好的情志习惯是情志教育的重要途径

情绪具有习惯性。[①] 情绪的产生，往往有一定的外在诱导因素，让人容易以为是外在因素导致了情绪的产生。外因总是要通过内因起作用，面对同样的情境，不同人可能有不同的情绪反应。而每个人几乎都有自己的情绪反应倾向，这种倾向近似一种情绪习惯。人在某个时间往往只能有一种情绪占上风，如果一个人有积极正向的情绪习惯，负面情绪就少。负面情绪是习得的习惯，并不是必然就有的。一个女生说，看到自己的弟弟不认真学习，就非常生气，会训斥他，如果自己不跟他生气，就感觉自己是冷漠的、不爱他的。生气并不是因为爱，而是因为自己有这样的情绪种子，以至于在这样的情境下，要用生气来表达爱。表达爱的方式有很多种，并一定非得要用

---

① 《中国人文管理学理论》对情绪是一种习惯有更详细的论述，感兴趣的读者可以参考。

生气来表达。如果弟弟因为姐姐的生气发生了改变，促使其改变的根本原因还是姐姐的爱。情志教育要帮助受教育者克服不良的情绪反应，养成良好的情绪习惯。

3. 以积极情志预防不良情绪

在教育实践中，对很多情绪不良孩子的教育，往往是从发现情绪问题开始的。要培养学生积极的情绪习惯，避免不良情绪的发生。中国传统医学思想讲究治“未病”，首先就是在病还没有形成之前，杜绝其进一步发展，是在病情还轻微的时候就根治，而不是要等到病情严重到难以控制后才开始治疗。

四、建设情志教育的教育体系

情志教育作为中华传统文化思想中的重要教育内容，对于培养健康快乐、道德高尚的青少年，减少不良情绪对学生的伤害，具有重要意义。情志教育应该渗透到整个教育体系中。

1. 情志教育的教材与课程体系建设

要挖掘语文、思想品德等学科的情绪教育潜能，并认识到艺术教育、劳动教育、体育教育等对情志养成与调节的作用。要在课程标准及课程建设中，融入情志教育的内容，使情志教育在课程建设中系统化。很多中小学都有心理教师与心理咨询室，心理咨询往往是在学生心理产生问题以后才开始发挥作用。如果能在教材、课程及整个教育过程中穿插情志教育，就可能起到较好的预防心理问题的作用。情志教育不是靠独立的教材与课程来完成的，而是要与整个教育体系融合。

2. 提升师资的相关素养

在培养教师的过程中，要注重情志教育相关知识与能力的培养。比如，在师范院校开设相关课程，一方面实现对大学生的情志教育，另一方面也培养了学生进行情志教育的能力。

中小学教师的工作时间较长，工作压力较大，部分教师在情志方面也存在一定问题。比如，有些教师不能很好地回应学生需求，甚至对学生态度恶劣，究其原因往往是教师情绪不好。虽然教师要为人师表，相信很多教师也都在以较高的标准要求自己，但是教师是人，也有七情六欲，也会有烦恼。如果教师能够运用传统智慧帮助自己解决情志问题，一方面可以提高自身的工作质量，另一方面也会形成对学生进行情志教育的能力。在这种情况下，教师会自觉地把自身经验运用到对学生的教育之中。

3. 以教育评价推动情志教育

对学生的培养，既要注重知识能力的培养，也要注重情感的培养。对学生的评价标准，除了学习成绩、行为表现等，可以增加情志评价。在教育教学过程中，不仅要看学生学习任务完成情况，而且要看其在任务完成过程中所表现的情志状态。比如，在书法练习的教育评价过程中，不仅要评价字本身写得怎么样，还要评价在练习过程中，学生是否专注、平心静气。同样是完成作业，是自觉快乐地完成，还是在他人的监督下抗拒地完成，这是不同的状态，可以考虑将其纳入评价体系。这种评价不一定是硬性评价，只要教育者有这个意识，就会潜移默化地影响被教育者。此外，这种评价不是单纯判断学生水平的指标，而是帮助教育者反思自身教育水平的指标。

4. 家校合作与多元支撑体系

情志教育与家庭教育也有密切关系。家庭是个体人格形成的重要场所，因此，家庭教育对个体的情志状态是非常重要的。情志教育离不开深入的家校合作。此外，也可以通过绘本、动画片、网络课程等形式，开发适应不同年龄群体的情志教育内容。总之，要建立多元的支撑体系，落实情志教育。

第五节　中西方情志教育思想的差异比较

很多国家都意识到了情志教育的重要性，推出了相关教育项目，比较有代表性的有“社会情感学习”（social emotional education）。由于其他国家的文化与中国文化有所不同，因此，在借鉴其他国家经验的同时，要注意文化差异的潜在影响，使教育内容与教育形式符合中国文化的特征。在借鉴其他国家教育方法的基础上，更多基于中国本土经验来开发相关教育内容。中西方的情志教育思想在教育目标、教育方法、作用时机、哲学基础等方面存在差异。我们应该了解这些差异，综合应用两者的长处。

一、目标异同比较

西方的情志教育以调节不良情绪达到积极情绪为目标，目标直接指向情绪。中华传统教育思想中的情志教育，目标并不是直接指向情志，而是指向道德修养，以培养完美人格为目标，积极的情志状态是良好道德修养的自然结果。可以认为，中国的情志教育以立德树人为根本指向，道德修养既是情志教育的目标，也是情志教育的方法。

中国传统教育思想非常注重情志教育，然而很多人并没有意识到这一点。主要是因为中国传统教育思想中的情志教育不是直接指向“情志”，而是指向道德修养，情志管理能力也可以认为是道德修养的一部分，让人难以察觉到其对情志调节的积极效果。西方的情志教育直接指向情绪，容易识别。

二、情志调节方法比较

儒家教育思想是通过培养人的人格修养，形成一套思维模式与行为方式，让人避免很多不良情绪的产生。西方的情志教育是帮助学生掌握一套技术工具，在影响情绪的事件及不良情绪发生以后，可以运用这套技术工具来调节情绪。以人际矛盾为例，西方的教育方式更倾向教给人一套方法，使其与他人发生矛盾时运用方法化解矛盾以及知道向谁求助。可以认为中国的情志教育以培养人格为内容，在“道”的层面；西方的情志教育以培养技能为主要内容，在“术”的层面。

西方情志教育中所教授的方法，是直接干预不良情绪以获得相对积极的情绪体验。大部分都是技巧性的，是在不良情绪发生以后才开始发挥作用，不能从根本上解决问题，即使有一些涉及个体认识水平的提升，但也主要是针对个体某方面的问题，不具有全面性。中国的情志教育是以道德提升的人格培养为核心，使负面情绪不发生，解决的情志问题是全面的，且具有预防性。技能技巧具有较高的时效性，可以快速解决面临的问题，但是道德人格提升具有根本性，可以从源头遏止负面情绪的发生。从难度上看，人格培养是一个长期的过程，相对于直接影响情绪感受具有迂回性，但是人格修养一旦形成，就可以长期发挥作用，具有稳定性。情绪干预可以直接指向不良情绪，具有直接性的特点，容易在短期内发挥作用，但是相对于人格修养来说，其长期效果可能比较有限。我国当前弘扬传统文化教育，要注重吸收现代教育的新成果，利用技能技巧快速缓解学生的不良情绪，但是仍然要十分注重思想道德层面与智慧层面的提升，从根本上培育学生的情志调节能力。

三、作用时机的比较

西方的情志教育思想以事后的“治疗”为主，即在不良情绪产生以后，采取一定的方法来调节情绪。中国传统的情志教育思想既具有事后的“治疗”性，也具有事前“预防”性。中国传统的情志教育不是独立于其他教育的，而是贯穿整个教育过程；不是仅针对不良情绪产生以后要如何去处理，而是通过一套思维模式与行为方式，避免不良情绪的产生。

个体从开始接受教育起，所有的教育内容都可以指向更好的情绪状态。不能在不良情绪发生之后，再采取补救措施。这与中医的治“未病”的思路有相似性。西医一般是采取仪器检查的方式，等病形成以后才能观察到病症，但是病症都会有一个从量变到质变的过程，当仪器观察到病变时，病变已经形成了。以仪器为诊断方法只能是治“已病”。要在疾病没有形成之前或者正在形成过程中，就开始防患于未然，这是治“未病”。《礼记·学记》中有言“禁于未发之谓豫”“发然后禁，则扞格而不胜”，对于情志培养，应该注重预防负面情志的产生：一方面负面情志一旦产生，伤害就已经形成了；另一方面负面情志一旦产生，要完全遏制其影响是很难的。因此，还是要从根本上制止负面情绪的产生，而不能寄望于负面情绪产生以后应用技术技巧去调节。

四、哲学基础差异比较

虽然在现代社会，思维方式是多元的，但是中国人的思维方式相对于欧美等西方国家来说，更倾向一元整体思维，西方国家更倾向二元分析思维。西方的文化思想更倾向使用分析思维，因此其情志教育也作为一个独立的教育单元；中国的文化思维更倾向一元整体思维，所以其情志教育并没有被独立提及，而是与道德教育融为一体。这种思维方式的差异决定，中国教育领域在实施情志教育时，不能完全照搬西方国家的理论，在借鉴西方教育理论的同时，应该立足中国文化思考情志教育的理论。这样可能会使中国的情志教育在培养目标、培养内容、培养方法方面，都更符合中国的文化与国情，产生更好的教育效果。

西方的社会情感学习明确提出情志教育这个目标，并有专门的课程内容。中国传统一般把情志教育融合到道德教育之中。比如，社会情感学习明确提出“人际关系”处理能力这个维度，中华传统思想认为与他人的关系是在自我人格完善的过程中同时完成的。儒家特别强调的仁义礼智信等道德品质，很多都是在处理与他人的关系中确立的品格。“大学之道，在明明德，在亲民，在止于至善”“己欲立而立人，己欲达而达人”① “己所不欲，勿施于人”②“以直报怨”③ 等，都明确带有人际关系的内涵。这也体现了一元整体思维与二元分析思维的差异。西方把情志教育划分为各种技术层面的能力，中国传统教育思想把情志教育整合成道德层面的人格修养。立德树人向来是中国教育的重点，在德育的过程中应该多关注人格修养对情绪状态的影响，良好的情绪有助于促进道德教育。

情志教育应该同时吸收中西方情志教育中的长处，在立足本国优势的基础上，学习西方心理学及情志教育中的一些技术方法，在学生的不良情绪产生后，同时运用多种方法，对不良情绪进行调节，避免更大危害的产生。

第六节　从大学生的情志状态看情志教育

我曾连续多年对大学生所面临的情绪问题进行匿名问卷调查。整体来说，很多学生或多或少都有些情绪问题。大学是人生的关键时期，在短暂的几年里，学生们要面临毕业、找工作等人生中重要的一些事情。例如，学业压力、同学相处的矛盾、做自己不想做的事情的无奈、毕业后找工作的焦虑、竞争各种荣誉与奖励的压力等。大学生本来应该是朝气蓬勃、充满生机的，痛苦压抑极大地降低了他们的创造力，对整个社会来说都是损失。有些不良情绪看起来是由大学生活造成的，但是其情绪习惯并不是在大学教育中形成的，而是在他们整个教育生涯及整个生活中形成的。在教育领域，很多时候我们把注意力放在了学生取得了什么成绩上，很少关注他们开不开心。某大学一个有抑郁症的女生说，当她忧愁痛苦不知道如何面对生活的时候，没有人理她，可是当她得了抑郁症有自杀倾向后，“整个系统”就向她扑来，老师、同学、家长都开始密切“监视”自己。缓解大学生的情志问题是一个系统工程，可以根据不同的成因提供相应的支持，这是整个教育系统的工作。从学生开始上学，就应该培养他们良好的情绪习惯。如果能够得到家

① （战国）孟子等．四书五经［M］．北京：中华书局，2009：16.
② （战国）孟子等．四书五经［M］．北京：中华书局，2009：35.
③ （战国）孟子等．四书五经［M］．北京：中华书局，2009：32.

庭的配合，实现有质量的家校合作就更好了。教育者该如何引导被教育者解决情绪问题，形成良好的情绪习惯？这可能需要教育研究领域与实践领域进行不断的探索，把有效的经验积累起来。此外，教育者自己进行情绪调节的经验、自己的生活阅历与智慧，也是非常重要的。论语中说“修己安人”，如果教育者能够调理好自身所面对的情绪问题，就更可能帮助受教育者调理好情绪问题。

我在课堂上，也就选课同学的情绪问题进行过一定的交流。有些情绪问题与思维方式有关，改变思维方式会对改善情绪有帮助。思维方式的形成是系统性的，思维方式的改变也不是一朝一夕能够实现的，教育者只能进行一定的引导，情绪调节过程需要学生自己去完成。通过长期反复的练习，学生或许能够自己掌握调节的思路与方法。下面我们就大学生常见的情绪问题列举一些调节思路。

一、生气的对治

生气的特点是可能在一瞬间发生，难以控制。生气的危害是非常大的，有些疾病可能由生气导致；生气也会伤害别人，生气者往往要发泄自己的情绪去攻击别人。很多时候，我们生气的对象并不一定是那个自己讨厌的人，而是自己比较亲近的人，发了脾气之后可能还会后悔。自己可以后悔，甚至改过，但是给别人造成的伤害不一定能收得回。

我曾经挺爱生气的，后来慢慢调节，就越来越少生气了。如果觉得是别人的错，我就在心里默念“不能用别人的错误惩罚自己……”如果觉得是自己矫情了，别人并没什么恶意，我就在心里默念“愚蠢的人总能找到生气的理由……”我觉得生气是一种习惯，我们总是会对某种特定的情况产生气愤情绪。如果你能够克服一次，那么第二次就更容易克服，第三次后，你几乎就不会为同样的情境生气了。

情绪有自己的反应模式，一般一个人在相同的情境下，大概率会有相似的情绪反应。如果想改善自己的情绪反应，可以准备一个“预备方案”，提前做好心理准备，下次相同的情境出现时，以一种更理想的情绪反应模式来替代。我自己的经验是，即使准备了预备方案，刚开始几次也不一定能成功应用，因为习惯的力量是非常强大的，自己可能还是倾向于像从前那样反应，多试几次可能就成功了。如果能成功两三次，甚至只要成功一次，以后在同样的情境下就基本可以按照新的情绪反应模式来应对。好几个反复引起我不良情绪的情境，我都用这种方法解决了。例如，经过多年的磨砺，我觉得能够让自己生气的事情已经越来越少，但是总是有一种情境会让我不自觉地就生起气来，即当我好心想帮助别人，别人却反过来想坑害我，通俗地讲就是“好心当成驴肝肺”。我开始注意到这个情绪问题大约在2013年，我在学校东门遇见一个推着自行车卖笔的大爷，我记得那天非常热，而老人穿着一套厚重的褪色发白的灰色中山装，戴着一顶藏蓝色前进帽，这样的装束应该是20世纪80年代在我家乡的村庄出现过，他的装束在光鲜亮丽的都市人潮中显得不合时宜，驼背严重的身体使他的脸叩向地面，在他努力仰头用期待的眼神看向人群的一瞬间，我看到他脸上满是汗珠，脸与脖子裸露着的皮肤布满了一块块白癜风似的大白斑。他矮小的身体淹没在人潮中，没有人多看一眼他和他的笔。他的样子让我感觉异样，也让我感觉心酸，他的生意似乎不太好，在大学附近谁会缺笔呢，我想买他的笔帮帮他。我问他笔怎么卖，在我心里那种塑料壳的油笔，在超市也就1元一支，他一听到我询价，眼里马上露出狡黠的光芒，说20元一支。我马上生气了，觉得自己是想帮他，而他想坑我，就扬长而去。当我走开时，就听到他开始喊，10元，8元……回家之后，我就后悔了，觉得应该帮他，即使不买笔，白给他20元也要帮，但是就因为他要“附赠”我一支不值20元的笔，我就生气了，觉得人家是把我的好心当成了驴肝肺。我本来就不需要笔，如果笔的价格太便宜，多买无用，少买又帮不上什么忙，20元买一支不是正合适吗。帮助他是我的需要，他也不知道我的想法，人家就是摆摊做个小生意，从生意人的视角，他也没有什么错。我想起我哥教育我侄子的一段对话，我哥说：“你伸出手想救一只螃蟹，每当你伸手，螃蟹就伸出钳子想夹你，你还要不要救他?”我侄子毫不犹豫地说：“我想救它，它还想害我，我当然不能救了。”我哥说：“救它是你出于自己的本性，夹你是出于它的本性，你不能改变它的本性，也不应该改变自己的本性。”我想如果下次再见，我一定要买他20元的东西，可是后来很久也没再遇到他。2014年的一天，我又在北大东门看到了他，这一次他卖的是风车，塑料杆上固定着几张塑料纸，我想这次要弥补上次的遗憾，要买点儿他的东西。感觉风车也就值几块钱，如果要20元我也买。当我询价时，他问我买几个，这倒让我想起来，我一个大人也不玩风车，正好要去见两个朋友，家里都有三五岁的孩子，可以每人送一个，就说要两个。他说两个60元。我马上又生气了，又觉得他想坑我，但是控制了一下自己想扬长而去的情绪，说能不能便宜点儿，最后35元买了两个风车。这两次遭遇，让我看到了自己潜在的情绪问题，给自己做了不少思想工作。后来，又有一次，我在朋友圈看到一个卖素食的微商店主，说要开学了，单身带娃的自己要给女儿交课外补习费，还要交房租，手头的钱不够，想以折扣的价格卖点购物卡，以后可以在她店里买东西。我一看也想帮帮忙，虽然自己不需要购物卡，但是可以在她店里买点东西。于是就在它的网店里下了一单，并且直接就付款了，没有等收货后再确认付款。等我收到东西以后，发现少了一样，包装也比较简陋，东西保护得不好，一罐瓶装的东西还漏汤了。我犯了老毛病，又觉得自己的好心换了驴肝肺。其实这几件事都是我感觉自己是好心，而人家没有领情，我就生气了。其实是想要求别人知道自己怎么想，而且还要按照自己的想法配合，这样的要求多高啊！经过这几次后，我面对类似情境的情绪状态好了很多。这还只是面对陌生人的情况，我只需要控制自己的情绪，不需要处理与对方的人际关系，如果是熟人会更复杂。最难处理的往往是与最亲近人的关系，那些关系比较远的人，大不了躲远点就可以了，但是一些关系比较亲密的人，是给自己最多关爱的人，也可能同时是给自己最大束缚或伤害的人。面对这样的人，要记得“莫以小怨而省大德”，要从整体上看，不要盯着某个点看，尤其是那些让自己不满意的点。

有人说看到自家孩子贪玩不努力学习就生气，自己是因为关心孩子才生气，如果不对孩子发通脾气，就感觉是不关心他。生气的时候，整个头脑除了被气愤情绪控制外，可能是一片空白，是生不起智慧的，对真正解决问题可能并没有帮助。如果是为了解决问题，不生气的自己可能比生气的自己更能做到。生气是一种难以控制的力量，但我们还是要控制它，避免被它伤害。《道德经》里说“胜人者有力，自胜者强”①，能管住自己的脾气，才是强者。

二、真实的痛苦与想象的痛苦

很多的痛苦并不是真实存在的，而是我们自己想象出来的。看起来满湖波涛，实际上不过是一颗石子而已。不应该用不必要的东西或者不可改变的事煎熬自己，不担心未来，不纠结过去，只面对真实的当下就好。

我们学校乌鸦的密度比一般地方大一些，每当夜幕降临，成群的乌鸦就开始在天空中盘旋。刚到单位工作时，我听到乌鸦的叫声就毛骨悚然，走在

① 陈鼓应．老子注释及评介［M］．北京：中华书局，2009：192.

路上也总担心会被天上掉下来的乌鸦粪便袭击，我们戏称为“天使（屎）”袭击。多年以后，我习惯了这样的情景，看乌鸦的感觉也不一样了。一个冬天的早晨，天刚蒙蒙亮我就到了单位，一个人走在路上，寒鸦栖息在路旁的高树上，时而发出声音。恍惚之间，我感觉自己置身于洒着月光的夏夜海滩，听到了海鸟静谧的呓语，安宁而温暖。产生这种感觉后，我自己都怔了一下，乌鸦的叫声都能听得心旷神怡。我觉得自己与乌鸦和解了，乌鸦还是乌鸦，我以接纳乌鸦的名义善待了自己。

刚开始，我承担了巨大的心理成本，包括听到乌鸦的声音，看到满天满树的乌鸦会产生不适感，产生担心被“天使”袭击的恐惧心理。如果稍加分析就会发现，这所有的痛苦都是我自己人为制造的。乌鸦从来没有妨碍我，是我看人家不顺眼，嫌弃人家声音不好听，长得不好看。乌鸦有什么义务迎合我的偏好，人家过自己的生活，是我自己凑上去找不自在。被“天使”袭击似乎是一个“真实问题”，而事实证明，这纯粹是自作多情，十多年过去了，乌鸦仍然没有送给我那坨幻想中的“礼物”。也就是说，我因乌鸦所产生的所有痛苦都是自己“捏造”出来的。即使真被“天使”袭击了，擦擦洗洗也就没事了，没什么大不了，一不能上天与它评理，二不能恨它伤害自己，接受就好了。只要你不怨恨，不觉得自己倒霉，伤害其实也微乎其微。

事实本身是什么呢？你有千分之一的可能被“天使”袭击一下。但是只要乌鸦出现在天空，担心、焦虑、害怕、敌视就成了你的常态。如果真被袭击了，你可能会觉得恶心、倒霉、怨恨，一只乌鸦辜负了你，你就觉得满天乌鸦都是你的敌人，很久以后，想起这件事你可能还会气恼不已。在我与乌鸦的故事里，我几乎没什么真实的痛苦，所有的痛苦都是我自己创造出来的，乌鸦是完全无辜的。

人生的很多痛苦都有类似特征。事情本身不大，我们在事前与事后“加戏”，将痛苦无限放大。有的父母从孩子出生开始，就忧虑孩子上学、找工作、找对象……有的学生从大学入学开始，就担心毕业找不到理想工作。如果担心的事没发生就白担心了，即使真的发生了，何不等发生的时候再开始焦虑，让自己少痛苦几年。比如失恋，多年以后再回头看，真实的痛苦可能只有一点点。失恋时的痛苦万分并不是真实痛苦，有很多你自己的想象在里面。你爱的是创造出来的一个人，你喜欢帅的就觉得他帅，你喜欢有才华的就觉得他有才华，总之，你把自己对幸福的希冀和对理想爱人的想象，都安到了对方头上，失去他你就觉得失去了一切。而事实上他是他，你是你，归根结底你的幸福取决于你自己，对方其实只是承载你想象的道具。自己的幸福从来都是依靠自己，你的品格、你的心量、你的努力，你这个主角如果能扮演好，配角不管是谁都是一场好戏。

三、缺失与缺失感

很多人都会有一种经济上的受限感，会觉得不能随心所欲地获得自己想要的东西。没有实现经济独立的大学生，更容易产生这种感觉。我们要分清楚想要与需要，真实的缺失与缺失感觉是不同的。缺失是在客观上不够，但是缺失感是主观上的一种感受，物质充盈时也可能有这种缺失感。一个人一旦被这种缺失感控制，一方面心理上就难得到满足，另一方面可能会出现不停地索取的行为。物质条件差也可能有富足感，物质条件好也可能有缺失感。

我是怎么发现缺失感的呢？有一次，有人问我是否需要买个内存更大的新手机，我当时觉得自己一辈子都不再需要新手机，因为我不喜欢那种被手机绑定的感觉，希望自己将来能不用智能手机，甚至连手机也不用。就是那一瞬“一辈子都不再需要新手机”的想法，让我产生了一种奇妙的、从没有过的美好感觉，把我自己都震惊了。我就想怎么会有这样的感觉，这种感觉来自哪里？我出生于20世纪80年代，成长的过程正好是经济条件逐渐改善的过程，在这个过程中，没有的东西逐渐有了，不好的东西逐渐被好的东西替代，于是，形成了一种心理，生活就是要不断地获得新东西，获得更好的东西。当我发自内心觉得“一辈子都不再需要新手机”时，第一次体会了那种不再需要什么东西的满足感。我反思了自己之前的心理，就是缺失感，实际上并不是我真的还需要更多东西。从那以后我对物质的认识就有了变化，以前是东西都要不断更新，后来是希望东西能用的时间越长越好。我后来买了新手机，但是那种满足感还在。所以，我觉得东西不在于有没有，也不在于买不买，而在于你对他的感觉。

改善自己的情绪状态，并不是通过努力获得更多东西来达到的，而是要治愈自己的缺失感。要如何调整缺失感呢？首先要在认识上知道它的存在，在觉得自己缺少东西时，或在自己想买买买时，分析一下是真的缺少，还是被缺失感控制了。也可以尝试对自己说诸如此类的话：“我所拥有的已经足够我幸福，我其实不需要更多东西。”我觉得还有一种方法是比较有效的，就是无偿地去帮助别人，心量慢慢变大了，缺失感就会慢慢消失。当你想要的超过你所拥有的，就难以消除缺失感。一旦一个人可以不图任何回报地去帮助别人，哪怕付出得少，也会有满足感。解决客观的“缺失”，与解决主观的“缺失感”，是两个不同的问题。一个人即使不是很富有，但是如果能够不占任何小便宜，并每天拿出哪怕很少的钱去做善事，也可能觉得自己是富足的。看起来是在帮助别人，最受益的可能是自己。占小便宜既是缺失感的表现，也会制造缺失感。

好的教育应该是减少人的缺失感，而不是相反。在家庭教育与学校教育里，有时候我们是在制造孩子的缺失感，用这种缺失感去控制孩子，让他们按照大人的意愿去做事。攀比是缺失感的扩大，不是按自己的需要决定自己的所需，而是按别人的所有决定自己的所需。攀比的对象越多，缺失感就可能越严重。

四、接受自己与接受现实

有很多人不自信，觉得自己不如别人。其实自信有不同的类型，觉得“自己很优秀”是自信，觉得“自己不优秀也没什么大不了”也是一种自信。我小时候亲戚家里多是俊男靓女，我亲哥又是那种长得非常完美、公认的美男子的类型，而我属于长相普通的那种。我父母的固定玩笑之一，就是“嘲笑”我长得丑。他们觉得是逗孩子玩，也没有想到会伤害孩子的自尊心和自信心，事实也确实如此，每当父母这样说时，我觉得长相无所谓，不往心里去，倒是我哥急得团团转，觉得是因为他长得好看影响了我，不许人说我丑。我从小就不介意自己有缺点，也学会了像父母那样自嘲自己的缺点。在北大读书时，身边优秀的同学很多，有人比我聪明，又比我勤奋，让我望尘莫及。每当看到别人优秀时，我都是由衷地赞叹。替别人高兴，也是一种高兴。宠辱不惊，闲看庭前花开花落；去留无意，漫随天外云卷云舒。赞叹别人的优点，自己也会变得自信，因为能看到别人优点的人，更可能看到自己的优点，而只看别人缺点的人，往往看自己也是看缺点。赞叹别人优点的人，心是敞开的，更可能学习到别人的优点；批评别人缺点的人，心是封闭的。

觉得自己优秀，是自信；能坦然地接受自己的缺点，也是自信。相信自己能做到，是一种自信；能坦然地接受自己做不到，也是一种自信。自信并不是因为我各方面都优秀才自信，自信是哪怕我各方面都不是那么优秀，我也敢肯定自己的价值。人生的价值并不是由外在因素决定的。生生不息的存在，本身就是价值。也许我并不成功，也许我有很多缺点，但是我能坦然地面对，并保持着积极向上的心态，不断地去完善自己，这本身就是价值。也许我不是那朵在显眼处接受别人赞叹的鲜花，而只是一棵平凡的小草，但我可以在每一个角落里，在每一个石缝下，生生不息。鲜花有鲜花的美丽与风光，小草有小草的自由与坚韧，小草不能替代鲜花，鲜花也不能替代小草。天生我材必有用，我们没有任何理由看轻自己。

五、警惕“好人病”

自从接触了中华传统文化之后，我尽量学做一个“好人”，但是学做好人的路没有止境，很多事情并不一定能做到。做不到的我也安心接纳，不太会为自己做不到而愧疚。如果别人能做到，我就赞叹。为自己做不到的好事自责，我称为“好人病”。我在读书时，一次在校园里闲逛，两位老人与我“搭讪”，说他们夫妻没有儿女，希望我有空能去看望他们。后来，我就隔三岔五带点儿小礼物去看望他们。当时，没有智能手机，我买了一个数码相机之后，在春日一个阳光明媚的日子里，在校园里给大伯大妈拍了照片，冲洗了几十张照片出来装到一个小相册里送给了他们。没想到这些小小的事情让大妈念念不忘，多年以后的一天，我突然接到同事的电话，说有一个老人要跟我通话。自从毕业之后，我就与大妈失去了联系，大妈弄丢了我的电话号码，就直接来我工作的学校找我。没想到进了学校碰到的第一个人就是我的学生，直接把她带到了我的办公室。一共也没教过几个学生的我，非常诧异这么容易就被找到了。我的同事接待了大妈，给我打了电话，这样我又与大妈联系上了。去看望了大妈几次，大妈逐渐说明了她的想法。原来大伯已经去世了，80 多岁的大妈感觉孤独无依，就想起了我。她有个弟弟也是孤寡老人，在天津有一套房子，她想把自己北京的房子和弟弟天津的房子都租出去，然后在我家附近租房子住，等百年之后她的房子交给我处理。我想都没想马上拒绝了，我无法承担照顾两个老人的责任，也受不了觊觎别人财产的感觉。刚认识时我称大妈“阿姨”，“大妈”这个称呼是当初大妈特意让我这么叫的，也许带了个“妈”字对她是一种安慰吧。有时候聊天中大妈会打听一下我与自己妈妈的相处情况，明里暗里有种在与我妈妈比较的感觉，大妈期待我能像对自己妈妈那样对她，但是我真的做不到。对大妈的好是出于自我要求的“礼貌”，对亲妈的好是出于不假思索的本能。当别人的妈妈生病时，我看人家出钱出力的，觉得对父母最好也不过如此吧。当有一次，在电话里得知亲妈腿疼，挂了电话想象着妈妈疼得龇牙咧嘴的样子，我的眼泪马上就下来了，在心里说“老天啊，你别让我妈腿疼了，你让我替她疼吧”。对别人的好是出于道德，对亲妈的好是出于挚爱，能对别人像对亲妈那么好，那该是很了不起的境界，但是，我做不到。在力所能及的范围内，我可以帮助别人，但是超出自己能力与意愿的我也不纠结。后来大妈找到了一个愿意照顾她的年轻人，我很为他们开心。

我认识的一个人，在我心里他很善良，一次聊天时，他说做好人是很痛苦的事，我说做好人应该是快乐的事，如果你觉得不快乐就不要勉强自己。做好人是选择，而不是紧箍咒，“伪装”成好人是一种病，不符合“诚”的要求。

六、心量

心量比较小的话，有点不开心的事情，就很容易产生坏情绪；反之，如果心量大，不管是大事还是小事，是正面还是负面的事，都难以给我们带来坏情绪。中国有句古话“量大福亦大，机深祸亦深”，为什么说量大福亦大呢？因为心量越大，越具有包容性，越不容易有负面情绪。比如有一杯水，投进去一个石子，那么这一整杯水就会喷溅起来；如果是一湖水，投进去一个石子，整个湖面也许会有一些涟漪，但是不会起什么波澜；如果把石子投入大海，这个石子的作用就更小了。

那么，心量大在生活中具体有什么表现呢？首先就是对多样性的接纳和包容，人和人有很多不同，如果用我们的标准去衡量，只要不符合我们的标准，就觉得不对，那这样，就会看什么都不顺眼，自己心情也不会好。如果我们能有一个开放的心，去接纳那些与自己不同的人，接纳不同的习惯、风俗、文化，就不会不开心，这就是心量。比如同一个宿舍，可能住了南方人和北方人，按照北方人的习惯，到了冬天窗子要关得严严的保暖，南方人的习惯可能是，不管严寒酷暑都要一直开着窗户通风，那么这两者之间没有好坏之分，都是个人的生活习惯。如果相互接纳包容就相安无事，如果相互攻击诋毁敌视，矛盾就会难以解决。

你反对、讨厌、抵触的东西，会更加尖锐地扎你的心，但如果你去接纳、包容它，它就无法伤害你。就像再锋利的刀，也伤害不了水，因为水可以包容一切。我读硕士研究生的时候，一个宿舍是四个人。宿舍里其他三个女生学习成绩都很好，其中还有某省的状元。我学习成绩没有人家好，学习的时间也没有人家多。我那个时候身体不好，必须按时睡觉，不按时睡觉身体就会不舒服，我的睡觉时间相对她们来说要早一些。这样我睡觉的时候，她们可能在洗漱、聊天或者学习，住在上铺的我还要直接面对那盏开着的灯。刚与她们一个宿舍时，入睡比较困难，觉得比较吵闹。然后我就问了自己这样的问题：你要怎么办？是你睡觉正当，还是人家学习正当？是你去适应环境，还是让环境适应你？思考的结果是，她们学习更正当，我虽然自己没花那么多时间学习，但我还是很赞叹她们的勤奋。要求别人适应你，一方面，即使你提了要求，别人也不一定能满足；另一方面，凭什么你睡觉就要求别人减少学习时间来适应自己呢？最后我做了一个决定，就是要自己去适应环境。过了一段时间，到我该睡觉的时间了，我躺下闭上眼睛马上就能睡着。有一次，在我马上就要睡着的时候，突然感觉宿舍里没有吵闹声了，我觉得奇怪，于是，强打精神听一听宿舍里有没有声音，听了一会儿才发现声音与之前一样，只是我习惯了以后它已经不影响我睡觉了。很多东西就是这样，你越抗拒它，它就越扎你的心，你接受它，它反而对你没什么影响了。

集体生活需要大家相互理解、相互尊重。很多时候，理解他人、尊重他人是一种品格，还是一种能力或能量。有些人看起来不尊重他人，实际上是自顾不暇，没有额外的精力去尊重他人的感受。有一次，我坐地铁去参加一个活动，我是第一次换乘这条线路，又快要迟到了，非常着急。当我找到要换乘的地铁时，正好一趟地铁刚刚进站，我有一种恰好抓到了救命稻草的感觉，急匆匆地往地铁车厢赶去。这时我听到一个人抱怨说，挤什么挤，着什么急，这么多人排队呢。这个声音仿佛一下把我从一种被焦急情绪控制的“非清醒”状态中拉了出来，我这才意识到有很多人在排队。而我把这些在排队的人都当成了空气，眼里只有那个通向希望的地铁门，什么也没想，径直向地铁门奔去。能够尊重、关心他人是一种能力，当我们没有得到想要的尊重和关心时，不要急于抱怨别人不够礼貌，可能只是他人能力不够。对于别人品行的缺陷，我们总是难以原谅，但是，对于别人能力的缺陷，我们是相对容易原谅的。品行的缺陷是你应该做到但是没做到，能力的缺陷是你想做到但是能力不够。

七、他人评价

很多人会因为没有得到别人的正面评价而不开心。让所有人都给你正面的评价几乎是不可能的。人与人之间能够相互欣赏、相互理解是非常难的。

即使所有人都喜欢你，也存在问题。《论语》中说：“子贡问曰：‘乡人皆好之，何如?’子曰：‘未可也。’‘乡人皆恶之，何如?’子曰：‘未可也。

不如乡人之善者好之，其不善者恶之。’”也就是说，被有些人喜欢，还不如被他们讨厌好。每个人有自己的特点，不同的人之间很难相互理解，要赢得所有人的正面评价，既不可能，也没有必要。

别人的评价不一定能够反映你是一个什么样的人，但肯定可以反映评价者本人是什么样的人。有些人会倾向于给别人比较低的评价，不一定是你真的不够好，如果你遇见了一个倾向于给别人低评价的人，没有得到他的积极反馈，自己就心情不好，你觉得这样值得吗？

如果有人说你好，你就开心，有人说你不好，你就不开心，你愿意这样受别人控制吗？如果你不想被别人控制，那你就要淡然地看待别人的评价，我个人认为，只要自己没有道德上的缺陷，自己是问心无愧的，就不要太在意别人的评价。

即使你是对的、是好的，也不一定能够被所有人欣赏。中国有句古话叫“海水不可斗量”，如果你比别人好得特别特别多，也是难以被别人欣赏的。有一次春日的午饭后，我和几个同事在校园里边遛弯儿边欣赏满园春色。走到一处突然闻到一股特别浓郁的花香，然后我们就到处找是什么花这么香。闻了这种花闻那种花，好像都不是那个香味儿，我们就一直很纳闷儿香气从哪里来的。后来走出很远之后，我无意间向天空望，看见高高大大的泡桐树上开满了花，原来那个香气来自泡桐树的花。当时我们就感叹，因为泡桐树太高了，我们都没有发现它。做人也是一样，如果别人给你一个低的评价，不一定是你真的不够优秀，有可能是你优秀得超出了别人的理解范围。中国有一句古话叫“好汉识好汉，英雄识英雄”，只有与你水平相当的人，才能看出你的好，你又何必纠结于别人的不理解。《论语》开篇说道“人不知而不愠，不亦君子乎”，不被理解可能是人生的常态，只要自己问心无愧，就不要被别人的评价控制，你的价值并不会因为别人的评价而增减。

别人尊敬你，说明他有修养；别人不尊敬你，也不能说明你不值得尊敬。别人欣赏你，是他懂得欣赏；相反，别人不欣赏你，并不是你不值得欣赏。自己的价值是由自己决定的，并不取决于别人的评价。与其花时间纠结于别人的评价，不如花时间来提升自己。

第五章　教育的内容——才能

很多才能都具有一定的“实用性”，而现实中要解决的问题往往是千变万化的。中国有句古话叫“道明法自生”，在中国传统教育思想中，相信具有“智、仁、勇”等优秀品质的人，自然会根据具体情境生发出适宜的才能。在当今时代，社会发展非常迅速，对具体才能的要求在不断变化，因此，具有能根据具体情境发挥出对应才能的核心品质显得尤为重要。

才能的范围十分广泛，很难穷尽。本章从生命、生存、生活①及发展等几个方面简单阐释需要培养哪些才能及其意义。关于如何培养，研究领域与实践领域有一些相关内容与经验，后续研究与实践中也可以进一步探讨。生命才能教育主要指培育一个人维持身心健康所需要的知识与能力；生存才能教育主要是指培育一个人在社会上获得维持生存的必要资源的知识与能力；生活才能教育主要是指培育一个人正常生活与幸福生活的知识与能力；发展才能教育是指帮助一个人充分发挥其自身的才能，使其自由而全面发展。在中国传统思想中，“才”与“能”是有所区别的，为了方便，本书将其统称为才能。

第一节　生命才能教育

生命才能教育主要指培育一个人维持身心健康所需要的知识与能力，不仅要维护个人的生命，也要维护人类生命存续空间的可持续发展。生命才能教育包括健康教育、自我保护能力教育、自然教育、环保教育等。

---

① 笔者从自己对能力的理解角度进行划分，这种划分方式与“三生教育”相似。但是，本书的相关概念与“三生教育”有所不同，请读者根据自己的需要进行辨别。

一、健康教育

当今中国已全面进入小康社会，物质条件极大改善了，但是“三高”等慢性病、癌症等绝症的患病率也提高了。这说明大家的饮食、作息理念与实践可能存在问题，没有选择健康的生活方式。通过与大学生交流，我发现很多大学生都有健康方面的苦恼，比如肥胖、掉头发、白头发、高血压、视力不佳、颈椎病、脾胃不和、痛经等，这些健康问题并不完全是在大学阶段造成的。避免这些健康问题产生的教育，应该从小开始，这样才能保证在最美的青春年华有一个健康的身体。有些学生产生健康问题是因为缺乏一些最基本的健康知识。孩子从小就应该学习一些与健康相关的常识，比如，在刚运动完又渴又热时，不能喝冰镇饮料，有些孩子就不知道，并因此酿成了很多悲剧。有些幼儿园对孩子进行“食育”，极大地降低了孩子因病请假率。可见，健康知识及良好的饮食习惯对孩子的健康具有重要意义。

为了保障身体健康，最好从小就培养良好的运动习惯。很多人小时候忙于学习没时间运动，长大了忙于工作没时间运动，再加上当今时代很多工作都是非体力劳动，使人的身体一直得不到充分活动，以致严重影响身体健康。良好的运动习惯是孩子健康的保障。运动能力强的孩子也更容易树立自信。运动对健康的影响在年轻时表现得可能不明显，但到了中年以后，身体机能下降就容易出现各种问题，有没有运动习惯对人的影响就体现出来了。

我们知道很多机器都有使用说明书，但是人体这个复杂精微的“机器”却很少有人知道它的使用说明书。究其原因，人体本身的生命力太强了，只要能吃饭睡觉就能维持运转，所以很多人就以为不需要了解“人体使用说明书”了。仅仅维持生命运转是不够的，因为还有疾病在威胁着人类。我曾见过 20 岁的大学生、30 多岁的医护人员，已经开始吃降压药了。现代医学及中华传统医学里有很多养生理念与养生方法，既简明易懂又经济有效，可以根据孩子的年龄阶段和健康需要适时地教给孩子。中医养生理念是以整体观为基础，其哲学基础植根于中华传统文化，与中国的其他文化表现形式是同根同源的，其教育可以与推行的中华传统文化教育进行适当的结合。比如，不同的节气适宜吃什么类型的食物。

二、自我保护能力教育

自我保护能力的教育，在不同年龄阶段有不同的重点，主要包括危险情境识别、危险面前如何自我保护等内容。很多教育者很重视培养孩子自我保护意识，比如，不玩火、远离深水、防范陌生人、需要帮助时找警察叔叔等。自我保护能力的教育，在不同地区可能也有不同的重点。比如，在中国的一些边境地区，为了防止毒品输入，防毒品教育可能是其重点内容之一。自我保护能力的教育也是与时俱进的，随着移动支付的兴起，电信诈骗变得多起来，孩子从小也应该接受反诈教育。自我保护能力的培养是多方面的，本书重点论述儿童防性侵、青少年性教育及校园霸凌。

儿童性侵者可能有多元化的主体，由于儿童自身不懂，使得发现与识别都存在困难，很多人都是在长大成人之后才明白自己当年遭受了儿童性侵。从实际发生的情况来看，不仅女童会面临性侵问题，男童也会面临这个问题。应该通过适当的教育使孩子知道拒绝哪些被对待方式，家长也应该与孩子多交流，了解他人在怎样对待自己的孩子。

孩子应该从小就进行适当的性教育，进入青春期以后更甚，但是性教育的分寸不好把握，甚至有些教育者因为把握不好分寸就彻底放弃了。提到性教育，有些家长总是遮遮掩掩，觉得是毒害了孩子，如果我们不大大方方地正面教育孩子，孩子可能自己偷偷摸摸学习，甚至可能被图谋不轨者伤害。现在社交媒体发达，有时候孩子可能收到很多骚扰信息，如果没有人给予他们支持与引导，他们就只能自己去面对。甚至可能走上歧途。

校园霸凌可能造成严重后果，教育者一方面要教育孩子不要去霸凌他人，另一方面要告诉孩子面对霸凌要如何应对和保护自己，并给予孩子足够的支持。一个学习好、性格好、家庭条件也很好的男孩，在读重点高中时因精神失常辍学回家，家长一直紧密看护，奈何他一直有自杀倾向，后来他永远地离开了。男孩精神失常的原因与被霸凌有关，因为他家庭条件好，有人长期向其勒索钱财，他怕告诉老师后被霸凌者报复，怕告诉家长会让父母担心，长期把愤恨憋在心里，最终青春年华就这样戛然而止，让人扼腕叹息。

三、自然教育

自然是指人类所生存的环境。中华传统文化中有“天人合一”的宇宙观，在认识自然的过程中，我们要秉持什么样的哲学：是二元分析式的思维方式，把人与自然割裂来看；还是一元整体式的思维方式，把人与自然看成一个整体，在人与自然的普遍联系与互动关系中来认识自然，并认识自己。关于对自然的认识，不在具体细节上，而在于宇宙观及其所决定的方法论。中华传统的整体思维有自己的宇宙观，也有自己的方法论，与分析思维是完全不同的。中国2000多年前建设的至今仍在发挥作用的都江堰水利工程，是利用鱼嘴、宝瓶口、飞沙堰等结构，实现了根据水量自动分水的功能，枯水期内六外四，丰水期内四外六，内江的水用于灌溉成都平原的农田，保障了农业发展。都江堰是中华传统思维中人与自然和谐发展、“天人合一”的整体思维的体现。

在中华传统整体观思维中，人与自然之间有着密切的联系，比如，《黄帝内经》中提到：“天有四时五行，以生长收藏，以生寒暑燥湿风；人有五脏，化五气，以生喜怒悲忧恐。故喜怒伤气，寒暑伤形。”① “东风生于春，病在肝，俞在颈项；南风生于夏，病在心，俞在胸胁；西风生于秋，病在肺，俞在肩背；北风生于冬，病在肾，俞在腰股；中央为土，病在脾，俞在脊。”② 人要根据自然时空的情况调整自身的作息以保持健康，比如，“秋三月，此谓容平，天气以急，地气以明，早卧早起，与鸡俱兴，使志安宁，以缓秋刑，收敛神气，使秋气平，无外其志，使肺气清，此秋气之应养收之道也”③。“故治不法天之纪，不用地之理，则灾害至矣。”④ 东西南北是空间，春夏秋冬是时间，而整个自然都在时空之中，人也在时空之中。人与自然有着密切的联系，是一个整体。应该让孩子从小就多接触大自然，人本身就属于自然的一部分，多接触自然会滋养人的身心，而脱离了大自然的滋养，身心就可能出现异化，变得不健康。

四、环保教育

环保是环境保护的简称，环境的概念范畴要比自然小一些，主要指人类能够影响的范围。人类赖以生存的环境需要大家共同保护。随着科学的发展，人类解决了很多问题，但是人类必须吃饭，科技可以提高粮食产量，解决粮食短缺问题，从而让人产生科技填饱肚子的错觉。自然灾害、气候变化等，

---

① 任廷革点校．黄帝内经素问［M］．北京：人民军医出版社，2005：13.
② 任廷革点校．黄帝内经素问［M］．北京：人民军医出版社，2005：8.
③ 任廷革点校．黄帝内经素问［M］．北京：人民军医出版社，2005：4.
④ 任廷革点校．黄帝内经素问［M］．北京：人民军医出版社，2005：17.

都让我们明白，环境才是粮食生产的根本决定性因素。环保教育就是让人了解要如何进行环境保护，如何建设共同的家园，要从小就养成正确的生活习惯。

环保教育存在一个基础哲学问题，按照中华传统“天人合一”的理念，环保是在保护地球，也是在保护我们自己。每个人都应该像考虑自己的问题那样，去考虑环境问题。你扔掉的衣服可能还带着你的气息在地球的某一个角落存在；你倾倒的污水，可能进入河流、进入土壤，然后进入粮食蔬菜中又回到自己的餐桌。在商业环境下，由于市场外部性的存在，人们购买东西时往往只看自己的钱包和东西对自己的价值，很少考虑这种消费对环境的影响。环保教育要以“天人合一”的整体观来塑造人的环保意识，把环境保护意识有机地融入个人的生活习惯之中。人类赖以生存的环境，需要每一个人行动起来共同保护。

我非常欣赏一些秉持着环保理念生活的人，也在尽力向他们学习。不需要的东西尽量少买；衣服、生活用品等尽量选择不会给地球造成污染的品类；买东西尽量买大包装，以减少塑料包装的使用；能使用自带购物袋的情况下，尽量自带；等等。培养孩子的环保理念也是在培养孩子的责任心，一个能够在一点一滴的生活中对地球负责的孩子，做其他事也会有责任心和行动力。

第二节 生存才能教育

生存才能教育主要指培育一个人在社会上获得维持生存的必要资源的知识与能力。生存才能包含的内容很广泛，本节重点介绍劳动教育、理财教育、处理人际关系的能力、抗挫折能力。

一、劳动教育

有些家长觉得孩子只要好好学习就可以了，其他事情都不需要做。成长需要孩子自己去经历，家长是不能代替孩子成长的。父母可能心疼孩子，怕孩子受累。累不累是由价值观决定的，如果没有养成良好的劳动习惯，做什么事都像是惩罚；如果养成了良好的劳动习惯，劳动可能是一件心旷神怡的事。

1. 劳动是人的根本需要

对于个体来说，其需要适当的活动以保持舒适状态，人也具有多样化活动的需求，劳动可以是对活动内容的调节与丰富。此外，劳动有时候需要多人分工合作，可以促进与他人的交往和交流。从前农业劳动机械化程度低，农民大部分靠手工劳作，农活都忙不过来。随着机械化的发展以及土地流转等，部分农民的农活变少了，活动量也少了，农民开始采取多种形式锻炼身体了，比如，骑自行车、跳广场舞、扭秧歌等。适当的活动是人体生理与心理的共同需要，劳动是活动的一种方式，而且是可以产出劳动成果的活动方式。

2. 劳动是成长发展的助力

劳动需要动手动脑，可以促进人动手动脑能力的提高，对于孩子来说，劳动是促进其成长发育的方式，可以提高动手能力，培养思考习惯，提高解决问题的能力。真实的劳动过程与课堂上虚拟场景的教学具有不同的意义。真实的劳动过程往往是要解决现实中存在的问题，具有复杂性、具体性和真实性，而课堂教学中所要解决的问题，往往具有抽象性，可能忽略很多具体的情境。在人才培养过程中，最好能让孩子多参加真实的劳动，这样能帮助孩子为成年生活做准备。

3. 劳动是生存的基本保障

人类的生存需要必要的物资，而物资的获得与产出都需要劳动。很多父母溺爱孩子，什么事情都想替孩子做，其实是在削弱孩子的生活自理能力和生存能力。对于大部分家庭来说，孩子长大以后都是需要工作的，就算家庭条件很好，父母也不能照顾孩子一辈子，因此帮助孩子从小养成良好的劳动习惯是必要的。孩子只要养成了劳动的习惯，适当地做一些劳动是不会累的。相反，如果从小没有养成劳动的习惯，什么都懒得做，孩子会觉得做什么都是一种惩罚，这对孩子来说并没有好处。

4. 劳动是奉献社会的途径

作为社会的一员，每个人都有奉献社会的义务，通过劳动为社会创造价值，也是人奉献社会并自我实现的方式。一个人能从社会获得多少资源，很多时候都是与自己的社会贡献成正比。社会的发展进步需要所有人的共同努力，每个人都应该尽自己的能力为社会做贡献。我们之所以能有今天的生活，是因为很多前人的努力，我们也应该通过自己的努力为我们自己及将来的人的美好生活做铺垫。

二、理财教育

在拥有一定资源之后，能有效利用资源来保障自己的生存是非常重要的。本书的“理财”主要是指如何应用财富，不涉及如何让财富增值的问题。学龄人口可能主要面临的是如何花钱的问题，很少有财富投资增值需要。同学之间也存在借钱的情况，这也是对孩子进行教育的机会。即使没有同学借钱，面对很多人欠钱不还的信用环境，父母也可以根据社会情况对孩子进行教育。我自己是学经管出身，学经管最大的收获不是学会了如何投资增值，而是学会了不投资，因为我知道自己投资的竞争对手是谁，其远远强大于自己。假如有90%的人投资不赚钱，我拿稳现金不投资就相当于跑赢了90%的人。很多人以为投资会成为自己一个额外的收入来源，没想到却成了自己最大的损失。关于借钱与投资的回报与风险问题，教育者如果有自己的认识，也可以提前教育孩子，以免他们将来自己“交学费”学习。有些刚步入社会的年轻人，借大额资金给“朋友”，连个借条都不好意思要，最后血本无归；有些人靠信用卡生活，债台高筑；有些人本来可以过富足的生活，却因为投资失败而入不敷出；等等。此外，反诈、网购、打赏等与财富相关的事，也应该对孩子进行适当的教育。

1. 量入为出

量入为出，就是根据自己的经济条件做出消费选择，能够使自己的消费控制在自己的支付能力以内。什么是富人，并不是有很多钱就是富人，如果一个人有很多钱，但是需要花钱的地方比自己的钱还多，就会入不敷出，就不能算富人。一个人的钱并不是非常多，但是花销都在自己的能力范围内，这就算富人。有些家庭溺爱孩子，孩子养成了超过自家消费能力的消费习惯，其实，这并不是富养孩子，而是在穷养孩子，是在“入不敷出”培养孩子。有些家庭虽然不富裕，但是能够培养孩子勤俭节约、量入为出的习惯，孩子能用不多的钱自如地生活，这也是富养了。第一种孩子虽然外在物质条件相对好，但是内心感受上却是“我的钱不够”，形成的是不足感；第二种孩子虽然外在物质条件相对一般，但是内心感受却是“我的钱够了”，形成的是满足感。

2. 有备无患

中国有句古话说“天有不测风云，人有旦夕祸福”，人生难免有不时之需。在条件好的时候，要为那些未来不可预知的事情做好准备，如果条件允许，要有一定的储备与积蓄。小时候，我妈妈给我讲过一个我姥爷给她讲的故事。有一个富裕人家有一个纨绔儿子，爱吃饺子，就天天吃饺子，但是，吃饺子只咬一口带馅的饺子肚，饺子边就不吃扔掉了。后来连续几年饥荒，这家也没有吃的了，这个儿子饿了好多天。这时候，邻居老太太来找他，说要给他吃顿饱饭，他端着邻居给的东西，吃得津津有味，觉得这是世界上最好吃的东西。他对邻居千恩万谢，并问邻居这是什么。邻居说，你不要谢我，这是你给我的，之前你扔了不吃的饺子边，我都捡起来晒干，留着慢慢吃。我对这个故事的印象特别深刻，它培养了我有备无患的意识，“常将有日思无日，莫待无时思有时”。

金融业的发展，帮助有些人形成了提前消费的习惯，但是一旦收入不能达到预期，无法按时还款，就会发生信用危机。作为教育者，应该帮助孩子树立这种危机意识。

3. 知足常乐

不知足的人，即使有再多财富也是穷人；而知足的人，即使财富有限也是富人。不知足的人，即使有再好的条件也不快乐；而知足的人即使条件一般也是幸福的。人生应该为自己所拥有的感到欣喜，而不是为自己没有的感到失落。有些还未懂事的小孩看到喜欢的玩具，就哭着喊着想要，其实，家里可能已经有很多相似的玩具了。在家庭条件允许的情况下，有些家长就很纠结要不要给孩子买，买了是浪费，不买又怕亏待了孩子。其实，最重要的不是孩子多不多一个玩具，而是培养孩子知足常乐的满足感。

4. 俭以养德

欲壑难填，如果不懂得知足，欲望就会永无止境。一旦自己的消费欲望超过了自己的消费能力，你就会想办法扩大收入来源，但是，正常的收入来源终是有限的，为了满足这种欲望就会生出很多烦恼。“壁立千仞，无欲则刚”，一旦有了难以满足的欲望，就可能被别人牵着鼻子走，甚至可能走上违背公序良俗、违法犯罪的道路。自己对消费的控制力越强，人生就越自由。

有一些学生爱攀比，学校一般规定穿校服，衣服无法攀比就攀比鞋子等其他用品。攀比消费危害孩子的道德发展。孩子的消费观受家长、同学、老师、社会等多方面的影响。当社会上大家都在“攀比”德行而不是消费的时候，才能说我们进行了好的教育。

5. 消费的类型

就支出来说，一般有投资型支出与消费型支出，对于大部分学生来说，其消费以支出为主。不同的消费其意义不一样，我们把消费分成投资型消费与纯消费。纯消费只具有当前意义，投资型消费具有长远意义。比如，买一本书看，增长了你的知识，可能一辈子都受益；在直播间打赏主播，对于你的长远发展来说，可能没有什么帮助。消费到底属于哪种类型是复杂难辨的，比如，吃一顿美食，可能对你的健康有帮助，有一定的长远影响，但是，如果花 10 元就能做到的事，你花了 100 元，超额部分就属于纯消费。消费的类型不仅取决于消费对象，还取决于消费者，比如，看一场电影，如果只是看个热闹，就属于纯消费，但是，如果学会了受益终身的做人道理，就具有了投资型消费的意义。孩子的消费不仅意味着金钱的支出，往往还伴随着时间的花费。一个一辈子把时间和金钱用来进行投资型消费的人，与纯消费的人相比，其人生将是完全不同的。教育者应该鼓励和引导孩子养成具有长远意义的投资型消费习惯。

6. 对钱的认识

要让孩子明白，东西并不是用钱买来的，钱不过是一个交换媒介，钱是用时间、精力和生命换来的，东西从根本上也是用时间、精力和生命换来的，钱并不是纸，也不是一个电子化的数字。如果孩子比较小，难以直接明白其中的道理，可以做一些具体形象的解释，比如，如果你购买了不必要的东西，相当于增加了父母工作的时间，就减少了陪伴你的时间。或者可以让孩子在玩具和父母的陪伴之间做选择，不管孩子怎么选，都会帮助孩子加深对消费的理解。让孩子明白购买决策的真正意义是什么，花费的并不是钱本身。

钱本身是没有价值的，其价值体现在如何使用上，而对钱的使用是存在风险的。正确使用钱是对自己有益的，不能正确使用反而可能害了自己。如果没有品德做保障，钱并不是越多越好。有些人没有太多钱，可能还会幸福安稳一生，反而因为有了钱而胡作非为，落了个悲惨的下场。钱有机会成本，花在这里就不能花在那里，所以要尽量把有限的钱花出最大的价值。

“君子爱财，取之有道”，不能赚“不义之财”，“不义而富且贵，于我如浮云”①。中国已经全面进入小康社会，物质财富极大丰富，每个人都能得到

① （战国）孟子等．四书五经［M］．北京：中华书局，2009：17.

基本生活保障，生存没有问题，但是不乏一些人铤而走险，因触犯法律而受到制裁，也不乏一些人因为不当的理财、投资等损失了很多财富。如何获得财富、如何使用财富，是每个人终身需要面对的，相关教育最好能从小开始。

三、处理人际关系的能力

人总是要生活在一定的社会关系之中，如何与他人相处，关系到自身的幸福感，也关系到能否从社会上得到足够的人际支持。与人相处，既要能保持良好的人际关系，也要能保持自我。

1. 家庭关系

孩子只有在家庭里学会如何与家人相处，才更可能学会与家庭之外的他人相处，“孝悌也者，其为仁之本与”。家庭要建立良好的家庭氛围，给孩子足够的关怀。“兄友弟恭，父慈子孝”，孩子与家人的关系，是与其所处的家庭环境密切相关的。

《论语》中说：“叶公语孔子曰：‘吾党有直躬者，其父攘羊，而子证之。’孔子曰：‘吾党之直者异于是，父为子隐，子为父隐，直在其中矣。’”一个人在家庭里如果没有建立起信任仁爱关系，与其他人建立这种关系的可能性就更低。揭发自己的父亲，只是做了一件善恶掺杂的事，而为自己的父亲隐瞒，却可能成就一个善良的人。我们不是说人应该隐瞒家庭成员的错误，而是说家庭关系对一个人的成长非常重要，家庭关系是一个人学习人际交往的起点。

2. 亲戚邻里关系

城市生活，邻里之间一般比较生疏。在中国传统社会中，比如，我小时候所成长的农村，在一个人成长的过程中，首先接触的就是自己的家人，其次就是自家的亲戚与邻里。我家的邻居都非常和睦，没有任何两家有过争吵。我的父母与邻居一辈子相互帮助，农忙时相互帮忙干活，闲着时就串门拉家常。一家有困难，家家都帮忙。我小时候就在这样的邻里关系中长大。父亲与母亲的兄弟姐妹也都非常和睦、相互帮助。叔叔与姑姑都在我们本村或者本村附近的村子，小时候都经常见。我妈妈从比较远的村子嫁到我们村，小时候交通不发达，平时很少回娘家，但是，每到过年舅舅与姨都会带着孩子去姥爷姥姥家过年，这样虽然有些舅舅与姨住得比较远，但是我们的关系还是非常密切。这些亲戚、邻居对我感知世界有非常重要的意义。当你从他们那里获得了关怀，你就会充满感恩，想回报这种关怀，当这种感恩的情感持续充盈着一个人的心，就会形成一种人格。这种感情与对家人的感情是不同的，家人之间往往具有一种无须商议的义务，但是亲戚与邻里之间，往往是没有强制义务关系的，只是出于一种情感。

父母带领孩子参与亲戚邻里的交往，是促进其交际能力发展的重要途径。在这些人际关系中，往往有家长之间的情感与利益约束在里面，其安全性有一定的保障，可以锻炼孩子走出家庭与其他人交往的能力。

3. 同伴关系

一个人在未上学之前所接触的人，可能大多在父母的监控范围内。上学以后，会接触更大范围的人，有属于自己的同学和朋友。这其实是脱离家庭关系，走上了独自交往之路。与亲戚、邻居家的孩子发生矛盾时，还有家长可以帮助调节，但是走上独自交往之路后，就主要依靠自己去解决矛盾。同伴关系对一个人的成长是非常重要的，孩子都很容易受同伴的影响。

家长和老师都不能陪孩子一辈子，终究要靠孩子自己去解决所面临的问题。让孩子自己去解决与同学的矛盾，其实是对孩子的锻炼。同学伙伴之间处理矛盾，是他们对成年情境的预演与准备，大人过度参与只会让孩子的能力无法得到锻炼。在我的记忆里，我读小学的时候，同学之间经常有人打架。小孩之间说不定因为什么事就打起来了，但过了一会儿又和好了，小孩子之间闹点矛盾都是正常的。我也经常与同学打架，全班同学里，就难找到没打过架的，现在也想不起来是因为什么打架。我至今还很怀念小学的生活，对小学同学也感觉很亲切。这些打架经历，使我对人与人之间的矛盾有承受力，面对困难情境有承受力。

所有的经历，都是成长的助力。我小时候有一个经常一起玩的好朋友，小学到初中都经常在一起，全校同学都知道我们是最好的朋友。当时我们一起在村里的初中上学，有一次考试，她偷偷翻窗进入老师办公室偷了试卷出来，很多同学都找她看卷子。我对她这种行为很不认可，坚决不看她偷出来的试卷。她感觉有些尴尬，就跟其他同学说，我就是表面装作不看，其实背后看了她偷的试卷。她这么说时，有一些平时关系一般的同学，知道我没有看，直接驳斥了她。我非常感恩那些仗义执言的同学，但是，好朋友的行为让我伤心地哭了。从那时候开始，我对人与人之间交往的理解就深刻多了。并不是付出了就能获得同样的回报，最伤害你的，可能是你最信任的人。你只能决定自己做什么样的人，并不能要求别人如何对自己。在关键时刻，站出来帮助你的人，不一定会是谁。这让我在后来面对人生中的种种情境时，都能够比较坦然。

4. 师生关系

很多学生因为喜欢一个老师而喜欢他所教授的科目，并因此成绩得到提高；相反，有些学生因为讨厌一个老师而讨厌他所上的课，成绩也因此一落千丈。师生关系对学生的影响是非常大的。作为老师，要尽力与学生建立良好的关系；作为家长，要引导孩子与老师建立良好的关系。

我们一般都说学生要尊敬老师，似乎让老师占了一个被尊敬的便宜。其实，尊敬老师也是孩子自身成长的一种需要。尊敬他人，培养的是自己的谦逊品格，而这种谦虚的品格对孩子的成长发展来说至关重要。只有谦虚的人才能成长进步，只有谦虚的人在人际交往中才更容易被接纳认可。对于孩子来说，老师可能是其面对的第一类权威者。试想，如果一个小孩子连老师都不能尊敬，长大以后还能尊敬谁呢?

并不是所有老师都值得尊敬，也确实有一些老师会有伤害学生的言行。对于不能良好相处的老师，学生在保持必要的尊重的情况下，有权保留自己的态度。家长最好能引导孩子，不要因为这样的老师而耽误了自身的成长。

5. 与网友的关系

当我问一个本科生，选择朋友的标准是什么时，他张口就说看他打什么游戏，能不能一起玩。这让我感觉很意外，也让我更深刻地明白他们处于一个不同的时代。网络世界已经开始走进每一个人的生活，尤其是对青少年来说，在虚拟世界中的交往，可能比现实世界还多。在现代社会，真实世界里人与人之间的关系是相对疏离的，网络世界或许能填补某种空白。但是，网络交友是有风险的，尤其是现在各种影音造假技术高超的情况下，有很多人上当受骗。家长最好能多与孩子交流，多陪伴孩子，这样一方面可以减少他们交网友的需要，另一方面也可以了解孩子在网上与什么人交往。孩子不要在网上过分暴露自己的隐私，如果遭遇了网暴，要有承受能力。教育者一方面要教育孩子有防范意识，避免财产损失和遭到人身危害；另一方面要教育孩子在网络世界里，在相对缺乏监督与约束的情况下，也要保持做人的标准。

6. 与陌生人的关系及自我保护意识

一个人对待陌生人的态度，往往是由其对待熟人的态度决定的，甚至是直接迁移的。一个对亲人、对熟人有善心的人，才更可能对陌生人有善心。当一个人对所有人都心怀善意时，也就成了对社会有善意的人。

对待陌生人，善意与警惕应该是并存的。不仅对陌生人应该有警惕心，对待熟人也是如此，很多伤害都是出自熟人。人格是复杂的，往往是善恶夹杂，在悦纳一个人的好时，尽力避免被其恶伤害。比如，不要轻易与异性在私密空间单独相处，与异性保持适当的距离，尤其是女孩子更要多注意，当然男孩子也存在这个问题。

7. 保持适当的独立性

受人际关系影响，不按照正确的标准做人，就失去了独立性。比如，一个中学生明明知道抽烟不好，但是自己交往的人群都抽烟，为了融入群体，自己也开始抽烟，这就失去了独立性。自己好的东西一定要保持，不能随波逐流。其实，很多人都高估了自己的习惯对他人的影响。比如，有些人因身体原因医生建议吃素，开始可能会担心吃素影响自己的人际交往，时间久了就会发现，对其他人根本就没什么影响，毕竟是自己吃素，又不是让别人吃素。此外，人也需要适当的独处空间，来沉淀自己的人生经验及思想感悟。

四、抗挫折能力

人生不可能是一帆风顺、尽如人意的，总是会面对一定的挫折，每个人都需要具备抗挫折的能力。教育者不应该总是想为受教育者屏蔽挫折，而是应该教育他如何面对挫折、应对挫折。对于受教育阶段的孩子来说，挫折可能是没有获得自己想要的东西、学习成绩不理想、与同学吵架争执等，这些都是教育机会。

第三节　生活才能教育

本书的生活才能教育主要指使个体在社会生活中能够自如生活的教育内容。有些父母心疼孩子，觉得学习已经够辛苦了，其他事情都舍不得让孩子做。渴望多样化、丰富化的生活内容是人的本性，如果能给孩子安排适当的家务劳动等，这既培养了孩子的生活能力，也调节了其学习生活。如果不用健康的方式来调节孩子的生活，他们就会想其他办法，比如过度玩电子游戏、浏览不良网站等。如果能够用正确的生活方式，把孩子的时间相对填满，孩子就没有时间做出不良行为了。但是，需要注意的是，这种“填满”不是孩子的时间被动地被他人填满，而是在教育者的引导下，孩子主动地选择正确的生活方式。教育应该引领孩子进入真实的生活，而不是把孩子圈养在真实的生活之外。

一、生活常识

要有基本的生活能力，就要知道一些基本的生活常识，比如，如何选择饮食、如何合理进食、如何根据季节与天气选择合适的衣服，等等。还有很多生活的基本常识，对保障正常生活都是非常重要的。

二、生活习惯

在了解生活常识的基础上，要养成良好的生活习惯。生活常识并不是自动转化为生活习惯的，比如，有时候，我们明明知道某种食品对身体不好，但还是忍不住要吃。为什么想吃，是因为在饮食习惯里喜欢吃这种东西。各种良好的生活习惯，是一个人自如生活的重要保障。有时候明明知道应该做一件事，却懒得去做，原因就是没有养成勤劳勤奋的生活习惯。

三、基本知识教育

基本知识是指与日常生活密切相关，每个人都应该掌握的知识。比如，日常生活中购买东西需要基本的计算知识，使用各种物品要看使用说明书，需要识字。学校教育教给孩子很多知识，其中有一部分是与生活密切相关的，比如语文、数学中的部分知识，还有一部分是为了长远发展做准备，并不一定与生活有密切的联系，这部分知识可以认为是专业知识。生活中所需要的很多基本知识可以通过学校教育获得。

四、审美

审美关系到人的价值观，影响着人的发展方向。首先，人要明白什么是“美”。有一次逛街，我无意间看到一个化妆品的广告牌，不由得倒吸一口凉气，感觉自己看到了妖怪，是动物幻化成的人，闭着眼睛回过神来，没有了恐惧感，慢慢睁眼，感觉看到的是一个美女。这时小时候看《西游记》就困扰我的一个问题，又重新提上心头，为什么同样都是会法术的美女，有的是仙有的是妖？有人说因为仙是好人，妖是坏人，可是我对这个答案并不满意。后来又过了几年，才逐渐略有所悟。仙是没有欲求的，既不想从人身上得到利益，也不想得到情感，如果说仙还有什么欲望，那就是希望你能过得好。仙的美是一种端庄的美，让人想到的不是欲求，而是内心清净。妖是满心欲求的，想要你的感情，想要你的钱财，甚至想吃你的肉。妖的美是激发人的欲求，用美貌吸引你，靠着这份吸引控制你。仙要做到的是“不动心”，不仅不动自己的心，也不动别人的心。妖是自己先动了贪心，再去诱发别人的贪心，通过别人的贪心去控制人，达到满足自己贪心的目的。同样能给人带来视觉愉悦感的美人，与道相应的是“仙”，是真正的大美，与道相违的是“妖”，是会害人的。从中华传统文化的视角来看什么是“美”，“美”并不完全取决于能够使人获得愉悦感，而是要同时具有善性。能激发人善性的东西才是美，激发人恶的欲望的东西不是美。懂得欣赏具有善性的东西，就是审美。像中国的书法，既有王羲之那种妍丽的风格，也有颜真卿那种朴拙的风格。妍丽的美容易被看到，而朴拙的美不容易被感知。朴拙是一种善性，具有朴拙的品质也是一种美，能够欣赏这种美，就是审美能力。学习中华传统书法，学会了感知与欣赏这种朴拙的美，是审美能力的提高，也是善性的进一步充盈。在音乐领域也是类似的，“靡靡之音”或许也能给人带来愉悦感，但却无法充盈人的善性，所以，听音乐也是要有所选择的，并不是什么好听的音乐都能给人带来益处。能够帮助人“明明德，亲民，止于至善”的事物，才是真正的美；与此相反的，即使能给人带来感官的刺激，也不能算美。一切事物都是如此，只有具有善性才能称为美，当心灵具有了善性叫心灵美。具有善性的品格是美德，帮助人向“明明德，亲民，止于至善”接近的品格是美德。

中国有句话叫“艺可通天”，怎样才能“通天”呢？与“道”相应才能“通天”，也就是说古人眼中的艺术是要与道相应的。艺术是有标准的，怪诞不能算艺术，恶俗得少见也不能算艺术创新。作为中华儿女，我们要懂得自己民族的审美原则，这样在国际大潮的冲击下，才能够牢牢把握自己的审美权，保持民族本色，而不是人云亦云地丧失自我。审美不仅是一种能力，也是一种权力。如果自己不掌握审美权，别有用心的人就会告诉你丑是美，如果你相信了，就会向着丑的方向发展，放弃了审美权就失去了审美自由。

第四节　才能的自由而全面发展

在基本的生命、生存、生活的相关才能教育的基础上，还要根据社会需要及每个人的兴趣与特长，实现人的自由而全面发展。

一、多种基本才能的培养

才能是多种多样难以枚举的，才能的背后往往蕴含了一定的思维方式。中西方有不同的思维方式，西方侧重的是分析思维、逻辑思维、理性思维，中国传统上有整体思维、辩证思维、直觉思维、意象思维、感性思维等，我们要综合运用多样化的思维方式，来促进人的自由而全面发展，培养出具有国际竞争力的人才。

现代教育体系侧重概念与逻辑，概念是对众多现象的抽象，抽象出其具有本质特点的特征，然后运用逻辑来分析事物之间的关联等特征，抽象概念与逻辑对于认识世界是十分重要的，但是不可否认的是，抽象概念并不等同于事物本身，其具有积极意义的同时仍然具有局限性。而意象思维、直觉思维等具有弥补这种不足的作用，能够实现对事物更全面进而更真实的认识。中国的汉字、《易经》都是从“象”上来把握世界。相对于以概念把握世界的文化，以“象”把握世界有其独特的优势。概念基本都是从事物的某个方面来认识事物，难以全面地概括，甚至可能产生错误。事物是丰富具体的，很难用抽象的概念完全描述，而“象”是从整体上把握事物，可以弥补概念的不足。我们在教育中要发扬自身的思维优势，并学习西方思维的长处。切不可放弃我们的思维优势，只顾学习西方，失去了竞争优势。

二、卓越能力的培养——以天合天

哪些因素使个体具备了服务社会的能力？大家所熟知的有体力、脑力、能力、情绪、意愿等，在当今社会，创新成为驱动社会进步的重要动力，而很多时候创新来自灵感。在《庄子·达生》中有这样一则故事。

梓庆削木为鐻，鐻成，见者惊犹鬼神。鲁侯见而问焉，曰：“子何术以为焉？”对曰：“臣工人，何术之有！虽然，有一焉。臣将为鐻，未尝敢以耗气也，必齐以静心。齐三日，而不敢怀庆赏爵禄；齐五日，不敢怀非誉巧拙；

齐七日，辄然忘吾有四枝形体也。当是时也，无公朝，其巧专而外骨消；然后入山林，观天性形躯至矣，然后成见鐻，然后加手焉；不然则已。则以天合天，器之所以疑神者，其由是与！”①

这里提到“不敢怀庆赏爵禄”等，在我们的教育领域，往往用“庆赏爵禄”来激励受教育者，虽然在一定层面能够发挥积极作用，但是也扰乱了人的心神，使其难以专注达到“以天合天”的灵性境界。在教育过程中，应该注重受教育者灵性的育化，这才是教育的关键所在。很多取得大成就的人，并不是为了获得名利，而是一心想为社会做贡献，想解决人民的疾苦，是这样的愿望激励着他们克服万难取得胜利。

比如我写这本书，不管谁承诺给我多少钱、多少荣誉，让我赶快写出来，我也写不出来。丢掉工作的恐惧更不能让我写出来，必须是自己在身心上达到一定状态，很多东西自动流淌出来。

三、鱼与熊掌难以兼得

要对受教育者才能的培养有一个认识，完美的人是不存在的，人总是有所长有所短，不能求全责备。有所长就必有所短，甚至长处本身就是短处，鱼与熊掌难以兼得。对于人才的培养来说，重要的是发挥人的长处，而不是培养多么完美的人。《人物志》中说得非常明确：“夫直者不讦，无以成其直。既悦其直，不可非其讦。讦也者，直之征也。刚者不厉，无以济其刚。既悦其刚，不可非其厉。厉也者，刚之征也。和者不软，无以保其和。既悦其和，不可非其懦。软也者，和之征也。介者不拘，无以守其介。既悦其介，不可非其拘。拘也者，介之征也。然有短者，未必能长也。有长者，必以短为征。是故观其征之短，而其材之所长可知也。”② 可见，要想发挥一个人的长处，就要包容其短处，否则就享受不到其长处。我的亲戚之中，帅哥美女特别多，打扮得也都很时尚，我是其中的“丑小鸭”，打扮得也非常朴素。我妈就总是不甘心，觉得我学历最高，收入也不错，为什么不能把自己打扮得光鲜亮丽，谁看了都赞叹呢？我就告诉我妈，我要是打扮得也跟人家一样，学历和工作可能也会跟人家一样，人各有志不能强求。我写中华传统文化的书，有些人就不理解，你不是在写东西吗，你可以同时发文章、申请项目、参评奖项啊，

① 陈鼓应．庄子今注今译［M］．北京：中华书局，2009：525.
② （三国魏）刘邵．人物志译注［M］．王晓毅，译注．北京：中华书局，2019：187.

你怎么什么成果也没有呢？我要是什么都有了，可能就写不出我现在写的东西了。这并不是简单的“兼而有之”的事，而是“非此即彼”。不是你有了这些，还可以有那些，而是你想要那些，就不再有这些，人的时间精力终究是有限的，更重要的是人的志趣是有方向的，有些事情看似简单，却在不同的方向上是难以兼容的。

对人才的评价，往往都有评价者的评价标准隐含其中，这个评价标准也不一定就是合理的。《庄子·秋水》中说：“以道观之，物无贵贱；以物观之，自贵而相贱：以俗观之，贵贱不在己。以差观之，因其所大而大之，则万物莫不大；因其所小而小之，则万物莫不小。……以功观之，因其所有而有之，则万物莫不有；因其所无而无之，则万物莫不无；知东西之相反而不可以相无，则功分定矣。以趣观之，因其所然而然之，则万物莫不然；因其所非而非之，则万物莫不非……梁丽可以卫城，而不可以窒穴，言殊器也；骐骥骅骝，一日而驰千里，捕鼠不如狸狌，言殊技也；鸱鸺夜撮蚤，察毫末，昼出瞋目而不见丘山，言殊性也。”① 总之，我们要尊重人才本身的特点，发挥其长处，而不是纠结于其短处。

四、人工智能时代的才能培养

在人工智能时代，学校作为知识传播途径的功能会极大地下降，人们不再需要经过漫长的基础教育直到大学才学习自己感兴趣的专业知识，专业也不再是一旦选择就难以更改的，孩子们从小就可以通过网络及人工智能学习自己感兴趣的专业方向的知识。专业之间也不再有清晰的界限划分，而是可以根据需要培养各类复合型人才。学校、教师、行业专家等可以根据孩子的兴趣和特长为其量身定制培养方案，这个培养方案是可以根据孩子的水平和兴趣持续调整的。人工智能的发展将极大地降低培养成本，使得因材施教成为可能。除了成长发展的基本才能，人工智能可以轻易替代的才能不再是学习的重点。

人才的培养既是为了满足社会发展需求，也是为了满足个体自由而全面发展的目标，而个体的自由而全面发展必然会最有力地支撑社会发展。在过去，社会是根据岗位安排工作，以事为主，人是从属；在未来，物质极大丰富了，社会可能要根据人的兴趣和才能为其设置岗位，以人为主，事是从属。

---

① 陈鼓应．庄子今注今译［M］．北京：中华书局，2009：452-453.

五、自得其乐——无所可用，安所困苦哉

一个人并不是有被人利用的外在价值才有价值，他的存在、他的人格道德就是价值。《庄子·逍遥游》中说："惠子谓庄子曰：'吾有大树，人谓之樗。其大本臃肿而不中绳墨，其小枝卷曲而不中规矩，立之涂，匠者不顾。今子之言，大而无用，众所同去也。'庄子曰：'子独不见狸狌乎？卑身而伏，以候敖者；东西跳梁，不避高下；中于机辟，死于罔罟。今夫斄牛，其大若垂天之云。此能为大矣，而不能执鼠。今子有大树，患其无用，何不树之于无何有之乡，广莫之野，彷徨乎无为其侧，逍遥乎寝卧其下。不夭斤斧，物无害者，无所可用，安所困苦哉！'"① 一个人只要不危害社会与他人，就是对社会做贡献。在此基础上，如果能自得其乐，自由幸福地生活，也是对社会做贡献。快乐是有感染力的，自己的快乐可能感染他人。在此基础上，如果能心存善念，能善意地对待他人，就是对社会做更大的贡献，不一定要看创造了多少有形有相的东西。我们要"以人观人"，而不是以一个人的工具性价值来判断人。

对于大树来说，不需要自己有多少被利用的价值，没有被利用的价值，自由生长很好。健康自由地生长所自然形成的荫凉，也是对社会做贡献。有的人可能会为得不到他人的认可而苦恼，有些人为怀才不遇而苦恼。追求自我价值的实现是可以的，但是不要把自己工具化，被需要就尽力去承担自己的责任，不被需要就自得其乐。

① 陈鼓应．庄子今注今译［M］．北京：中华书局，2009：35.

第六章　培养圣贤的现实价值

前文我们介绍了教育的目标、教育内容。教育目标是培养圣贤，根据圣贤的评价标准，教育内容可以划分为道德、情志、才能等方面。本书从“人皆可以为圣贤”的人性观出发来论述教育目标，这是一种从世界观、人生观与价值观出发的理论视角。后文我们要回答的问题是，追求成为圣贤对个体有现实价值吗？培养圣贤对社会有现实价值吗？理论上的价值不容易被感知，现实价值是保障其在教育实践中落实的支撑。如果有现实价值，个人和社会就会自动追求这样的教育目标。

第一节　追求成为圣贤对个人的现实价值

一、道德的经济回报与情绪回报

从古到今，“德才兼备，以德为先”一直是中国人才选拔的重要标准。道德水平高的人可能会有更多的选择机会。获得一个什么样的工作，是影响个体经济收益的重要因素（李实，丁赛；2003）。由此可见，从理论上说，道德水平越高收入水平可能越高。量化分析的研究结果表明，道德水平对工资水平具有正向影响，做一个有道德的人也是理性的。①

《论语》中说“仁者不忧”，在儒家的理念中，良好的道德可以获得良好的情志，用我们现代语言来说，道德水平高更容易获得快乐的感受。量化分析的研究结果表明，道德水平越高的人，其情绪状态越好。② 这既证明了道德与情志的关系，也说明个体提高自身的道德水平是有情绪回报的。

① 详细内容请参见《中国人文管理学理论》第三章第三节。

② 详细内容请参见《中国人文管理学理论》第三章第二节。

二、努力成为圣贤对受教育者是有价值的

教育领域以培养圣贤为目标，这样的目标是教育强加给受教育者的吗？如果成为圣贤对受教育者自身是没有好处的，那这样的目标就是在强迫受教育者成为教育者想成为的人。如果成为圣贤对受教育者是有利的，这样的目标就是为受教育者服务的，是教育者与受教育者的双赢。通过前文的分析，我们可以知道，无论是从哲学层面的人性观来看，还是从现实层面的经济与情绪收益来看，追求成为圣贤对个体都是有益的。

“天命之谓性”[①]，从道德角度来看，至少有两层含义：一是道德来自“天命”，我们称为“天赋”，把相关理论称为“道德的天赋论”；二是道德是“性”，我们称为“本性”，把相关理论称为“道德的本性论”。可见，本性论与天赋论之间不是相互排斥的，而是同一个问题的不同方面，可以认为两者之间是相互补充的。目前，相关研究领域对儒家思想中道德的来源有一定的关注（杨泽波，2006），但是对“本性”是什么的关注比较少，尤其对“本性”的实证研究关注比较少。“天赋”是外部意志赋予的，而这种外部意志具有超越性，是很难或者不可检验的；而“本性”是自身所具有的，是真实的存在，是可以应用一定的研究方法进行检验的。对于“本于天而备于我”[②]，我们暂且悬置是否“本于天”这个问题，重点讨论“备于我”的是什么。只有知道“备于我”的是什么，才能更好地指导现实生活。比如，有些植物喜水，多浇水才能长得好，有些植物不喜水，少浇水才能长得好，我们不需要知道是否喜水的本性是哪里来的，只要知道本性是什么就可以使植物健康成长。人的本性是从哪里来的难于验证，但是如果我们知道本性是什么，就可以按照本性的要求去培养人，而本性是什么是可以应用一定的方式进行验证的。

中国人熟知的一句话是“善有善报，恶有恶终”，在很多人的意识里“善”与“善报”之间、“恶”与“恶终”之间，都是前者导致了后者，是一种因果关系。但是，如果从道德本性论角度来看，做好人本身就是对做好人的奖励，做坏人本身就是对做坏人的惩罚。为善本身就是善报，为恶本身就是恶报。本性论与天赋论之间并不是相互排斥的或相互替代的，是从不同的

---

① （战国）孟子等．四书五经［M］．北京：中华书局，2009：53．

② （宋）朱熹．四书章句集注［M］．北京：中华书局，1983：17．

角度来认识同一个问题，但是其对当前中国社会的现实意义是有差别的。当今社会，人们普遍很难接受一种不可验证的超越力量的存在，但是对于幸福每个人都是有切身体会的，也是几乎所有人都愿意追求的，容易被普遍接受。“天赋论”以“超越的力量”赋予道德以终极意义，而“本性论”通过“按照本性生活更快乐”赋予道德以现实动力。“现代新儒学以既超越又内在还是只超越不内在区分儒学和西方哲学”（杨泽波，2006），可以认为“本性论”是具有中国文化特色的道德理论，是弘扬中国文化不可忽略的方面。中华传统文化中区别于其他文化的真理性认识，对中国的文化安全具有重要意义。如果道德是人的本性，按照人的本性去培养圣贤就是自然而然的，对个体也是有益的。

第二节　追求成为圣贤对个人价值的作用机制

实证检验表明，道德水平越高的人，其情绪状态越好，收入也越高，说明圣贤教育对个体是有现实价值的。道德影响情绪与收入的作用机制有多种可能。圣贤的一个重要特点就是利他奉献，而利他与自利似乎是对立的，本节重点讨论利他奉献带来好处的作用机制。

一、利他奉献是更可靠的快乐源泉

人的价值观不同，快乐的来源也不同。一个自私的人，可能因为实现了自私的目标而快乐；一个无私的人，可能因为实现了利他的目标而快乐。从实现目标的难度上来说，当一个人只顾自己的目标而损害他人利益时，其他人都会成为阻止他目标实现的人；当一个人追求利他的目标，其他人就会成为帮助他实现目标的人。大家都阻止你，你就很难实现目标，就很难快乐；大家都帮助你，你就更容易实现目标，就更可能获得快乐。问题的关键不在于自己获得了具体利益，而在于形成一个可以让自己快乐的价值观。当然利他与自利之间并不是矛盾的，很多事情往往是兼具自利与利他的。

有一次我有急事出门，在小区里看到了一个小动物的尸体，平时我要是有空就给处理了，但是当时着急，心想回来时再做吧。两小时后我回来了，小动物的尸体还在路上的同一个位置。当时我心想，你要是想为净化环境捡个不可回收的垃圾，别说两小时，就是一天，也没人跟你抢；你要是想捡钱，肯定会有很多人与你抢。捡垃圾与捡钱比较，像毫无利益的事，但是一个人想捡垃圾很容易心想事成，想捡钱却不容易达成。如果一个人形成了利他奉献的价值观，能从身边力所能及的小事做起，比如，捡个垃圾、少用塑料、帮助一个处于危险的小动物等，这些看起来没有什么价值的小事，却可能因为契合了你的价值观而给你带来快乐。如果你的闲暇生活能被这样的小事填满，你可能就没有时间不愉快了。

二、利他奉献是自我成长的动力

是英雄造时势，还是时势造英雄？有些杰出的英雄可以造时势，但是，也确实有很多英雄是由时势创造的。也就是说，机遇是一个人成才的重要因素。同样的道理，一个人可能并不是因为有能力才去利他奉献的，而是因为想利他奉献才具备了这样的能力。当一个人想利他奉献时，别人的需求就成了自己的需求，别人的困境就成了自己前进的动力。在中国这样一个人才辈出的社会，谁有机会奉献社会谁才更有可能成长为人才，利他奉献是自我成长的机会与动力。个体如此，组织与国家也是如此。中国的高铁科技在国际上走在了前列，为什么？是因为政府是在“为人民服务”，人民的需要就是政府努力的方向。相较于一些曾经比我们科技更发达的国家，我们在高铁这个领域超过了他们，一方面他们的社会需求可能没有我们大，另一方面他们的国家决策可能也并不像我们这样以服务人民为中心。

对利他奉献与个体利益之间的关系的认识，我个人也是经历了一个过程。中国有“内圣外王”的说法，开始我一直认为要先“内圣”才能“外王”，后来，更倾向于“内圣”与“外王”是互动的。很多的能力（内圣）是在服务他人（外王）的过程中锻炼出来的。有一个北大学生，在众多优秀的同学中能力并不突出，毕业时却在某个细分领域成了“专家”，并因此找到了理想的工作。究其原因，并不是因为她天赋多大，而是因为她热心助人。刚开始，可能只是偶尔帮助同学解决一个问题，然后，其他有相关问题的同学也试着问问她。绝大部分情况下，同学的问题她都是不懂的，甚至有一些连听都没听说过，但是，她总想尽力帮忙，自己不懂就现学，然后再给别人讲。这样她在同学中就形成了一个“口碑”，有问题的同学总是愿意来向她求助，得到她帮助的同学就会向别人宣传她的热心，然后就有更多的同学向她求助，她就不断地学习，不断地帮助别人解决问题，自己的能力也在不断提升。看起来是她在帮同学，实际上每一个同学都成了她的“耳目”、她的“信息来源”、她的“宣传者”、她不断提升自我能力的动力。当你想帮成千上万的人，成千上万的人就成了你提升的动力、你能力的来源。很多时候，利他者的能力是在利他过程中不断得到提升的。

自利的收益是有限的，所谓“鼹鼠饮河，不过满腹”，但是，一旦一个人将国家民族的利益、人类的利益放在了心里，他把多少人的福祉放在心里，他的志向就有多弘毅，他把多少人的福祉扛在肩上，他的能力就有多大。一个自利的人的付出是有限的，但是，对于一个利他的人来说，他的利益是无数人的福祉，他的付出也就没有边界。一个自利者，从别人那里得到的可能是自利的回应，面对的人都是自己的竞争者；而一个利他者，从别人那里得到的更可能是利他的回应，所谓“得道多助”。根据“格物致知”的原理，一个人只有革除了物欲才可能对事物有更准确的判断。当面临同样的形势时，私心大的人容易判断错误，而公心大的人更容易判断正确。

三、利他奉献是获得社会资源的形式

每个人的成功都要获得一定的外部的支持，或者表现为外部支持。比如“得民心者得天下”，要想取得天下，就要赢得民心，那怎样才能赢得民心呢?如果只是自私自利地想着自己的利益，怎么可能民心所向呢？在2020年武汉抗击新冠肺炎疫情期间，医护人员上下班遇到了困难，一位名叫汪勇的35岁快递小哥，不顾个人安危接送医护人员，自己忙不过来，他就组织了一个志愿团队，看到医护人员在用餐方面存在困难，他联系了几十家单位提供了1.5万份餐食，为了解决短途交通问题，他联系了共享单车公司提供了共享单车，总之，只要医护人员有需要，他就尽自己的努力联系相关社会资源帮助解决。因为这份利他奉献的心，他成为社会资源的组织者，这个组织者的身份使他获得了机会与成长。由于疫情期间的突出表现，在单位里他“连升三级”，从最基层的普通快递员升为经理。他的事迹感动了无数中国人，荣获“全国抗击新冠疫情先进个人”称号，被授予“中国青年五四奖章”，当选“感动中国”2020年度人物，荣登“中国好人榜”。在2023年的第十四届全国人民代表大会上，他被选为人大代表。作为一个普通快递员，他凭什么能组织起这么多社会资源，这些社会资源看起来要有很大社会能量的人才可以调动，他却偏偏做到了。大家要看到，所有站出来支持他的人和单位，不是在支持一个快递小哥，而是在支持一项正义的事业，利他奉献使他具有了调动社会资源的能量。“道义”本身就具有能量，谁秉持了“道义”谁就能够应用这种能量。他所取得的社会认可，似乎是因为一个偶然的机会，但是，这个机会的获得是以自身的品格为基础的。当初汪勇接送的第一位护士，在群里发了求助信息后，一天也没有人应答。在这种情况下，汪勇才鼓起勇气去做这件没人愿意做的事，在离开家门的时候，他拍了一张家门的照片，因为他不知道自己什么时候才能回来，不知道自己还能不能回来。如果是得失之间的计较，再高的利益也没有生命重要；但是真正的爱心、真正的利他奉献精神，给了他担当大任的勇气。

我们在进行品格教育时，并不只是帮助社会培养一个有道德的人，也是帮助个体成为一个有成长方向和动力的人，成为一个被社会需要与爱戴的人。很多有大成就的人，并不是因为自己有了大才能以后才奉献社会的，而是因为他们有了奉献社会的理想以后，才自我鞭策成长为有才能的人。水稻专家袁隆平，首先是想帮助人类获得充分的粮食，然后，才有了卓越的成就；并不是他有了成就以后才开始想利国利民的。有些人可能觉得道德教育是要压抑个体需要去满足社会需要，其实，道德教育是个体需要与社会需要同时满足。

第三节　培养圣贤的社会价值

圣贤对社会的现实价值更容易被感知。圣贤具有善性与能力，具有利他奉献精神，对社会和谐、社会发展都是有利的。圣贤教育也是解决一些社会问题的途径，很多社会问题是难以用法律完全解决的，在法律难以发挥作用的地方，需要依靠人的道德力量。一切社会发展归根结底都是人的发展，把人培养好了，社会自然可以发展好。

一、法律难以发挥作用的地方需要道德

《论语》中说："导之以政，齐之以刑，民免而无耻；道齐之以礼，有耻且格。"① 如果以"政"与"刑"来规制人，只能做到"止恶"；而以"德"与"礼"来教导人，不仅可以止恶，而且可以"扬善"。如果以"政"与"刑"来规制人，做了坏事没有被发现，不会有羞耻心，只会心存侥幸；而以"德"与"礼"来教导人，做了坏事不仅会有羞耻心，而且还会主动进行自

① （战国）孟子等．四书五经［M］．北京：中华书局，2009：7.

我改进。如果以“政”与“刑”来规制民众，虽然可能没有恶行，但是不能保证没有恶心，只要有恶心在，有适当机会难免行恶事；而以“德”与“礼”来教导民众，不仅没有恶行，连恶心也不会有，没有恶心就不可能有恶行。

很多问题是难以依靠法律完全解决的，必须依靠人的道德。即使法律有规定，在缺乏足够监督的情况下，有些人可能会铤而走险违法。比如，有一些食品企业违规使用食品添加剂。

二、一切社会发展归根结底是人的发展

一切社会发展归根结底是人的发展：一方面社会的所有发展都是由人来推动的，人的发展水平决定了各项事业的发展水平；另一方面社会的发展要为人的发展服务，如果人没有得到发展，没有获得幸福感，其他事业的发展也就失去了实质意义。很多人在理智上都会对“一切社会发展归根结底是人的发展”有认同感，但是在社会实践中却可能偏离这种理念，而以其他发展替代了人的发展。比较常见的情况是以财富积累与经济发展为重心，而忽略了人的发展和幸福感。积累社会财富与人的幸福比较起来，后者是社会发展相对更终极的目标。财富虽然是人幸福的一个保障，但是其本身并不等于人的幸福。

对于一个国家来说，重要的并不是积累了多少物质财富，而是积累了多少人才。人力资源管理理论中有一种观点认为，人力只有转化为产出才具有价值，否则就是人力资源的浪费。人力资源理论基于二元对立的世界观，也基于资本主义社会资本与劳动二元对立的生产关系。资本并不直接拥有劳动者的人力资源，需要通过金钱雇佣才具有使用权，只有当劳动者的人力资源转化为物质产出后，才能为资本所占有。所以，从资本的角度来看，如果人没有进行生产，就无利可图，就是人力资源的浪费。人文管理理论认为，储存在人身上的能力与精神等，都具有社会价值，并不一定非要转化成物质财富。在没有资本与劳动二元对立的情况下，在组织所有成员利益一致及目标一致的情况下，储备在人身上的能力也具有价值，并不一定要转化成可见的东西。总之，人才比具体财富更重要，不仅财富可以储备，人才也可以储备。以储备人才的方式保持一种多样化的可能性，比储备具体财富更具有价值。在实践中，我们要摆脱那种“压榨”人劳动的思维方式，认为只有人进行了物质产出才是社会财富；减少无效的生产时间，让人能够养精蓄锐，让人能够学习成长，可能是更重要的社会财富。

第四节　培养圣贤是人工智能时代与量子时代对教育的要求

人的自由而全面发展，不仅具有人文价值，也具有经济价值。孩子在中小学读书12年，按照教学大纲进行学习并考试，所学习的内容是有限的，大部分时间是在进行重复训练，以期在考试的有限时间内迅速对问题做出正确回答。这种教育方式能够有效筛选人，但是，在人工智能时代，有效的教育必须培养人工智能无法取代的能力。圣贤教育是人工智能时代对教育的要求，也是量子力学世界观对教育的要求。

一、培养圣贤是人工智能时代对教育的要求

人工智能时代对教育提出了新的要求，圣贤教育或许可以对这些要求做出有效回应。

1. 人工智能放大了人的能力，更需要道德保障

人工智能会放大人的能力，少数人可能拥有了影响世界的力量。如果没有高尚道德的约束，少数不怀好意的个体，应用人工智能去损害社会，其破坏力将是巨大的。我们知道能力本身是中性的，可以用来做好事也可以用来做坏事，能力需要善性的引导，才能发挥正向的力量。在人工智能时代，人的能力被人工智能放大以后，人就更需要道德的约束。

2. 人工智能释放了人的时间，多余的时间需要适宜的使用方式

在人工智能时代，很多简单重复常规性的工作被人工智能取代，人的工作时间可能极大减少。人们多出来的休闲时间要如何利用就成了一个重要的问题。如果这个问题处理不好，就可能成为社会矛盾的根源。从大的方面说，人的注意力可以放在外在利益上，也可以放在内在品格上。外在利益具有有限性与竞争性，一个社会能进行分配的功名利禄终是有限的，而且一个东西给了一个人，其他人就没有了，争夺外在利益容易引起社会矛盾。而内在品格提升具有无限性与非竞争性，一个人的道德成长是没有上限的，某个人的道德成长也不会阻碍其他人的道德成长，甚至还可以起到良好的示范与激励作用，追求内在品格容易保持社会和谐。

如果人工智能的发展能够为全人类服务，把人类从低端劳动中解放出来，

而只进行高端劳动，人类有更多时间与精力进行内在修养提升，就可能造福全人类。每个人都有能力创造出超越自己所需的价值，每个人都可以养活自己并为社会贡献出超额价值，大家联合起来可以轻松满足社会的物质需要。工作可能不再是一个养家糊口的苦差事，而是一个帮助自己成长的机会，帮助自己人格提升并实现自我价值的机会。

3. 培养人超越人工智能的能力

培养圣贤要以“人皆可以为圣贤”的人性观为基础，而相信人具有无限潜能是这种人性观的重要特征。人工智能虽然可能在逻辑思维与理性思维方面很卓越，但是在形象思维、辩证思维、感与觉方面，人类是有难以替代的优势的。人类可以从眼神、语调等方面判断一个人的内心，这些是机器难以做到的。人工智能擅长归纳总结，但是不擅长感知。比如，“痛”有非常多的类型与程度，人都是可以精确感知的，但是人工智能很难做到。可能只有当人把这些“痛”以语言描述出来后，人工智能才能理解，语言能够描述出来的状态是非常有限的，而人工智能往往只能对可被语言描述的有限概念进行处理。语言相对于其描述的事实的距离，也会成为人工智能相对于人的距离。如果我们具有相信人无限潜能的人性观，就不会对人工智能的发展感到恐惧，而是应该对如何更好开发人的潜能进行审思。我们要充分挖掘人的潜能，使其超越机器，而不是仅看到人的工具性价值。人有丰富的感知力与强大的心力，但人工智能没有。中国传统上说“至诚如神”，只要人还没有到“神”的程度，就还有未被开发的潜能。

二、培养圣贤是量子力学世界观对教育的要求

量子力学的波粒二象性、量子纠缠等很多原理都表明世界是普遍联系的，中国传统思维的整体观、“天人合一”的宇宙观更符合量子力学的世界观。这种一元整体思维的世界观就要有与其对应的人生观与价值观，成为圣贤的人生追求与价值追求是与之相契合的。“人皆可以为圣贤”的人性观具有两个基本特征：一是人具有善性，二是人具有无限的潜能。因为世界是普遍联系的，他人是自己某种形式的一部分，所以应善待他人；因为世界是普遍联系的，某一个局部的变化也都是整体的变化，局部可以影响整体，人也就具有了无限的潜能。个人主义的人生观与价值观是与二元分析思维的世界观相对应的，二元分析思维的世界观把世界划分为不同的组成部分，每一部分是相对独立

的，是缺乏联系的。

社会学的发展除了要考虑文化性，还要与时俱进，比如把量子力学应用到社会学研究中。这可能对我们原有世界观产生冲击，但是，我们要本着实事求是的态度，修正过去不正确的世界观，而不是固守原来的错误。只有进行自我修正，理论才具有不竭的生命力。如果固守错误，等待自己的可能只有灭亡。我们要放下一切不正确的成见，去追求更美好的生活。

第七章　教育原理

前文介绍了教育的目的与教育内容，后文我们要回答的问题是“如何进行教育?”这涉及教育原理、教育原则、教育方法等。本章我们将介绍教育原理，教育原理是教育所要遵循的规律，教育原理要与教育目标、教育内容相匹配，才能有效实现教育目标。前文我们把教育内容划分为道德、情志、才能三个方面，在具体教育过程中，这三个方面并不是分裂的。因此，对于教育原理的介绍，不按教育内容分别介绍，有些教育原理看起来偏重道德教育或情志教育，其实对才能教育也同样适用。

第一节　导之以德，齐之以礼

《论语》中说“导之以政，齐之以刑，民免而无耻；导之以德，齐之以礼，有耻且格”①，本节先理解“导之以德，齐之以礼”的教育内涵，进而阐释其教育意义。

一、“导之以德，齐之以礼”的教育内涵

试想两个情景：

情境一：你参加了一个业余兴趣班，大家出于共同的兴趣一起学习，每次学习都有一个人轮值主讲，这一次，刚好轮到你主讲，你一直想早一点到达约定地点，但是由于种种原因，你迟到了。你会怎么想?

情境二：你是一所学校的老师，学校对老师上课迟到有严格规定，上课迟到属于教学事故，会被扣奖金，影响晋升，有专门的督导老师检查老师是否上课迟到，你一直很小心，但是由于种种原因，这一次上课你迟到了。你

① （战国）孟子等．四书五经［M］．北京：中华书局，2009：7.

会怎么想？如果你匆匆忙忙赶到教室，感觉督导老师并没有发现你迟到，你会怎么想？如果你被发现了，领导愿意给你一次解释的机会，你会怎么做？

比较两种情境，在第一种情境下，没有惩罚性制度，个体进行的可能是道德反思，感觉对不起大家，耽误了大家的时间，下次要尽量按时到或者提前到。在第二种情境下，由于有惩罚性制度，个体很可能被惩罚的恐惧控制了，一直在考虑如何摆脱惩罚，如果没有被发现，就会感觉很幸运，如果被发现了，可能为了避免惩罚而说谎，进一步做违反道德的事。

在第一种情境下，是“导之以德，齐之以礼，有耻且格”，迟到的人不仅有惭愧心，而且决心要改正；在第二种情境下，是“道之以政，齐之以刑，民免而无耻”，迟到的可能不仅没有惭愧之心，没有进行道德反思，没有被发现，还会感觉很庆幸。在第二种情境下，如果没有惩罚性制度，老师可能感觉很惭愧，耽误了学生的时间，下次一定要按时到。

在理解了上面的内容后，我们再来看教育问题。假设一个小孩独自在家的时候，不小心打碎了父母心爱的餐具。我们设想在下面两种不同情况下孩子会如何反应：第一种情况，父母对孩子比较宽容，如果孩子犯了错，很少打骂孩子，总是与孩子讲明道理，让孩子认识到自己的错误，给孩子改错的机会。第二种情况，父母对孩子比较苛刻，孩子平时哪怕犯了很小的错误都要被打骂，弄坏东西属于很大的错误。第一种情况下，在看到餐具打碎那一刻，孩子首先可能想到弄坏了父母心爱的东西，对不起父母，自己做事太莽撞，下次要注意，要向父母道歉，请求他们的原谅。第二种情境下，在看到餐具打碎的那一刻，孩子首先感到的是恐惧，是担心被打骂的恐惧，为了避免被惩罚，孩子可能会掩饰自己的错误，收拾残局不让父母发现，或者嫁祸给家里饲养的宠物，等等，在整个过程中孩子很难产生对父母的愧疚心理及自我反省心理。教育不仅要影响人的外在行为，还要影响人的内在思想、情感、态度等，是要整体影响一个人。“政”与“刑”往往只能使受教育者的外在行为符合教育者的要求，很难使思想、情感、态度等都达到期待；而“德”与“礼”能整体影响一个人，使受教育者的思想、情感、态度等都达到期待，外在行为只是内在品格的自然流露。

圣贤教育是要整体改变一个人，使其达到“内圣外王”的程度，与之相匹配的教育方式就应该是“德”与“礼”。“德”与“礼”的教育方式，一方面是教育者自身“修己安人”，以“德”与“礼”的方式对待受教育者；另一方面是给受教育者足够的道德成长空间。

二、“导之以德，齐之以礼”的教育意义

打骂孩子属于“政”与“刑”，这比较好理解。给孩子外在奖励也是“政”与“刑”的一种形式，没有获得奖励就相当于被惩罚了。孩子做错事或者有什么不足，不是反思自己错误或者全力以赴弥补自己的不足，而是首先想到自己得不到奖励了。学校教育里，对孩子有种种要求，孩子不一定愿意配合，老师又没有戒尺，就只能多采取一些激励方法。有一个老师，以小红花奖励孩子，有一次，一个孩子太想多得几个小红花了，就偷了老师放在讲桌里的小红花，贴到了自己的表扬公示栏里。老师知道后大发雷霆，撕毁了孩子的 20 多个小红花，小孩子哭得惊天动地。外在奖励是在利用人的贪心，还可能激发人的贪心，而贪心可能是道德成长的大敌。家长和老师应该从小就帮助孩子树立正确的价值观，培养他们自我发展的内驱力。

有些家长也在跟学校和老师学，甚至在自己家里也给孩子做了积分系统，表现好可以获得积分，积分可以兑换东西。学校可能出现短期行为，主要看学生学校里的表现，但是作为家长，是最应该为自己孩子的一生负责。家庭教育不应该是学校教育的简单延伸，应该有自己不同于学校教育的定位。学校教育尚且不应该仅用“政”与“刑”的方式来管理孩子，家庭教育就更不应该如此。毕竟孩子对外在激励是有积极反应的，对于孩子完全不感兴趣的事，是能有效引导其关注的。外在奖励也不是完全不能用，但是不能过分依赖，不能长期使用，要讲究应用情境与应用时机，并讲究应用方法，最重要的还是要培养孩子的内驱力。比如，孩子通过自己一段时间内的持续努力取得了好成绩，家长想带孩子去吃他一直想吃的大餐。家长可以说这是一次庆祝，是为他感到骄傲，是爱他的情感表达，而不是表达成这是与他成绩对等的物质奖励。物质奖励的力量终是有限的，但是爱与真理的力量是无限的。

第二节　知、行、情、意

在中国的教育实践中，有很多行之有效的教育经验。《大学》中说：“大学之道，在明明德，在亲民，在止于至善。……物格而后知至，知至而后意诚，意诚而后心正，心正而后身修，身修而后家齐，家齐而后国治，国治而

后天下平。”[①]“格物致知”属于“知”的范畴，“诚意正心”属于“情”与“意”的范畴，“修身、齐家、治国、平天下”属于“行”的范畴。一般认为“知行合一”是道德教育的一条路径，但是“知”并不会直接导致“行”。明代哲学家王阳明认为，“知而不行，只是未知”[②]，有其道理，但是却难以直接指导教育实践。因此，我们总结传统的教育思想，认为“情”“意”是“知”与“行”之间的一个重要桥梁。“知”是一种理性标准，即在理性上知道什么是对的；在知道什么是正确的行为标准以后，如果在践行这种行为标准时能够获得积极的情志体验，就会自觉地去这样做；如果能够经常这样做，就成为一种行为习惯；在行为习惯的基础上，即使面对挫折与困难，也会保持高的道德标准，对自己严格要求，这一阶段可以认为是“强力不反”；在“强力不反”的基础上，高尚的人格修养成了个体生命的本色，不受任何外在环境影响，这就是一种“安而行之”的人格境界。

因此，我们认为“情感意愿”是“理性标准”与“行为习惯”之间的桥梁。在道德教育过程中，特别忌讳走形式，形式主义的教育无法产生情感共鸣，只会让人反感，这种反感情绪一旦产生，不但起不到教育作用，可能还会适得其反。总结传统的教育思想，教育有五个相互衔接的阶段：理性标准、情感意愿、行为习惯、强力不反、安而行之。其中“理性标准”“情感意愿”“行为习惯”三个环节是可以依靠教育者的引导来培养的，而“强力不反”“安而行之”两个环节需要依靠个体的自我修养。

一、理性标准

如果想让学生养成良好的行为习惯，首先要让学生知道什么样的行为是好的。所谓理性标准，是学生通过自己的理性判断，在内心认可的行为标准。比如，守则、校训、学风、班规等各类行为规范都是在告诉学生良好的行为标准是什么。从管理学角度来看，参与制定规则的过程，是理解其内涵的过程，也是承诺遵守的过程，所以在学生管理过程中，班规等的制定都可以让学生参与。从儒家思想角度来看，这是一个“知止”的过程，知道作为班级的一员、学校的一员、社会的一员，应有的行为规范是什么。知道什么是对的，什么是被大家、被组织、被社会所认可的。

---

① （战国）孟子等．四书五经［M］．北京：中华书局，2009：47.

② （明）王阳明．传习录注疏［M］．上海：上海古籍出版，2012：10.

“格物”有一种解释是革除物欲。我们希望孩子能建立一个正确的做人标准，这个做人标准应该是与“道”相应，而不是与“奖励”相应。当然，大人的奖励往往是奖励孩子正确的行为，但是如果孩子的关注点在奖励上，而不是在自己是否正确上，后果不堪设想。我们能够用外在奖励激励孩子做正确的事，别有用心的人也能用外在奖励激励他们去做不正确的事。做人之“善”，应该是无条件的，是不被利益诱惑的。

什么是合理的爱、什么是溺爱，界限就是孩子能不能形成正确的理性标准。如果父母溺爱孩子，什么东西都愿意给孩子，以致孩子见了别人的东西也都想占为己有；父母什么都愿意为孩子做，以致孩子觉得谁都应该为自己服务，这就使孩子失去了是非判断能力，对孩子的成长是十分不利的。父母的溺爱使孩子根本不知道正确的做人标准是什么，这样是在害孩子，孩子可能根本不会对父母产生感恩之心，只会一味索取。

二、情感意愿

情感意愿有多种表现形式，比如情感共鸣、理想信念、追求某个目标的意愿等。只有当个体在情感上对一种行为方式产生共鸣，这样的行为方式才会自觉发生。比如，有人宁可牺牲自己的部分利益也要助人为乐，是因为从助人为乐中所获得的情志体验超越了享受个人利益的体验。在行为习惯养成教育中，为什么良好行为没有成为学生的自觉行动，是因为学生没有形成对这些行为的情感共鸣，不觉得这样做是一件幸福或者值得的事。对于良好行为习惯的形成，理性标注与情感意愿缺一不可，只知道理性标准而缺乏情感意愿，就可能造成知行不一；而缺乏理性标准的情感意愿，对错误的行为产生情感意愿，就可能会形成错误的行为习惯。

小学时我就读在我们村的小学，当时学校会为每个班级发放一些期刊与书籍供学生传阅，其中有一本书名叫《雷锋的故事》，老师交给我保存，谁要是想看就找我借阅。我近水楼台先得月，就先读了这本书，其实，我现在都想不起来书本的具体内容是什么了，但是我记得当时被感动得痛哭流涕。我们小时候没什么学习压力，能去上学上课、能完成老师留的作业，就算好好学习了，其余的时间都是尽情地玩，熬夜看书的事情是天方夜谭，家里也没有晚上看书的条件。然而，我记得《雷锋的故事》我是熬夜看的。如今我早已忘记了让自己痛哭流涕的故事情节，但是那一场“情感共鸣”，对我整个人生都有影响。在理性上，我记不清雷锋故事的具体情节，但是在情感上，却记住了要做雷锋那样的人。

在孩子的行为习惯培养上，一定要注重孩子的情感意愿。比如，有些家长想要从小培养孩子爱看书的习惯，就要从孩子感兴趣的书籍开始。如果一开始就给孩子看家长眼里的好书，而孩子不喜欢看，就会形成看书是痛苦的事的心理。如果能从孩子感兴趣的书看起，让孩子觉得看书是一件快乐的事，孩子可能就会主动看书。让孩子感受到看书的乐趣，才是培养看书习惯的关键。如果想培养孩子运动的习惯，就要让孩子感受到运动的乐趣，如果开始就跑 800 米，孩子累得难以忍受，就会对运动心生恐惧，难以养成运动习惯。

三、行为习惯

一旦一个人在理性上知道了良好行为的标准，并按照标准去做，在适宜的情境下，良好的行为方式就会自觉出现。比如，如果认为帮助他人是正确的行为方式，并觉得帮助他人是一件愉快的事，即使要克服一些困难，也愿意去帮助他人。如果适宜的情境经常出现，个体不断重复这种行为方式，就会养成行为习惯。

四、强力不反

自觉的行为习惯一旦形成，在没有外力的作用下一般不会改变。然而，在一些特殊情境下，客观环境可能会挑战个体的行为习惯。比如，排队已经成为一个人自觉的行为习惯，但是如果很多人到自己前面插队，自己也可能产生不排队的想法。如果个体能够在任何情况下，都按照良好的行为规范去做，即使别人不遵守规则自己也会遵守，就可以称为“强力不反”。理想的道德教育指即使在不利的环境下，受教育者也会尽力按照良好的标准去做。

五、安而行之

在强力不反的基础上，行为方式与情感体验有机统一，达到安而行之的境界。安而行之具有两个特点：一是能够愉快地按照正确的行为标准去做；二是内心平静安宁，不受不良环境影响。即行为与心情都不受不良环境影响，愉快的心情与正确的行为之间相互加强。强力不反主要表现在行为层面上，而安而行之已经达到了心理层面。

第三节　知、止、定、静、安、虑、得

儒家经典《大学》中说“知止而后有定，定而后能静，静而后能安，安而后能虑，虑而后能得”，“知、止、定、静、安、虑、得”被认为是修养的七个步骤，也称为“七证”。沈立（2018）论述说：“循道而行，心有所得，这就是‘德’，‘德’与‘得’相通，就是‘明明德’。”①

一、知、止

“大学之道，在明明德，在亲民，在止于至善”。“知”是知道这个“至善”的境界，“止”是以这个至善的境界为追求目标。在这个“至善”的境界里，达到了“明明德”“亲民”，自身的善性得到了充分彰显，并且能够帮助他人。在“至善”的境界里，所有的“恶”，无论大小都断止了；所有的“善”，无论大小都圆满了；对所有人的善意也是圆满的。

每个人都要扮演多重角色，每一个角色都有其理想的境界。《大学》中说“为人君，止于仁；为人臣，止于敬；为人子，止于孝；为人父，止于慈；与国人交，止于信”，在扮演每个角色时，都应该“知止”，知道应该做怎样的人，并努力去做这样的人。

二、定、静、安

“定”是对“至善”的坚守，没有彷徨与摇摆，就有利于实现“静”，身心是宁静的，是不受外界打扰的，就有利于实现“安”，“安”是内心的安宁。在教育过程中，要注重培养孩子的专注力，孩子在专心玩耍时，尽量不要打扰。能专心地玩耍就是成长。有些家庭就一个孩子，父母加上双方老人，甚至还可能有姑、叔、姨、舅，都围着孩子转，孩子可能根本没有机会自己专心做事。家庭还是要给孩子创造安心的环境，这样孩子才能健康成长，如果父母总吵架，没有一个能让孩子安心成长的环境，孩子可能难以有好的发展。班级也要为学生提供安心的环境，使学生能够专注地做自己的事。

帮孩子做选择，或者教育孩子如何进行选择时，要考虑“定、静、安”

① 沈立．如何培养管理者——中国传统管理教育初探［M］．郑州：河南人民出版社，2018：274.

的标准，在选择看什么、听什么、如何休闲时，要考虑其是否有助于内心的清净安宁，如果违背了就要尽量少去做。当一个人能安心地做事时，是不容易有负面情绪的，而事情做得好又可以反过来增加积极情绪。

静坐是快速达到内心安宁平静的一种方法。当今时代，小朋友从小就接触很多东西，注意力不容易集中，有些学校为了克服这个问题，会采取带领小朋友集体静坐的方法，当然，这种静坐有些只是简单地坐在那里什么也不做，与那种进行一定身心调整的静坐可能并不一样，但是也侧面反映了静坐对修身的重要性。专注于自己喜欢的事，有利于培养定力，也有助于养成稳定的情绪习惯。

三、虑、得

“虑”是与“至善”契合的，“得”是自身善性的彰显，是本有的最高智慧的证得。外在的纷纷扰扰使人丢失了的东西，通过自我修养又重新获得了。

创新是当今社会发展的动力，有人认为创新的来源是“批判思维”，这是一种二元对立分析思维的创新观，对于一元整体思维来说，创新的来源是“内心宁静”，而“静能生慧”。“梓庆削木为鐻”的故事中，“斋以静心”是梓庆取得卓越成就的方法。《周易・系辞传》中说：“无思也，无为也，寂然不动，感而遂通天下之故。”[①] 很多重要的想法，并不来自绞尽脑汁的冥思苦想，而是来自自己内心宁静安逸时的瞬间灵感。

第四节　教育的次第

教育包含了丰富的内容，所有的教育内容并不是同时进行的，是有一个合理的次第，“物有本末，事有终始。知所先后，则近道矣”[②]，“八条目”“七证”都包含了一定的次第。中华传统教育思想还包含了一些其他教育次第的相关内容，本节进行一个简单的介绍。

---

① 李申等．周易经传译注［M］．北京：中华书局，2018：255.

一、由近及远——“孝悌也者，其为仁之本与”

1. 从家人到陌生人

道德的培养是有次第的，并不是一下就把一个人培养得对所有人都有仁爱之心，教育是由近及远、由易到难的。《论语》中说：“有子曰：‘其为人也孝悌而好犯上者，鲜矣；不好犯上，而好作乱者，未之有也。君子务本，本立而道生。孝弟也者，其为仁之本与！’”① 一个人优良品质的培养，是从家庭开始的。能爱自己的家人才更可能去爱其他人。对于大部分人来说，其对待家人的“仁”是对待他人的“仁”的上限，很少有人对待他人能够比对待自己家人更好。

仁爱之心的培养，首先是对自己的家人好，然后扩展到对亲戚邻里朋友好，再扩展到对老师同学好，进一步扩展到对其他相关者好，如校友、同乡等，最后扩展到对陌生人好。这个扩展过程不是无原则的近者优先，而是以道德规范为基础，不能为近者的利益而无原则地伤害远者的利益。亲友中也可能有道德不好的人，如果其危害了陌生人的利益，自己也应该站在公正的立场为陌生人考虑，而不是一味地包庇自己的亲友。

2. 从个体到集体、到国家

人刚出生时首先接触的是家人、是个体，然后才会慢慢有集体、有国家的概念。一个人有多爱集体、多爱国，是以一个人内心有多少爱为基础的，而这种爱是从爱家人、爱个体开始培养的。

任何事物都有其两面性，对集体的爱，也可能发展出“内部人”“乡愿”“小团体”等负面情况。我们要看到事物的两面性，在看到积极意义的同时，也要看到潜在的负面影响，但不能因潜在的负面影响而全盘否定积极意义。

二、由易到难

中华传统教育思想里，有一个从易到难的次第，先学简单的，有了一定基础后再逐渐增加难度，这样既容易学会，又可以保持兴趣、树立信心。

1. 从学识字到学做人

在中华传统教育中，识字是重要的教育内容，汉字本身是中华文化的重

① （战国）孟子等．四书五经［M］．北京：中华书局，2009：5.

要载体，是传统智慧的重要载体，也是培养人道德的重要载体。在汉字教育中，一般遵循从易到难的顺序。识字的“教材”一般的顺序是三言的《三字经》、四言的《百家姓》《千字文》、五言诗、七言诗等，每一句的字数是逐渐增加的。这些启蒙读物都具有韵律性，即使不懂其含义，这些韵文读起来也朗朗上口。《三字经》虽然是小孩子识字的“教材”，但是其内容却并不肤浅，而是有很多做人的道理，讲了很多教孩子如何做人的故事。中华传统教育中，从孩子识字就已经开始道德教育。识字教育与道德教育是一体的，给孩子讲圣贤的故事，让孩子从小就种下向圣贤学习的种子。学习汉字并不是学习汉字本身，而是在学习人文、天文、地理、历史、生物等，是密集浓缩的学习。当然，中国历史比较长，这些“教材”有其所产生的年代，并不是在整个中国历史上都是按照这样的方式教孩子识字的，比如，在孔子的时代，《诗经》可能是重要的“教材”，孔子说：“小子，何莫学夫诗？诗可以兴，可以观，可以群，可以怨。迩之事父，远之事君。多识于鸟兽草木之名。”① 整体来说，中华传统教育思想有着从易到难的思路，是先学简单的，等有了一定基础再学稍难的。

英文是音节性的文字，会读基本就会写了，但是汉字是象形文字，会读不一定会写。汉字的构造特点，使很多仅学了简体字的人也能顺畅地阅读繁体字，如果想写繁体字，不管读过多少遍，没扎实练习过很难写出来。汉字教育与英文不同，汉字要遵循先读后写的从易到难的顺序，不能只重视读而不重视写。

如果要培养孩子看书的习惯，可以从每天看一点点开始，如每天看一页，不一定要学到什么东西，先养成看书的动作习惯，每天坚持去做，日久天长自然就会养成阅读的习惯。如果一开始就让孩子看很多书，孩子做不到，就会产生反感情绪，读书就会成为痛苦的事，就很难培养孩子看书的兴趣。对于一些学生来说，做作业也是一个道理，如果老师留了让学生难以完成的作业，学生就会反感做作业，甚至有的学生放弃了做作业。如果老师能循序渐进地留作业，或者给不同类型的学生布置分层的作业，让学生可以轻松愉快地完成，养成爱写作业的习惯，就可能培养起主动写作业的习惯。作业多到让孩子心生恐惧，不是有效的教育方式。

---

① （战国）孟子等．四书五经［M］．北京：中华书局，2009：38.

2. 蛾子时术之

《礼记·学记》中说："一年视离经辨志，三年视敬业乐群，五年视博习亲师，七年视论学取友，谓之小成；九年知类通达，强立而不反，谓之大成。夫然后足以化民易俗，近者说服而远者怀之，此大学之道也。记曰：'蛾子时术之。'其此之谓乎！"① 这段话体现了从易到难、逐渐发展的思想。

三、从小到大——幼儿养性至成年养德

人在成长过程中，每个阶段有每个阶段要完成的任务。成长的不同阶段有不同的重点，中华传统教育思想里，有幼儿养性、童蒙养正、少年养志、成年养德的次第。每个阶段之间可能会有交叉，并不是完全严格划分的。

1. 幼儿养性

"性"是天性，幼儿养"性"是让天性中本有的东西生发出来，使孩子一生能够按顺应人性的方式生活。一个人生活得好不好，除了要看他所面对的世界，还要看他感知世界的方式。而幼儿所养之"性"，就决定了他感知世界的方式。面对同样的情境，有人乐观，有人悲观。家长不仅要培养孩子创造世界的能力，还要培养孩子感知世界的方式。有些家长不能体会孩子的乐，只知道成人的苦，希望孩子将来不要像自己这样辛苦，于是就把自己的苦强加到孩子的乐上，剥夺了他们童年的乐，以期换来一个美好的未来。为了不让孩子输在起跑线上，把"养性"的阶段都省略了，直接进入了"竞争阶段"，学习各种知识与技能。看到很多孩子为了有一个美好的未来，在起跑线上就开始挣扎，我感觉非常痛心，一个人在孩童时期没有体会到快乐，可能一辈子都体会不到了，因为他们根本就没有形成以快乐之心去感知世界的能力。

教育者要尊重孩子的天性，比如，一年级的小朋友，很多都不遵守纪律，这并不是孩子有问题，这个阶段的孩子本来规则意识就较弱，习惯按照自己的心意与本性行事。学校和社会会强加给了孩子很多规则。当然，这种要求有其必要性，但是教育者应该明白，很多规则是违背孩子天性的，不能期望孩子一下就完全接受，更不能以此为由扼杀了孩子的天性。

从读学前班开始，我就是自己去上学。家门口的大路直接向东走就能到

① （战国）孟子等．四书五经［M］．北京：中华书局，2009：379.

学校，可是，我总是喜欢绕路走田野间的小路。记得有一次上学快要迟到了，我还在田野间的小路上，看路上的野草闲花。可能对于成年人来说，牵牛花就是牵牛花，每朵都差不多，但是，孩子的眼里就能看到很多细微的差别，每一朵花是不一样的，今天的花与昨天的花也是不一样的。这都是在发展观察能力与感知能力。在那时自己的眼里，根本就没有想到看风景是可以减省的，看风景与按时上学是同样重要的。看风景是孩子的性情，而按时上学是社会强加于孩子的要求。在孩子眼里，走有趣的田间小路去上学，就像要吃饭那样自然，并不会因为有上学迟到的规则，就可以轻易改变。我这一生，身体里都住着那个绕路上学的感性小孩，那个理性的自我要把这个感性的小孩哄好，她才肯给理性的我干活。理性的我恨不得能天天时时干活出成果，但是感性的小孩不干，她要有乐趣才行。理性的我虽然有强烈的出业绩的愿望，但是却只能做些常规工作，做不了有创造性的工作。感性的小孩对业绩的欲望不强，总是想这玩玩、那看看，但是她能做出理性的自我做不到的事。我做学术研究，不是盯着能有丰富产出的事情做，而是要做自己觉得有意义、有趣味的事。自 2006 年开始，我接触中华传统文化，感受到了传统文化的意义与价值，就一直想把传统文化引入自己的学术研究中。开始我是非常迷茫的，自己传统文化修养有限，又没有现成的路径可以借鉴，完全是在黑暗里摸索。当我给学生上了几学期课以后，几年的积累使我逐渐看到，一点点、一块块的材料能拼到一起成为一个建筑；一条条的线索能整合起来成为一个系统的理论。这个理论有自己的体系，如果把一个宏大的理论体系的一部分拿出来投稿，是很难被认可的，因为人们看不到你这块材料可以应用到哪个建筑上。我不怕因为有意义的事难做而没有通过考核，我怕一辈子都通过了考核却没做什么有意义的事。就像当初那个小孩，风景是一定要看的，至于上学是否迟到，就只能顺其自然了。这样的我没有获得多少外在利益，却获得了内心的快乐、自由与安宁。

一个幸福快乐的孩子，做事的状态可能会更好，也更有竞争力。一个眼里只有竞争而缺乏快乐的人，在竞争中能走多远很难说。每个人身体里可能都有两个自我：一个是理性的创造世界的自我，一个是感性的感知世界的自我，两个自我都要发展，幼儿养性的阶段是不可偏废的。

2. 童蒙养正

孩子稍稍长大以后，要自己去判断是非，这个时候，就要求孩子有正确的价值观，教育者要用符合道德标准的价值观去引导孩子，帮助孩子形成正确的是非观。正确的是非观念对孩子的成长与发展非常重要，如果对应到“知行情意”的教育原理里，它对应着“理性标准”，只有知道该做什么样的人，才能向着这个正确的目标努力。

有些家长娇惯孩子，觉得只要自家孩子没吃亏，欺负了别人就是占了便宜。有些父母甚至鼓励孩子在学校里霸凌同学，一旦养成这种性格，长大以后就可能欺凌自己的父母。现实中不乏这样的案例。有一个小学生，刚上一年级时跟同学打架，家长就到学校给孩子撑腰，之后孩子成为班级里的一霸，上了高年级又成为学校的一霸。这种以自我为中心的态度，持续了一辈子，这个孩子不但不孝养父母，还一直要求父母赚钱给自己花，父亲身体不好实在是干不动活了，一气之下自我了结了生命。还有一个更极端的例子，孩子小时候也是类似的情况，父母支持孩子在学校欺负同学，孩子长大以后不工作，一直靠父母养着，父亲不满批评了几句，孩子一气之下就拿刀捅死了父亲，父亲死了，孩子也被判了死刑，最后只剩下母亲孤身一人。

有些小孩子可能会有一种贪欲，渴望把喜欢的东西占为己有，这个时候就要培养孩子不随便拿别人东西的观念。我母亲给我讲，她小时候和舅舅一起去河边玩，捡到了一条新手巾，在那个物资十分匮乏的年代，这条新手巾让姐弟两个非常开心，他们开开心心地把手巾拿回家，但姥姥坚决让他们把手巾还回去，妈妈和舅舅说这是捡的，又不是偷的，还给谁呢？姥姥说人家丢了东西会着急的，会回去找的，你们在哪里捡的就送到哪里去。这件事发生时，是姥姥在培养我妈妈的是非观念；妈妈给我讲这个故事，是在培养我的是非观念。

3. 少年养志

“功崇惟志”，一个人在少年时代的志向，往往决定了其一生的走向。“志”是对超越原有自我的主动选择，所有做出伟大成就的人，都是先有志向的。水稻专家袁隆平，从小就有要养活所有人的愿望，所以，他一生研究水稻，使水稻的产量不断提高，帮助无数人填饱了肚子。中国很多奥运冠军都是贫苦家庭出身，这些冠军往往从小开始就要进行艰苦的训练，他们从小就表现出了超常的韧性与毅力。在他们取得成功后，记者对他们进行采访时，他们很多都提到，因为小时候家庭条件不好，看到父母很辛苦，他们就想要努力训练，将来让父母过上富裕幸福的生活。你的志向有多大，你的力量就有多大。想要照顾好父母，这就是“德”，在这样的志向与德行支撑下，努力学习与训练，并取得事业上的成功，实现照顾父母与家庭的目标，这就是“位”，中国有句古话叫“德必配位”。有了这样的“德”以后，“位”就在等着你了。

有一个20世纪80年代初出生的农村女孩，从小就立志做医生，想救死扶伤。读高中时她的理科成绩并不好，读文科可能更适合，但是她就是想做医生，执意要选择理科。她重读了两年高三，参加了三次高考，才考了一个专科医学院。专科毕业是不可能当医生的，她就继续努力升本科，本科毕业也不可能当医生，她就继续努力考硕士，结果她考上了一个自费的硕士研究生，本来家庭就并不富裕，自费读硕使她的经济压力很大，她一边学习还要一边考虑经济来源。医学专业硕士毕业也很难找到当医生的工作，她就决定继续考博，考上了公费的博士研究生。最后她成为某直辖市三甲医院的在编医生。她说自己从一个天资一般、家庭普通的农村女孩成为正规三甲医院的医生，就是因为自己从小就树立了志向，所有的选择都在向着这个目标前进，所有的时间和精力都花在向着这个目标前进上。她在自己的工作岗位上勤勤恳恳，对待患者尽心尽力，很多患者和其他医生也都非常信赖她。其他医生休息时，自己的患者如果有问题，都让患者去找这位医生。

人一旦有了某个志向，所有的精力都会自觉不自觉地投入其中，对外在资源的关注与选择也会自觉不自觉地偏向这个志向。我从小看到别人有苦难总是在想，将来我要去帮助他们。长大工作以后，我成为一个普通老师，但是，我是一个社会学领域的研究者，社会问题往往都与人有关，而与人有关的，又往往与教育和管理有关，我可以在自己的研究中为苦难者寻找解决问题方案，这是我实现小时候的志向的另一种方式。

少年的人生有无限可能，“志”是把无限可能变成某种现实的牵引力。这种牵引力包含了心愿所向，也包含了心力所及。志向不仅是一种愿望，也是一种力量，包含了实现愿望的意志力。有些孩子有明确的目标，还有一些孩子，可能没有那么明确的目标，但是他们内心有强烈的为他人带来幸福的责任感，这种责任感也会牵引他们去实现人生的价值。教育者要引导受教育者从小树立远大的志向。

4. 成年养德

成年养德主要靠自我修养来完成，但是，这个能进行自我修养的基础是从小就奠定的。教育者应该引导受教育者从小就树立正确的认识。如果一个人从小就想着将来做大官赚大钱，为所欲为，这样的人即使发达了也容易犯错误；如果能树立清正廉洁、为人民服务的志向，长大以后才更可能走上“成人养德”的道路。

成年人面对的人生更为复杂，可能面临人生困境、各种诱惑，在困境与诱惑面前要坚守道德底线，一方面要能保持良善之初心，另一方面要在道德人格方面不断成长。在当今中国，基本生活保障不是问题。有时候能否获得幸福，不在于你拥有多少东西，而在于你拒绝多少诱惑。有一位事业型女性，为了达到单位的工作要求，工作得很辛苦。有一次单位的上级领导来视察，为她提供了一个非常好的机会，几乎能够满足她对工作的所有期待，那是她自己多努力都很难达到的，可是她硬是没有接茬。她自问自己的工作表现并不是太突出，这个天上掉馅饼的机会怎么就落到自己头上了呢？别人给了所有自己想要的东西，别人想要的东西自己给得起吗？勉强获得与自己能力和德行不配的东西，不是被掌握资源的人拿捏，就是被嫉妒的人算计。幸福平淡的生活，都是需要智慧的。有时候一瞬间的选择，可能影响着整个人生，而这个瞬间如何选择，可能从小就决定了。

对于很多人来说，重要的不是有能力过自己想要的生活，而是把想要过的生活限制在自己的能力之内。那些只有不择手段才能获得的东西，本来就不属于自己。中国的古话“德必配位”“得者德也”是有道理的，人不可能靠缺德获得什么东西，即使得到了，要么是假象，要么会带来灾难与痛苦。

第八章　教育原则——因材施教

教育原则是教育所要遵循的规则，因材施教是中国人都非常熟悉的教育原则。那么，什么是因材施教？具体怎样因材施教？首先要知道因材施教的目标指向是什么，只有知道了目标指向，才能根据具体情况与具体情境做到适宜地因材施教。前文我们分析了道德、情志、才能等三个方面的教育内容，针对不同的内容，因材施教其实有不同的目标指向，本章进行具体分析。

第一节　针对道德的因材施教——至善

“大学之道，在明明德，在亲民，在止于至善。”教育与修身，从道德上来讲，要追求的是至善之境。但是，这种至善之境并不是让每个人一下子就要达到，很多人终身也达不到，甚至在整个人类历史上，能够达到的人也寥寥无几。正是这种无限的成长空间，使得人具有了成长的不竭动力。教育就是要帮助人，向着这种“至善之境”前进。

因材施教的教育思想在《论语》中有很好体现，比如不同的弟子问“仁”，孔子都给出了不同的回答。本书以弟子问仁为例，来说明因材施教的特点。孔子根据不同弟子所面对的情境、发展水平及主要缺点等，回答了“仁”的内涵，并没有给“仁”下一个放之四海而皆准的定义，但是人们根据这些不同的回答，可以对“仁”形成一种理解与认知。即使是针对个体的因材施教，也具有普遍的参考意义。

一、适宜其所面临的情况

仲弓问仁，孔子答：“出门如见大宾，使民如承大祭。己所不欲，勿施于人。在邦无怨，在家无怨。”[①] 冉雍字仲弓，孔子说“雍也可使南面”[②]，认为仲弓有从政的德行与才能，而给仲弓关于“仁”的回答是“出门如见大宾，使民如承大祭”，这正是对一个正在当官或者将来可能当官的弟子的指导，如果是一个平民百姓，没有“使民”的机会，就不需要这样的指导。

二、纠正主要缺陷

“司马牛问仁。子曰：‘仁者，其言也讱。’曰：‘其言也讱，斯谓之仁已乎？’子曰：‘为之难，言之得无讱乎？’”[③]《史记·仲尼弟子列传》提到过司马牛，说他“多言而躁”[④]。可见，孔子是针对弟子所面对的主要问题来因材施教的。

三、符合其发展水平，帮助其向最近发展区提高

根据《论语》的记载：“哀公问：‘弟子孰为好学？’孔子对曰：‘有颜回者好学，不迁怒，不贰过，不幸短命死矣！今也则亡，未闻好学者也。’”[⑤] 孔子还评价颜回说：“回也，其心三月不违仁，其余则日月至焉而已矣。”在孔子与子路的对话中也提到了颜回：“子谓子贡曰：‘汝与回也孰愈？’对曰：‘赐也何敢望回。回也闻一以知十，赐也闻一以知二。’子曰：‘弗如也！吾与汝弗如也。’”[⑥]《中庸》中也提到了孔子对颜回的评价，“回之为人也，择乎中庸，得一善，则拳拳服膺弗失之矣”[⑦]。从这些论述中，我们可以看出颜回是孔子非常欣赏的弟子，甚至可以说是孔子最得意的弟子。

“颜渊问仁。子曰：‘克己复礼为仁。一日克己复礼，天下归仁焉。为仁由己，而由人乎哉？’颜渊曰：‘请问其目。’子曰：‘非礼勿视，非礼勿听，非礼勿言，非礼勿动。’”[⑧] 人的“目好色，耳好听，口好言，身好动”，是时刻难以止息的，而孔子对颜渊的回答，相当于提出了一个方方面面、时时刻刻要注意的要求。相对于对司马牛“其言也讱”的回答，只要求了“言”

---

① （战国）孟子等．四书五经［M］．北京：中华书局，2009：27.
② （战国）孟子等．四书五经［M］．北京：中华书局，2009：15.
③ （战国）孟子等．四书五经［M］．北京：中华书局，2009：27.
④ （汉）司马迁．史记［M］．北京：中国社会科学出版，2020：4969.
⑤ （战国）孟子等．四书五经［M］．北京：中华书局，2009：15.
⑥ （战国）孟子等．四书五经［M］．北京：中华书局，2009：13.
⑦ （战国）孟子等．四书五经［M］．北京：中华书局，2009：53.
⑧ （战国）孟子等．四书五经［M］．北京：中华书局，2009：27.

的一个方面——“切”，范围扩大了非常多。两相比较，就可以看出孔子对自己最得意的弟子提出了更高的要求。

第二节　针对情志的因材施教——中正平和

《中庸》中说：“喜怒哀乐之未发，谓之中；发而皆中节，谓之和；中也者，天下之大本也；和也者，天下之达道也。致中和，天地位焉，万物育焉。”① 从健康角度来看，大喜大悲等极端情绪都是伤害身体的；从心智角度来看，极端情绪也会影响一个人的智慧。因此，良好的情绪应该是中正平和的，不能走极端。

一、过犹不及

《论语》中说：“子贡问：‘师与商也孰贤？’子曰：‘师也过，商也不及。’曰：‘然则师愈与？’子曰：‘过犹不及。’”② 可见，有些情况下，向任何一个极端发展都是存在问题的。《论语》中说：“君子惠而不费，劳而不怨，欲而不贪，泰而不骄，威而不猛。”③ “惠劳欲泰威”是君子应该具有的品质，没有不能称为君子，但是又不能太过，过了就成为“费怨贪骄猛”，就是过犹不及了。中国有句古话说“水至清则无鱼，人至察则无徒”，也说明了过犹不及的道理。

过犹不及是一个具有普遍性的道理，在情志修养方面，过犹不及有怎样的表现呢？根据中医理论“怒伤肝，恐伤肾，忧伤肺，思伤脾，喜伤心”④，所有情绪变化都可能伤害身体，极端的情绪对身体的伤害就更大。“喜”一般都认为是正面情绪，即使正面情绪也会伤害身体，范进中举就是一个例子。情绪总是会消耗身体的能量，比如，在狂欢之后往往容易出现落寞感。情绪也可能蒙蔽人的智慧，比如，人在生气发脾气时，就很容易说错话办错事。

---

① （战国）孟子等．四书五经［M］．北京：中华书局，2009：53.
② （战国）孟子等．四书五经［M］．北京：中华书局，2009：25.
③ （战国）孟子等．四书五经［M］．北京：中华书局，2009：44.
④ 任廷革点校．黄帝内经素问［M］．北京：人民军医出版社，2005：14-15.

二、中庸之道

"子路问：'闻斯行诸？'子曰：'有父兄在，如之何闻斯行之？'冉有问：'闻斯行诸？'子曰：'闻斯行之。'公西华曰：'由也问闻斯行诸，子曰有父兄在；求也问闻斯行诸，子曰闻斯行之。赤也惑，敢问。子曰：'求也退，故进之；由也兼人，故退之。'"① 子路和冉有问了孔子同样的问题："听到了就去做吗？"孔子回答子路说："有父亲兄长在，你应该先问问他们的意见。"因为子路是一个有几分鲁莽的人，所以孔子的回答是想帮他克服自己的莽撞。孔子回答冉有说："听到了就去做"，因为冉有是一个爱退缩的人，所以孔子的回答是在鼓励他勇敢去做。"因材施教"虽然是根据不同学生的情况给予不同的指导，但是其也有共同的宗旨，最终的目的是帮助弟子达到"中庸"的境界，避免"过"和"不及"。

要培养受教育者"中正平和"的情志，包括保持情志稳定、有适宜的情志反应、善于调节不良情绪等。脱离了"中正平和"的情绪，不仅会伤害身体，还可能对修身有阻碍。《大学》中说："所谓修身在正其心者，身有所忿懥，则不得其正；有所恐惧，则不得其正；有所好乐，则不得其正；有所忧患，则不得其正。"② 不管产生了什么样的情绪，都可能对修身造成不良影响。

第三节　针对才能的因材施教——扬长避短

一个人的才能是多方面的，每个人都会有自己的长处与短处，在才能的培养方面，重要的是扬长避短。中国有句古话叫"天生我材必有用"，每个人的才能都有发挥的空间。

一、坦然面对不足

每个人都有所长有所短，不要总是拿某个人的短处与其他人的长处比较，而是要努力发挥各自的强项。对于受教育者不擅长的方面，教育者要引导其坦然面对。能坦然面对自己的不足也是一种自信。很多人说"自信是夸出来的"，但是从我个人的成长经历来看，夸大其词的夸赞，不一定能带来自信，

① （战国）孟子等．四书五经［M］．北京：中华书局，2009：26.

② （战国）孟子等．四书五经［M］．北京：中华书局，2009：48.

还可能因过高期待给人带来压力。如实的评价和全然的接纳，才会给人带来自信。

从小我就觉得自己一身缺点，比如经常被父母嘲笑长得丑。此外，音乐、体育方面也是一窍不通，长大以后也是如此。我没有音乐细胞，除了能合唱国歌之外，一首歌都不会唱。读研究生时我与一个室友关系很好，室友是学校合唱团的，唱歌很专业。有一次，室友语重心长地说，与我一个寝室很开心，只是有一个小遗憾，就是我不会唱歌，要是能“我来唱歌你来和”该多好啊！说得令我动容。我说这个问题好办，你教会我唱一首歌不就可以了，我虽然五音不全，有你这样的老师，我勤奋点儿，就学一首歌总能学会吧。室友兴致勃勃地开始一句一句地教我，可是没教几天就失去了耐心，生气地说不教我了，觉得我根本学不会。我耐心地说，你别生气，我哪里唱得不对，你帮我纠正过来不就可以了。室友说：“我倒是想帮你纠正，关键是你每次唱得都不一样。”正说着就听到走廊里有人在唱这首歌，原来对门同学学会了。读大学时有一学期体育课是跳健美操，考试时 10 分是满分，6 分及格，我只得了 2 分。回到宿舍以后，我气愤地说：“体育老师是不是看我不顺眼，跟我找别扭，怎么才给我 2 分，某某跳得那么差还得 3 分呢。”当时，我们宿舍最心直口快的室友正在与其他室友机关枪般说话，突然停下来，沉默了一会儿，然后语重心长地对我说：“亲爱的，我觉得不是！你从头到尾都没跟上节拍，总是慢半拍，别人跳的都有柔美感，像风摆杨柳，你跳得可僵硬了，像个树桩子晃来晃去。”她的情态，她说的话，瞬间就把我逗笑了。我从小都不是被夸大的，而是被贬低大的，但是我没有不自信，而是相当自信。别人的自信是“我很优秀”，我的自信是“我不优秀有什么大不了”。父母天天说我这不好那不好，却给了我无微不至的关爱，使我觉得自己所有的缺点都是被接纳与包容的，有缺点根本不是什么大问题，不耽误我做一个幸福快乐的人。反之，如果父母天天表扬我，我可能觉得只有优秀才配被爱；如果父母对我的表扬超出了我的真实情况，我甚至可能会为自己不配被爱而焦虑。真实的评价比虚伪的表扬更重要。

我并不建议父母对孩子进行“打击”式教育，我说父母天天打击我，这只是我们家开玩笑活跃家庭气氛的一种方式，在实际行动上父母都非常爱护我、肯定我。对于有些缺乏自信、渴望被肯定的孩子，父母应该多给孩子肯定，不要做扫兴的父母。对于孩子的缺点与不足，如果父母能够接纳与包容，孩子就更可能坦然面对。

二、使其充分发挥才能

每个人都有其相对擅长的方面。同一个个体的才能之中也会有相对突出的才能。因材施教是指充分发挥受教育者的特长，这个特长可以是相对于其他人来说的，也可以是相对于自己其他方面来说的。

在评价人才时，不能仅用单一标准，应使用多方面的评价指标。大部分人容易只看孩子的学习成绩，成绩好就是好孩子，成绩不好就是失败者。在成绩方面又倾向于看各科都优秀的孩子。在具体教育过程中，可以从个体所擅长的方面出发，以此为基础促进其全面发展。

对于个体来说，才能与兴趣之间，还有一个匹配问题。一般来说，一个人在某方面越擅长，越能感受到其中的妙趣，也更容易产生兴趣，越感兴趣越可能深入钻研。兴趣与才能之间是相互匹配的。但是，也不排除有一些特殊情况，感兴趣的方面不是自己擅长的；或者自己擅长的不是自己感兴趣的。在这种情况下，才能要如何发展就要进行一定的权衡。

三、扬长避短

根据中国传统的辩证思维“长短相形”，有所长就必有所短，甚至长处本身就是短处。对于人才的培养来说，重要的是扬长避短。“是故厉直刚毅，材在矫正，失在激讦。柔顺安恕，美在宽容，失在少决。雄悍杰健，任在胆烈，失在多忌。精良畏慎，善在恭谨，失在多疑。强楷坚劲，用在桢干，失在专固。论辨理绎，能在释结，失在流宕。普博周给，弘在覆裕，失在混浊。清介廉洁，节在俭固，失在拘扃。休动磊落，业在攀跻，失在疏越。沉静机密，精在玄微，失在迟缓。朴露径尽，质在中诚，失在不微。多智韬情，权在谲略，失在依违。”① 在教育过程中，我们既要发挥人的长处，也要适当规避其短处。比如对于“柔顺安恕，美在宽容，失在少决”的人，一方面要肯定其宽容，另一方面要多培养其决断力。

---

① （三国魏）刘邵．人物志译注［M］．王晓毅，译注．北京：中华书局，2019：41-42.

第九章　教育方法

教育方法是落实教育内容的途径，是实现教育目标的保障。想要培养圣贤，要保证能培养人的善性，充分发挥人的潜能。教育方法要能够落实教育内容，尤其是道德教育的内容。以身示范、读圣贤书、生活教育、寓教于乐、师徒制等是落实教育内容的具体方法。

第一节　以身示范

良好的示范是最直接的教育，教育者自身的修养，是给受教育者最好的示范。有时候教育者能够提供的示范是有限的，这时可以借助其他卓越的榜样。身教胜于言传，事实胜于雄辩，在教育过程中应该多讲事实，让受教育者自己去总结道理，这样道理才会深入人心。如果直接讲道理，不摆事实，教育可能成为空洞无力的说教。

一、教育者的以身示范

有一位 50 岁左右的母亲，儿子不听她的话，还总是顶撞她，她总是气得发抖。这位母亲是传统文化热爱者，当她被儿子气得毫无办法时，想到了中华传统文化中的修己安人。她就想，儿子怎么对我，我管不了，但是我可以决定自己怎样对自己的母亲。儿子可以不孝顺我，但是我要孝顺自己的母亲。于是，她开始尽自己所能对自己的母亲好，无微不至地照料自己的母亲，尽力满足母亲的各种心愿。80 岁的老人，有时候会有“老小孩”的表现，有意“刁难”自己的女儿。比如，老人说想要毛衣，女儿准备给她买很高档的成品毛衣，老人不要，说想要女儿亲手织的。这位 50 岁的母亲是一位医生，工作非常忙，对自己 80 岁母亲的要求既惊讶又无奈，但是，她想既然母亲想要自己亲手织的毛衣，自己就要尽力满足。于是，她就起早贪黑地为母亲亲手织了两件毛衣。过了一段时间，她回家发现自己旧的小电视机被换成了一个新的大屏幕电视机，就问儿子是怎么回事，儿子说："难道只有你能孝敬你妈，我不能孝敬我妈吗?"从此，母子的关系得到了极大改善。

有一个父母都是普通职工的家庭，两个孩子分别考上了清华和北大，当地报纸对这个家庭进行采访。结果发现，这个家庭的父母虽然学历不高，但是喜欢看书，平时的休闲方式就是看书，孩子也见样学样爱看书。很多家长觉得会琴棋书画好，就让孩子学，如果家长自己能学起来，孩子可能也就爱学了。你希望孩子是什么样的，可能自己要先成为那样的人。有些父母自己在玩游戏，却要求孩子学习，效果肯定不佳。

在道德教育方面，教育者自己是什么样的人，决定了其教育内容、教育方法及教育效果。比如，只有教育者自己是一个善于自省的人，才更有可能知道如何引导被教育者自省；只有教育者自己是一个谦虚的人，才能给教育者起到一个良好的示范作用。在情志教育方面，教育者自己是一个善于调理情志的人，才能更好地帮助受教育者调理好情志，才能更好地向受教育者展示调理情志的技巧。

二、树立适宜的榜样

榜样的选择对于青少年的成长来说是非常重要的，榜样甚至可能成为一个人一生的指南针，决定着他成长的方向。如果教育目标是培养圣贤，那么，理想的榜样就应该是具有圣贤特征的，其内在特征是智慧、仁爱、勇气，其外在表现是有卓越的能力，有慈悲的胸怀，为社会做出了重要贡献。在中国的社会管理实践及教育实践中，都会有意识地树立一些正面榜样。榜样教育没有系统而深刻的理论，在现实中也产生了一些不尽如人意的现象。有些人崇拜流量明星，甚至做出一些不理智的举动，这是社会现象是如何产生的?背后的机制是什么?又如何在年轻人之中产生影响?年轻人的心理需求是什么?这些问题都需要去深入探讨。很多青少年在崇拜一些不值得崇拜的人。为了对这个问题有更深入的认识，本书试着做一些更深入的思考。

1. 偶像的类型

偶像与榜样有联系，但是也有区别，只有一部分偶像能成为榜样。基于偶像的内在作用机制，我们可以把偶像划分为两种类型：一种是基于善的天性，一种是基于恶的禀性。根据性善论，每个人都具有善的天性，人基于对善的天性的认可与向往所选择的偶像，我们称为“天性善型”偶像；根据性恶论，每个人都有“恶”的禀性，“目好色，耳好声，口好味，心好利，骨体肤理好愉佚”，人基于这种恶的禀性所选择的偶像，我们称为“禀性恶型”偶像。“天性善型”偶像是依靠自身对社会的贡献、自身的人格魅力而获得认可。一个渴望提升自己的精神，使自己的精神变得高贵的人，会选择这样的偶像。“禀性恶型”偶像往往是因为他们有能愉悦人的外表，有让人羡慕的物质生活等。“天性善型”偶像可能让人的精神变得充盈，而“禀性恶型”偶像却可能让人的钱包变得干瘪。根据偶像与崇拜者之间的利益关系，偶像又可以划分为导师型偶像和消费型偶像。导师型偶像具有圣贤特征，其仁爱、智慧、勇气等方面会给人树立榜样，带领人成长，而消费型偶像具有消费诱导力。导师型偶像与崇拜者之间没有直接的利益关系，崇拜者不会向其偶像输送利益，比如，历史上的英雄、智者、大德。消费型偶像的特点是其职业发展和收入水平就是建立在别人的崇拜之上。这种偶像往往是拿捏着人的某种欲望，进而实现了一定程度上的控制。一个人可能同时有这两种类型的偶像，两种偶像可能在满足不同的心理需求或者人性需要。例如，一个饱读诗书、崇尚圣贤的人，可能同时喜欢在梨园听戏给名角儿打赏。这本身不是问题，只有当这个人不想成为圣贤，而只想成为艺人时，才可能是教育问题。

偶像类型的确定是一个互动的过程，不是由偶像本身机械决定的。同样一个偶像，对有些人来说可能是“天性善型”，但对有些人来说可能是“禀性恶型”。对于一个为国家人民做出重大贡献的人，如果看到的不是他的智慧、善性、勇气、慈悲，而是地位和权力，那就不是“天性善型”，而是“禀性恶型”。对于一个流量明星，如果看到的不是他的外表、财富、地位、人气这些外在的东西，而是看到他的善良和努力，那就不是“禀性恶型”，而是“天性善型”。对于一个青少年来说，崇拜谁很重要，崇拜什么也很重要。

我年轻时候也崇拜过一些“名满天下”的经济学家，媒体将之包装成忧国忧民的义士，长大以后我用自己的眼睛观察，发现有一些经济学家不过是利益集团的代言人。一个真正的学者是以真理为导向的，而不是以利益为导向的。虽然我崇拜的对象不是真实的，但是我是真实的，我向往的是对真相的认识，是能够为人民服务。当我们发现自己所崇拜的对象不是自己所想象的之后，我也并没有什么损失。我学习的是自己想象的好，而不是谁真实的坏。我不是按照自己所崇拜的人来改变自己，而是按照自己所崇尚的价值在改变自己所崇拜的人。然而，如果你不能对自己所崇拜的偶像有客观的判断，而是“照单全收”，也学习他们的缺点，就可能背离了自己的初衷，成不了自己所期待的人。

2. 身边的榜样

除了那些高远的甚至终其一生都难以与之比肩的榜样，还可以找一些近在眼前、可模仿、可接近的榜样，可能是同学朋友、老师学长、邻里同乡、学科领域里的一位学者、父母等，这些偶像可以起到更明确的示范作用。

有一位老师说，他对自己的学生都特别好，学生都喜欢他。这位老师一直在努力做一个让学生感觉温暖的老师。他说自己在读小学时，就是一个很普通的学生，学习成绩不突出，也不惹事儿，很少违反纪律。有一次，自己早晨起晚了，上学迟到了，在上学的路上就非常害怕，害怕被老师批评惩罚，战战兢兢地进了教室，但老师一句也没批评自己，轻轻地拍了自己一下，指示自己回到了座位。他当时心里感觉特别温暖，就想自己将来也要当老师，要成为让学生心里感觉温暖的老师。

身边的榜样不一定是各方面都优秀、都值得学习的，只要有某个方面优于自己，是自己值得学习的，就可以。有些孩子还可能以自己的某个在某方面特别优秀的同学为榜样，促进自己在这方面提升。有些老师会让每个学生在班级里为自己选择一个榜样，采用这种方式促进学生成长。

3. 帮助受教育者进行正确的偶像选择

在整个教育体系里，应该把偶像选择作为重要的教育主题。在家庭教育里，父母应该引导孩子从小就树立正确的人生榜样；在学校教育里，老师应该有意识地引导孩子选择正确的偶像。孩子的偶像选择，不仅是教育的过程，也是教育的阶段性成果。圣贤教育的偶像选择，应该是圣贤。从伟人那里汲取智慧和力量的孩子会变得更优秀。

很多人对孩子追星颇有微词，有些人为了追星，给家庭带来了极大的经济负担，甚至有人不惜走歪门邪道去追星。在教育实践中，我们不能简单否定青少年的偶像选择，而是要分析其崇拜某种类型的偶像的心理需求，对于正常的心理需求可以以健康的方式来满足，对于不正常的心理需求要合理引导。孩子的生活空间十分狭小，追星既是他们的精神寄托，也是他们社会交往的一个手段。热爱作为一种积极情感，我们不应该简单否定，而是要将其引导到积极正面的方向上。表面上看起来孩子是在追星，在崇拜别人，实际上他们在满足自己的心理需求。有时候他们喜欢的可能是那种与他人团结合作、无私奉献并取得成功的感觉，这样的心理需求本身并没有问题。教育者要把所有现象都当作认识教育、完善教育的机会，应该“扬长避短”，而不是简单加以否定。

家长应该从小引导孩子学习被历史证明的伟人，他们的品格和智慧可以一直滋养孩子。当孩子形成了正确的价值观，当他们开始自己选择偶像时，也能做出正确的选择。

三、事实胜于雄辩

身教胜于言传，事实胜于雄辩，在教育过程中，如果能够为受教育者提供一些事实资料，会起到较好的教育效果，本书以爱国主义教育为例进行相关说明。

在研究中华传统文化并与西方文化进行对比的过程中，我更深刻地明白了中国的好。在政治教育中，我知道了“中国是社会主义国家，是人民当家作主，是人民民主专政”，但是，我对“人民当家作主，人民民主专政”的认识，只停留在文字上。当我看到新中国控制通货膨胀的案例，我才第一次真正明白了其内涵。在中华人民共和国成立之前，国民政府统治时期，通货膨胀非常严重，人民生活苦不堪言，国民政府也想控制通货膨胀，并进行了多次尝试，但是，终因政府与投机资本的密切联系而投鼠忌器。中华人民共和国成立之初，投机资本仍十分猖狂，使物价迅速攀升。在中共中央及人民政府的领导下，国家有力地打击了投机资本，快速控制了通货膨胀。究其原因，除了战略战术正确而精彩，根本在于人民立场。国民政府与投机资本关系密切，不能拿刀割自己的肉，所以就无法控制通货膨胀；而人民政府是从人民利益出发，对投机商毫不手软，所以才能将其一网打尽。囤积居奇、哄抬物价的投机商与想用手中的钱购买更多生活物资的人民群众之间，利益是对立而不可调和的。如果有人能给我讲一遍这个故事，我就会很快明白人民当家作主的意义。

在我讲授中华传统文化相关课程的过程中，爱国之情会在很多学生那里油然而生，甚至有的学生激动得手舞足蹈。我讲课没有新颖的方式，说话的语气也比较平缓，不紧不慢的，主要是讲事实摆道理，没有高昂的激励人心的慷慨陈辞，学生激动的情绪，有时候超出了我的意料。我也分析了一下其中的原因，是因为面对事实，他们形成了自己的判断。而这种判断是在他们心中生长起来的。在讲课过程中，我会根据自己的了解把中国的情况与其他国家的情况都如实地介绍给学生，我不会加以判断，而是由他们自己去判断，你自己觉得哪个好？这种判断是“自发生长”出来的，比“耳提面命”效果更好。学生往往都觉得中国好，自豪感油然而生。在讲到人性观时，中华传统文化倾向于相信每一个人都能通过修为变成神，比如八仙过海、西游记等都是人通过努力实现超越的故事；而在有些其他文化中，普通人是不可能成为神的，只能做神的使者，你喜欢哪一个？我自己热爱中华传统文化，热爱我的祖国与人民，不排除我的这种热爱可能会感染学生。但是，我觉得真正的原因，还是年轻人对祖国、对中华文化发自内心的认同。

中国发展到今天，有很多案例可以讲给学生听，这些事实生动而精彩，爱国主义教育以这些事实为基础的效果会好很多。

第二节　读圣贤书

中国传统上“读书”的内涵是“修身”，一旦通过修身在内在上有所获得，很多外在的东西都显得微不足道了。

一、圣贤书是民族共同的智慧

圣贤书本身就是圣贤对前人智慧的总结，在形成之后又经过代代相传被保留下来，其创作与流传都体现了民族集体的智慧。读圣贤书是传统教育方法中非常重要的一种，传统经典之中包含了很多人生的真谛、人生智慧与做人的道理。传统“读书”与“修身”是密切相关的，一旦通过读书与修身认识到了人生的真谛，达到了“明明德”与“亲民”，知道了人生的“至善”之境，其满足感可以超越任何外在利益，所谓“书中自有千钟粟”“书中自有黄金屋”“书中自有颜如玉”。读书之所以会有如此大的好处，是因为读书是为了修身，“大学之道，在明明德，在亲民，在止于至善”，而修身是在证得天赋的本性。学习中华传统经典，我脱胎换骨了好几遍，其中的收获倾城不换。当然，这种收获不仅来自读书，还来自实践。书中的智慧是一份大餐，而实践就是把大餐吃进肚子里，如果只看不吃终不能饱。

二、从言行入手的实践

读书不是停留在“读”上，而是要进行实践，所谓“学而时习之”，“时习”就是使用与实践。读书修身都是要落实到行动上，从一点一滴做起。儒家经典中特别强调“行”，比如，“弟子入则孝，出则悌，谨而信，泛爱众而亲仁，行有余力，则以学文”“子贡问君子，子曰：‘先行其言而后从之。’”[①]“君子欲讷于言而敏于行”[②]“子路有闻，未之能行，唯恐有闻”[③]“子以四教：文，行，忠，信”[④]“君子耻其言而过其行”[⑤]“君子义以为质，礼以行之，孙以出之，信以成之。君子哉！”[⑥]等。

修身就是要从一言一行开始，从一言一行都符合“德”的要求，到一思一念都符合“诚”的标准。《论语》中说：“颜渊问仁，子曰：‘克己复礼为仁。一日克己复礼，天下归仁焉。为仁由己，而由人乎哉？’颜渊曰：‘请问其目？’子曰：‘非礼勿视，非礼勿听，非礼勿言，非礼勿动。’颜渊曰：‘回虽不敏，请事斯语矣。’”所有不符合“礼”的事都不做，只做符合“礼”的事，这是言行的标准。

第三节　生活教育

每个人每天都在生活，生活是最佳的教育平台。中华传统教育思想很注重把教育融入生活之中。

一、日常生活

把教育理念贯彻到日常生活中，就形成了潜移默化的教育。中华传统文化中的很多礼节、风俗等，都有其深刻的修身内涵。比如，按照传统礼节，家里吃饭时，饭菜摆上餐桌以后，孩子是不能先吃的，要等大人都动筷后才能吃，这看起来是礼节，其实也是在帮孩子驯服贪心。到了该吃饭的时候，

① （战国）孟子等．四书五经［M］．北京：中华书局，2009：7.
② （战国）孟子等．四书五经［M］．北京：中华书局，2009：12.
③ （战国）孟子等．四书五经［M］．北京：中华书局，2009：13.
④ （战国）孟子等．四书五经［M］．北京：中华书局，2009：18.
⑤ （战国）孟子等．四书五经［M］．北京：中华书局，2009：32.
⑥ （战国）孟子等．四书五经［M］．北京：中华书局，2009：34.

已经饿了，美食摆到眼前，色香味俱全，恨不得马上放到嘴里，在心理上难免有“饿虎扑食”的心态。如果这个时候直接端起碗吃了，就是贪心实现了，下次还会这样，贪心也一直都在。但是，当很饿的自己面对可口的美食，能够停一停、等一等，等长辈动筷子了自己再开始动，这个贪心就被驯服了。这样在面对其他贪心时，也能够给自己一个“审视”的空间。有时候，贪心是瞬间产生，然后马上支配了行动，让人根本没有时间反思。经过这样的训练后，在贪心升起时就能为自己争取到一个觉察的时间。这种方法在现实中也可以变化不同的形式。比如，孩子在吃零食时，要先请在场的其他人先吃，然后自己才吃。

中国的很多传统习俗，背后都有其深刻的内涵，但是很多时候我们都认识不到，觉得这不过是一种传统而已，是可有可无的。很多习俗都是针对人可能产生的潜在问题给大家治“未病”的。中国传统上吃饭时，一般提倡一个手端着饭碗，一个手拿筷子。看起来这个习惯无足轻重，反正是能把饭吃进肚子里，怎么吃似乎是无所谓的。大家可以体会一下，如果吃饭不端起饭碗，碗放在桌子上，两个肩膀就很容易不一样高，只要肩膀不一样高，脊柱就会向低的那侧倾斜，天长日久脊柱就可能出现倾斜错位等问题，而脊柱的问题会进一步引起脏腑的问题，人就可能生病。对于骨骼没有长成的孩子来说，潜在的风险就更大。中华文明几千年的历史，给我们留下的宝贵文化，是具有非常高的实用价值的，并不是空洞的说教与规矩。作为中华儿女，我们一定要用心体会，把生活中那些有益的做人做事的原则方法继承下来。

二、活动与仪式

在中国历史上，活动与仪式也是重要的教育方法，比如祭祀仪式。《中庸》中说：“春秋，修其祖庙，陈其宗器，设其裳衣，荐其时食。宗庙之礼，所以序昭穆也；序爵，所以辨贵贱也；序事，所以辨贤也；旅酬下为上，所以逮贱也；燕毛，所以序齿也。践其位，行其礼，奏其乐，敬其所尊，爱其所亲，事死如事生，事亡如事存，孝之至也。郊社之礼，所以事上帝也；祖庙之礼，所以祀乎其先也。明乎郊社之礼、禘尝之义，治国其如示诸掌乎。”[1] 整个祭祀仪式的陈设、人员安排等，体现了一些情感、态度、价值观等，相关教育也在仪式过程中得到了实现。

---

① （战国）孟子等．四书五经［M］．北京：中华书局，2009：55.

活动与仪式都具有重要的教育意义，比如升国旗仪式，就起到了很大的爱国主义教育作用。中国的很多节日都是有一定的教育意义，像传统的清明节、端午节、中秋节、春节等，背后都蕴含了一定的价值观，也在培养人的某种价值观。很多学校也确实在利用传统节日、纪念日等对学生进行相关教育。

三、孟母择邻与同伴关系

孟子是儒家的代表人物，是中国历史上受人推崇的圣贤，中国自古以来就流传着孟母择邻的故事。“邹孟轲母，号孟母。其舍近墓。孟子之少也，嬉游为墓间之事，踊跃筑埋。孟母曰：‘此非吾所以居处子。’乃去，舍市傍。其嬉戏为贾人炫卖之事，孟母又曰：‘此非吾所以居处子也。’复徙，舍学宫之傍，其嬉游乃设俎豆，揖让退进。孟母曰：‘真可以居吾子矣。’遂居之。及孟子长，学六艺，卒成大儒之名。”孟子小时候父亲就去世了，是其母亲将其抚养长大，为了使其获得一个良好的成长环境，孟母三次搬家。这个故事反映了中国传统教育思想对孩子成长环境的重视。中国有句古话“近朱者赤，近墨者黑”，环境会对人产生潜移默化的影响。

同伴是成长中非常重要的影响因素。教育者要了解孩子在与哪些人交往？这些人有什么样的特点？可能对孩子有什么样的影响？如果对孩子的人际交往情况完全不了解，就谈不上了解孩子。中国有句古话叫“不知其子视其友，不知其君视其左右”。了解自己孩子在交往什么样的朋友，也是在帮助自己客观评价自己的孩子。

四、生活教育与学院式教育

生活教育是指在真实的日常生活中完成教育，不一定有明显的教育形式及明确的教育者，不是为了教育而教育，教育是在真实生活的过程中同时完成。学院式教育是“为了教育而教育”，有明确的教育目的、教育内容、教育形式、教育者等。学院式教育以学校教育为代表，其优点是教育的效率比较高，但是其脱离了真实的生活场景，使得教育内容容易与现实生活脱节。

我出生在一个山清水秀的小山村。小时候除了上学听课，完成不多的课后作业之外，我就在村子里到处玩。哪个院子是哪家人，谁家与谁家是亲戚关系，等等，我都了解得一清二楚，也常听父母讲起其他人家的事。当时觉得自己是在玩，现在回想起来，其实自己都是在接受“生活教育”。我妈妈喜欢交朋友，人缘也比较好，经常去自己的朋友家串门，基本上我都跟妈妈一起去，大人做着家务，我就在旁边听大人聊天。我是在村子这个社会环境中长大的，在这里形成了对世界的认识，对人与人关系的认识，学校只是我在特定的时间要去待一会儿的地方。

小时候大家的休闲娱乐就是聚会聊天。现在很多人都是在家看电视，聚会聊天不像从前那么多了，旁观大人聊天的小孩儿也不多了。在城市里，人与人接触的机会可能比乡村更少，很多邻居之间都不认识。随着时代的发展，很多孩子失去了成长的社会空间，除了自己的父母和同学、老师外，很少接触其他人，而学校生活与日常生活又是有区别的。很多孩子不是在真实社会中接触真实的人长大，而是在狭小的空间里根据概念长大。当真实世界被压缩后，很多人就只能通过虚拟世界满足自己的需要。一些孩子喜欢动漫、喜欢追星、喜欢玩电子游戏，这是他们在满足自己的心理需要，这是他们交朋友的机会及与人交流的话题。

在传统社会，不太需要独立考虑人的情感需要，因生产需要而接触的人，就完成了人与人的情感连接。科技越发达，人与人之间生产合作的需要就越少，还有很多竞争性制度限制着人与人之间友好关系的建立，使很多人都成了情感的孤岛。小孩子在这样的社会环境中长大，其接受教育的社会空间被压缩了，情感需求难以被满足。如何为孩子们塑造成长的社会空间与情感空间，是进行生活教育的关键。

第四节　寓教于乐

中华传统教育思想，在教育方法上讲究“寓教于乐”。《论语》中有很多关于《诗经》的论述，比如“诗三百，一言以蔽之，曰：‘思无邪。’”① “兴于诗，立于礼，成于乐”② “不学诗，无以言”③ “小子，何莫学夫诗？诗可以兴，可以观，可以群，可以怨。迩之事父，远之事君。多识于鸟兽草木之名。”④ 可见，《诗经》在儒家教育中占据重要地位，而《诗经》在古代是

① （战国）孟子等．四书五经［M］．北京：中华书局，2009：7.
② （战国）孟子等．四书五经［M］．北京：中华书局，2009：19.
③ （战国）孟子等．四书五经［M］．北京：中华书局，2009：37.
④ （战国）孟子等．四书五经［M］．北京：中华书局，2009：38.

配乐歌唱的。这么多重要的学习内容，都可以通过歌唱的形式来学习，可谓寓教于乐了。从《诗经》到《离骚》，再到唐诗宋词元曲，一直都是可以配乐歌唱的。为了对韵律进行教育，古人还编制了《笠翁对韵》等专门针对初学者的“教材”，可见一直贯彻着寓教于乐的教育思想。我认识的一对夫妇，他们教自己家上幼儿园的小孩《笠翁对韵》，每天都会给孩子读一遍，但是，孩子看起来并不是很专心地听，这对夫妇也坚持每天读。有一次，父亲读错了，孩子马上纠正父亲说：“爸爸，你‘唱’错了。”在孩子的眼里，读《笠翁对韵》这样的韵文，就像是在唱歌。孩子看起来没有专心在听，但其实是听进去了，还记住了。在教育过程中，我们要把握教育目的与本质，采取各种寓教于乐的教育方法，来实现教育目的。

一、寓教于乐的教育意义

1. 寓教于乐是“知行情意”的统合

“情意”是“知”与“行”的桥梁，而“乐”属于“情意”的范畴，一个人一旦知道该怎样做，并乐于这样做，当机会到来时就自然会产生相应的行为，行为的重复就成了习惯。中华传统教育思想讲究寓教于乐，如果教育本身是一件快乐的事，一方面受教育者会乐于参与教育过程，另一方面受教育者会乐于接受教育内容。寓教于乐也能激发学习兴趣，兴趣是最好的老师，会牵引着一个人不断去探索，直到取得突破与成功。很多创新都是在兴趣的牵引下不断探索才实现的。

2. 寓教于乐是培养积极人格与良好情绪的途径

即使不考虑教育内容与教育效果，“乐”本身也是一种良好情绪，持续的良好情绪可能帮助受教育者形成积极的人格特征。情绪在某种程度上是一种习惯，只有让孩子多感受快乐，他们才可能养成快乐的情绪习惯。

3. 寓教于乐有不可替代的教育作用

寓教于乐不仅是落实教育内容、达到教育目的的手段，其本身也有不可替代的教育作用。孩子一般都乐于参与游戏，在游戏中教育，是寓教于乐的一种教育方式。我小的时候村里少数人家才有黑白电视机，那时还是用自立的电线杆接收电视信号，能收到的电视频道也就两三个。那时候小孩没有太多电视可看，更没有电子游戏可玩，只能玩一些简单的游戏，跟如今孩子能玩的东西比较起来，简直是又土又落后。我甚至曾经认为自己小时候玩过的游戏太傻，但是深入了解了中华传统教育思想以后，我对这些曾经代代相传的小游戏有了新的认识。

木头人。孩子们围成一圈，游戏开始，大家蹦蹦跳跳地喊“我是一个木头人，不许说话不许动，不许露牙不许笑”，然后立即进入纹丝不动状态，谁动了笑了就输了，谁坚持到最后谁就是最终的胜利者。

抢球游戏。一个擂主是球的拥有者，一个打擂者要把球抢走。球放在两人中间，擂主在打擂者准备抢球前，抢先一步把球抢走，算守擂成功。如果打擂者没有动手抢球，守擂者提前抢走了球，属于无效操作，就要重新来。如果打擂者成功抢走了球，就是打擂成功。

藏玻璃碴。先在地上画定一个20~30厘米的正方格，一个孩子把一块玻璃碴埋到地里，然后另一个孩子去找这个玻璃碴，找到就算赢了，没找到就是输了。

丢石子。地上有一堆石子，游戏者向上抛一个石子，然后再抓地上的石子，并接住抛向空中的石子。石子抓得越多成绩越好。

上面这几个游戏看似简单，背后却有着重要的教育意义。孩子总是爱动爱说话，而培养孩子的专注力、自我控制力是十分重要的，木头人、捉迷藏这样的游戏，就可以帮助孩子培养自制力与专注力。抢球游戏中，对垒的双方要观察对方的表情，以判断最佳的动手时机。这种观察与判断，可以锻炼人的感知能力、直觉能力等。藏玻璃碴的游戏，一方面可以锻炼人的感知能力、直觉能力，另一方面也可以锻炼孩子的耐心。丢石子，既要接住上面的石子，又要拿起下面的石子，这需要一定的感知能力，凭感觉判断石子的位置。这些能力的培养，往往不是靠书本教学可以实现的。可见，寓教于乐并不只是把特定的教育内容以有趣的形式教授给孩子，而是有其独特的教育功能。这些游戏往往都是多个孩子一起玩，包含了对他人心理情绪的微妙感知，有独立玩的游戏及电子游戏所不能替代的教育作用在其中。一起玩的过程也是锻炼交际能力的过程。

4. 谨防“以教毁乐”

让一个人做令其快乐的事，相当于一种奖励，反之则是一种惩罚。不恰当的做法可能会使教育成为对孩子的惩罚，使孩子产生厌学心理。本来学习乐器可以是一件愉快的事，但是有些孩子钢琴考过十级以后，就再也不想碰钢琴了，说明学习钢琴对他们来说并不是快乐的事，而是一种惩罚。

把本可以是快乐的教育变成惩罚，可能有两个原因：一是教育方式本身的问题，二是外部评价的问题。我们以体育锻炼为例，如果我们希望孩子加强体育锻炼，就应该让孩子觉得体育运动是一件快乐的事，而不是让孩子觉得体育运动是对自己的压迫与惩罚。一个平时很少跑步的人，要通过 800 米的体育测试，如果从第一天练习就直接开始跑 800 米，可能会被累得腰酸腿疼，好几天都缓不过来，后面一想到要跑 800 米就心生恐惧。这是教育方式本身的问题，如果能够循序渐进，每次练习都让孩子感受到运动的快乐及自己的进步，练习 800 米就可能成为一件快乐的事。还有一种情况，如果一个孩子每天按照自己的水平和节奏跑步，本来可以挺开心的，但是面临着一项考试，要在短期内快速达到某种水平，这个考试可能给其带来很大心理压力，使跑步本身也成了不快乐的事。这属于外部评价造成的问题。如果我们想让孩子热爱运动，提高身体素质，使其感受到运动是快乐的事，这才是最根本、最具有长远意义的教育。

有的时候一件事到底是奖励还是惩罚，也是很难分辨的。有的老师把为班级打扫卫生视为对犯错学生的惩罚，而有些老师把同样的事当成对表现好的学生的奖励。我们想加强劳动教育，就应该让孩子觉得劳动是一件快乐、光荣的事，如果让学生觉得劳动是惩罚，就不太可能使孩子热爱劳动。

本来是快乐的事，却因为不适宜的教育方法及功利性目标的压迫，变成了不得已而为之的惩罚，这就是“以教毁乐”。首先是“教”与“乐”同时完成，这是最理想的“寓教于乐”。其次是“教”与“乐”分别完成，虽然“教”的过程不快乐，但是结果是使人快乐的。再次，比较差的情况是“有教无乐”，虽然教学任务完成了，但是受教育者没有体会到快乐。最后，最差的情况是“以教毁乐”，把本该是快乐的事，变成了痛苦的事。

二、故事的教育意义

故事在教育中发挥着非常重要的作用，也是一种寓教于乐的教育方式。因为小孩比较喜欢小动物，有人就“投其所好”，总是给孩子讲一些小动物的故事，比如《狼来了》这样的故事既可以教育孩子诚实，又非常生动有趣。中国历史上“烽火戏诸侯”的故事，也有教育孩子诚实的效果，还可以帮助孩子获得诸如朝代、历史人物、历史事件等的知识，对于孩子来说，这些知识可能形成一个自己知识积累的“关键词”，有了这个“关键词”以后，孩子在生活中就可能自觉不自觉地关注“搜索”与之相关的事，这些已有知识就成为一个知识的雪球，可以不断滚动变大。给孩子讲圣贤的诚信故事，也可以起到教育孩子诚实的效果，孩子接收到的可能不仅是故事本身，还会树立起一个人格榜样。对于小孩来说，每一个故事都可以帮助他建立“搜索”世界的“关键词”。

1. 教育故事的来源

流传的故事。中国历史悠久，从古至今积累了很多有教育意义的故事。这些故事看似简单，却蕴含着中华民族的价值观及做人的标准，具有重要的教育价值。孔融让梨的故事，不同人有不同的理解。有人说这是在教孩子礼仪，要有谦让精神。而我认为，这是在教孩子“格物”，一个四岁的孩子就能够管理好自己的欲望了。不管成年人如何理解这些故事，都并不重要，听故事的孩子会有自己的理解，他们的理解可能超出了成人的想象。我姥爷小时候是地主家的长工，地主看姥爷踏实能干，想把自己的傻女儿嫁给姥爷，姥爷就连夜逃跑到处流浪，经常在茶馆、酒楼等地听说书。姥爷虽然没什么文化，但是会讲很多故事，听了这些故事的我妈妈，也会给我讲很多故事。我小时候特别爱听爸爸妈妈讲故事，爸爸妈妈的故事储备毕竟是有限的，有的故事听过很多遍，不过每当爸爸妈妈讲起，我会再认真听一遍，那是记忆里的幸福时光。

身边的故事。教育者还可以把自己在生活中听说的、遇见的事情整理成故事，在教育过程中使用。我妈妈就常给我讲一些村里发生的故事。比如，有一年冬天，一个外村人拉了一车柴火到我们村来卖，因为我们村在当地属于比较富裕的村，很多卖东西的人都愿意来我们村卖。村里有一个老人故意往拉柴火的牛车上撞，然后说自己被撞得头晕，揪着卖柴火的人要赔偿。卖柴火的人没办法，最后把这车柴火给了这个老人，并且说，如果是我真撞了你，这柴火就算赔偿你，如果你是故意讹我，这柴火就给你家殓死人。第二年夏天，汛期河水上涨，老人9岁的孙子去大河游泳被淹死了，据说真是用讹诈的那车柴火殓的。听说孩子被淹死了，我妈妈和哥哥感觉非常遗憾，因为他们刚从事发的河段经过，当时没有看到人，如果赶上了肯定会去救他。妈妈讲的这个故事，使我树立了牢固的“善有善报，恶有恶终”思想。

一定年龄阶段的孩子，是非常喜欢听故事的。如果父母储备了很多既有趣味性又有教育意义的故事，既可以增进亲子关系，又可以把教育融入故事中。当然，并不是所有的故事都适合所有年龄阶段的人，在应用故事进行教育时，要注意选择适宜教育对象的故事。

2. 故事的教育特点

以故事进行教育具有趣味性、针对性、超越性、委婉性、持续性、延展性等特点，下面我们进行逐一说明。

趣味性。很多故事讲起来生动形象，能够吸引人的注意力。

针对性。很多故事里蕴含了明确的道理，可以针对教育对象的情况，解决其问题。比如，针对浪费的问题，可以讲一些浪费造成了不良后果的故事；针对缺乏信心、不够勤奋的问题，可以讲一些勤能补拙的故事。

超越性。故事可以是超越现实的，有些道理不一定能在现实中找到合适的事实阐释，还可以使用神话传说、寓言故事等超越现实的故事。故事可以按照需要编排与剪裁，灵活使用。

委婉性。当直接讲道理教育人时，有些人可能会有逆反心理，觉得你对他不满，所以即使再好的道理对方也可能听不进去，达不到教育的效果。而采用故事的教育方式，就具有委婉性，一般会启发人进行自我反思，而不会让人产生逆反心理。委婉性使得故事可以应用到缺乏教育权力的对象身上。比如，有时候跟父母聊天时，我会给他们讲故事，他们听得很高兴，还会有感而发地总结一些做人的道理，我要是直接给他们讲道理，他们可能会很反感。

持续性。给人讲了一段道理，可能这个道理很快就被人忘记了，但是一个生动形象的故事，可能会让人记忆很久，持续的记忆可发挥持续的教育作用。

延展性。孩子对故事的理解，甚至可能超越了大人的想象。一位家长给孩子讲了一个故事。在草原上，每到吃饭时间就会有铃声响起，一只饥饿的狗听到哪个方向有铃声，就向那里跑，当四面都有铃声响起时，它就会不停地调转方向，最后，哪里也没跑到，也没有饭吃。故事讲完后，家长问孩子“狗为什么没有吃到食物”，家长以为孩子会说出自己所预计的“没有坚持目标”之类的回答，没想到孩子却含着同情的眼泪说：“因为它饿。”听到孩子的回答后，家长觉得很惭愧，自己是在以成年人的道理去评判那只饥饿的狗，而孩子是在用纯真的同情心去理解那只狗。如果给孩子讲一个道理，是父母对孩子单方面的输出，如果讲一个故事，或许父母还能从孩子那里学到些东西。大人从自己的功利性出发，以为一个故事在讲一个功利性的道理，可孩子的眼里可能更多的是感情。

故事的这些特点，使故事具有了特别的教育意义。给孩子讲故事要具有选择性，教育故事的意义在于教育。

三、中华传统艺术的教育意义

1. 中华传统艺术的修身意义

《论语》中说“志于道，据于德，依于仁，游于艺”①，《礼记·学记》中说“不兴其艺，不能乐学”②，以琴棋书画为代表的艺术一直是中国传统文人修身的代表。从形而上的角度来说，中国传统的修身方法，最高指向都是要“悟道”，所谓“大艺通天”，艺术做到了极致也可以通达天道；从形而下的角度来说，艺术活动可以填充休闲的时间。

中华传统艺术内容丰富、形式多样，比如琴棋书画、诗词歌赋等。中华传统艺术中很多东西都是修心的，需要人静心没有杂念才能从事。比如，书法、国画等，都要精神很专注才能做好。传统艺术能培养人安定平和的内心，而按照中国传统观念，只有内心宁静才能有智慧生发出来。

中华传统艺术具有调节情绪和稳定情绪的作用，《论语》中说：“子在齐闻《韶》，三月不知肉味。曰：‘不图为乐之至于斯也！’”③ 乐曲弹奏、书法习练、诗歌创作等，能抒发情感，起到调节情绪的作用。“国家不幸诗家幸”，在国家患难、人民愁苦时，诗歌作品的创作比较多，可以从侧面反映出诗词歌赋是具有情绪调节作用的。

2. 传统艺术对道德与情志的影响

传统艺术具有陶冶情操的作用。本书以音乐为例，探讨传统艺术形式如何影响情志，如何陶冶道德情操。

儒家经典《礼记·乐记》中说：“人心之动，物使之然也。感于物而动，故形于声。……是故其哀心感者，其声噍以杀；其乐心感者，其声啴以缓；其喜心感者，其声发以散；其怒心感者，其声粗以厉；其敬心感者，其声直以廉；其爱心感者，其声和以柔。六者非性也，感于物而后动。……情动于

---

① （战国）孟子等．四书五经［M］．北京：中华书局，2009：17.
② （战国）孟子等．四书五经［M］．北京：中华书局，2009：379.
③ （战国）孟子等．四书五经［M］．北京：中华书局，2009：17.

中，故形于声。”[①]“夫民有血气心知之性，而无哀乐喜怒之常，应感起物而动，然后心术形焉。是故志微、噍杀之音作而民思忧。啴谐、慢易、繁文、简节之音作而民康乐，粗厉、猛起、奋末、广贲之音作而民刚毅，廉直、劲正、庄诚之音作而民肃敬，宽裕、肉好、顺成、和动之音作而民慈爱，流辟、邪散、狄成、涤滥之音作而民淫乱。”[②]“是故其声哀而不庄，乐而不安；慢易以犯节，流湎以忘本；广则容奸，狭则思欲；感条畅之气，而灭平和之德。”“郑音好滥淫志，宋音燕女溺志，卫音趋数烦志，齐音敖辟乔志。此四者，皆淫于色而害于德。”[③]可见，声音、音乐等是与道德、情志密切相关的。

《礼记·乐记》中说：“凡奸声感人而逆气应之，逆气成象而淫乐兴焉。正声感人而顺气应之，顺气成象而和乐兴焉”。[④]由此可见，不同的音乐对不同的人有不同的影响，以“立德树人”为指向的传统文化教育，不能只看教育形式，也要看教育内容，并不是学习传统乐器就是弘扬优秀传统文化，还要看学习什么样的音乐。好的音乐正向调节人的情志，使人的道德向正向发展，但并不是所有音乐都具有这样的作用。所以，并不是学习古乐就是优秀传统文化教育，而是要学习那些让人向善的音乐。

在教育的过程中，应注重情志在其中的作用机制。一些传统教育形式本身就具有调节情志的作用，教育者也可以通过适宜的教育评价，强化这种作用。比如，在书法练习的教育评价过程中，不仅要评价学生的字写得怎么样，还可以评价在练习过程中，学生是否精神专注、平心静气。

3. 艺术教育以修身为旨

《论语》中说“兴于诗，立于礼，成于乐”[⑤]“诗三百，一言以蔽之，曰：‘思无邪。’”[⑥]“子曰：‘关雎，乐而不淫，哀而不伤。’”[⑦]朱熹说：“淫者，乐之过而失其正者也。伤者，哀之过而害于和者也。”[⑧]《礼记·乐记》中说：“是故先王之制礼乐也，非以极口腹耳目之欲也，将以教民平好恶而反人道之

---

① （战国）孟子等．四书五经［M］．北京：中华书局，2009：381.
② （战国）孟子等．四书五经［M］．北京：中华书局，2009：383-384.
③ （战国）孟子等．四书五经［M］．北京：中华书局，2009：385.
④ （战国）孟子等．四书五经［M］．北京：中华书局，2009：384.
⑤ （战国）孟子等．四书五经［M］．北京：中华书局，2009：19.
⑥ （战国）孟子等．四书五经［M］．北京：中华书局，2009：7.
⑦ （战国）孟子等．四书五经［M］．北京：中华书局，2009：10.
⑧ （宋）朱熹．四书章句集注［M］．北京：中华书局，1983：66.

正也。”[①]“是故先王本之情性，稽之度数，制之礼义，合生气之和，道五常之行，使之阳而不散，阴而不密，刚气不怒，柔气不慑，四畅交于中而发作于外，皆安其位而不相夺也。”[②] 可见，好的艺术可以帮助修身，而有些具有“淫”“伤”等特点的艺术不但无益，还可能有害。不仅传统艺术是这样，现代艺术也是这样。一定要注重分辨，切不可以“艺术”之名，行“糟粕”之实。是否对修身有益，是评价艺术教育的核心标准。

我们说要弘扬中华优秀传统文化，并不是所有传统文化都优秀、所有传统艺术都高雅。一方面要明白传统艺术教育的目标，以修身为旨归，另一方面要对艺术的教育形式和教育内容有正确的选择。中国传统艺术是中华传统文化的重要表现形式，而艺术创作过程及艺术品都只是外在的显现，更重要的是与之共鸣的人的精神。如果弘扬中华传统文化，只看到了艺术形式，而忽略了人的精神，就是买椟还珠了。艺术修养并不只是为了艺术本身，而且是为了人的情志和谐与人格提升。

四、把握教育本质，使教育形式为本质服务

优秀传统文化教育涉及教育的根本目的与外在形式两方面的内容。教育相关主体应该把握教育的本质，为了达到相同的目的，可以采取多种教育形式。如果拘泥于教育形式而忽略了本质，是“徒有其表”的传统文化教育。反之，即使不具有传统文化的形式，但是把握了传统文化教育的本质，也可以认为是传统文化教育。比如，任何古今中外的乐器，只要能够正向调节人的情志，陶冶情操，都可以认为在进行优秀传统文化教育；反之，即使是古琴古筝等具有明显中华传统文化特征的乐器，在学习过程中以急功近利的心态学习，就没有很好地把握传统文化教育的本质。在优秀传统文化教育中，教育者应该把握住教育形式及教育方法，看是否能够起到稳定情绪、调节情绪、促进人格完善的作用，如果能够达到相关目的，可以认为把握了教育本质。如果教育内容或者教育过程破坏了这种本质，就在一定程度上失去了传统文化教育的意义。

---

① （战国）孟子等．四书五经［M］．北京：中华书局，2009：381.

② （战国）孟子等．四书五经［M］．北京：中华书局，2009：384.

第五节 师徒制

师徒制是一种重要的教育方法，中国历史上流传着很多有关师徒教育的故事。

一、师徒之间，以道相传

韩愈的《师说》中说“师者，所以传道授业解惑也”。师父教给徒弟的，不只是技艺技能，还有做人的德行。很多师父在选择徒弟时，是要看人品的，在收其为徒弟之后，也会继续对其人格进行教化。以中医李东垣与罗天益师徒为例。李东垣身怀绝学却苦于无人传承，这样医术高明的医生，想拜师的人肯定不在少数，但是李东垣要选择的是能传道的大医。有人向李东垣推荐了罗天益。第一次见面，李东垣就问罗天益，你学医是为了赚钱，还是为了传承医学治病救人（“汝来学觅钱医人乎？学传道医人乎？”），罗天益回答“亦传道耳”（要赚钱，也要传道）。罗天益家境贫寒，在向李东垣求学期间，不仅不用交学费，日用开销都是李东垣承担，李东垣还给罗天益20两银子用于养家，担心他家境贫寒思养家而不能安心学习。在临终前，李东垣将毕生所积累的医学经验记录交给罗天益，对他说：“此书付汝，非为李明之、罗谦父，盖为天下后世，慎勿淹没，推而行之。”罗天益没有辜负恩师的期望，他呕心沥血整理出了恩师的遗著，发扬光大了恩师的医术，成为中医师徒史上的一段佳话。①

很多时候，师徒之间不仅是技艺技能的传承关系，也是崇高事业的前赴后继者的关系。师父的志愿在徒弟那里得到了继承，徒弟的人生因师父的引领而更加光明。师徒之间是以道相传。师徒相处过程中，也自然会有情感的互动。从教育内容来看，师父对弟子的教育包括道德、情志与才能，基本能覆盖主要的教育内容。

二、生我者父母，成我者良师

人不仅有肉体，还有精神。父母给了一个人肉体的生命，而师父给了一个人精神的生命。肉体是人生存的基础，但是生命的品质是由精神决定的。良师会引导徒弟走上正确的成长道路。《列子·汤问》中有这样一个故事：

① （明）李濂辑．医史［M］．俞鼎芬，等校注．厦门：厦门大学出版社，1992：95-99.

“薛谭学讴于秦青，未穷青之技，自谓尽之，遂辞归。秦青弗止，饯于郊衢，抚节悲歌，声振林木，响遏行云。薛谭乃谢求反，终身不敢言归。”在这个故事里，师父不仅教给徒弟技能，还在徒弟产生自满情绪想半途而废时，及时地以巧妙的方法将其引导回正确的道路。

在现实生活中良师不那么容易遇到，但幸运的是，历史上有很多“良师”的教诲传承给我们。学习优秀传统文化，就是在学习良师的教诲。学习中华传统文化以后，我感觉在做人的标准、人生的志趣等很多方面，都发生了很大的变化，更能深刻地体会到，精神生命有多重要。在学习研究中华传统文化的过程中，我改变了自己：从前的我情绪不佳，觉得自己的性格“天生忧郁”，现在的我时常觉得自己“无忧无虑”；从前的我是名利的“奴隶”，现在的我是自由的人；从前的我，充满了迷茫与困惑，现在的我人生充满了意义与希望。从前，当我听到“书中自有千钟粟”“书中自有黄金屋”“书中有女颜如玉”时，觉得这些比喻说得真是太夸张了，现在我觉得这些并不是比喻，我从学习中华传统文化中所得到的收获，如果用“千钟粟”“黄金屋”“颜如玉”来交换，我是不会换的。

三、师徒制教育的特点

师徒制教育是师父以身示范，是生活教育，也是整体性教育。学院式教育或者模拟情境教育会有信息损失，有些教育内容无法传达出来。而在真实情境中发生的师徒教育是完整的教育。一项学习内容可能有很多要点，有时候教育者认为重要并以语言传达出来的教育内容，不一定是受教育者最需要的，而受教育者最需要的内容，教育者却可能习以为常，不一定想到需要特意去教。在真实情境中的师徒教育，是真实完整的示范，徒弟可以根据需要吸收自己所需要的东西。比如，在棋艺教学中，师父可能想把一些技巧传授给徒弟，而真正让徒弟获益匪浅的可能是师父在博弈过程中所表现出的气定神闲。

第六节　教育的时空——终身教育与社会教育

教育实践要在一定的时空中进行，教育方法的运用都有其特定的时空。教育不是在一个人的学龄阶段完成的，而是终其一生来完成。教育不只是在学校与家庭里完成的，而是在整个社会系统里完成。

一、终身教育

对于个体来说，把自己修养成圣贤不是一朝一夕的事，而是终其一生也难以完成的事业。在这个过程中，个体的道德水平越来越高，情志状态越来越好。《论语》中说："子曰：'吾十有五而志于学，三十而立，四十而不惑，五十而知天命，六十而耳顺，七十而从心所欲不逾矩。'"[①] 对于孔子这样的古圣先贤来说，也是成长了一辈子。我们无论是做教育，还是自我修养，也要做好终生追寻的准备。

二、教育在整个社会系统中完成

教育并不只是在学校和家庭里完成的，而且是在整个社会系统中完成，我们要发挥整个社会系统的教育作用。社会是教育的出口，所有的受教育者最终都要走向社会，社会评价是影响教育的重要因素。教育的社会价值与个体价值统一起来，既可以使人才的培养有的放矢，又可以使学生进入社会更顺畅。比如，在教育领域提倡道德教育，在社会领域进行人才选拔时注重道德品质，这样提升道德水平就不再是外部强加的说教，而是个体最优的选择，有助于形成个体的道德自觉。

所有能给人带来影响的个人、组织、方法等，都在发挥着教育作用。政府发布的法律法规、一些倡议等都在发挥教育作用。媒体、网络等也在发挥教育作用。一方面教育者应该对受教育者关注哪些信息进行引导，另一方面社会也应考虑各种因素对教育的影响。

三、媒体的教育意义

信息时代媒体的空前发展，给教育带来了挑战。媒体为了吸引眼球，往往要报道一些能刺激人神经的事，常规事件是无法吸引流量的，这就会造成"媒体报道偏差"。100 件事情里，99 件好事可能都没人报道，1 件刺激人神经的坏事却可能被广泛报道，长此以往就可能给受众造成认知偏差，把非常态当成常态。比如，对于我来说，我之前没怎么接触过医院与医生，通过媒体的了解，感觉医患关系都是剑拔弩张的。我母亲住院，我前后在医院待了

---

① （战国）孟子等．四书五经［M］．北京：中华书局，2009：7.

一个月的时间，对医患关系有了切身的感受，发现事实与媒体所展示的有很大不同。在住院期间，不同患者及其家属之间的交流都是比较多的，我所看到的是医生以自己的专业能力、责任心与奉献精神，赢得了患者及其家属的认可与喜爱，医患关系和谐。

“好事不出门，坏事传千里”的报道偏差，会影响受众的认知，以为“坏事”才是社会的常态。媒体首先要弘扬优秀精神，如果只是单纯吸引流量，却没有发挥正向的引导作用，还不如没有流量好。

第十章　不同教育内容及其教育方法的特点

不同的教育内容有不同适宜的教育方法，如果教育方法不适宜，就很难收到良好的教育效果。为了说明这个问题，本章列举比较不同教育内容及其适宜教育方法的特点。知识教育是才能教育的一部分，在当今的教育系统里，占据了重要位置。而知识教育与道德情志教育有所不同，基于这个原因，本章重点探讨知识教育与道德情志教育的差异。

第一节　知识与道德情志的性质差异比较

首先，本书分析知识与道德情志的性质差异，性质差异决定了教育方法的差异。

一、知识外在于人，道德情志内在于人

知识不是人天生就有的，是通过后天学习获得的，大部分知识也不是人生存与生活的必需。人天生具有对待他人、对待世界的态度，这就是道德；天生就能感知外在世界并形成感受，这是情志。一个不会说话的小孩子能大哭，能甜甜地微笑，这是他们的情志表达。

知识不是人的固有属性，可以靠传授的方式获得，一个缺乏某种知识的人，可以通过学习获得所需知识，其掌握过程有时是很快速的。道德与情志是人的固有属性，在任何情境之中，个体都会有自己道德与情志的习惯性反应，如果想改变这种习惯，不是能轻易做到的，外在干预的效果是不明确的，需要长期引导与培养。

二、知识可以享受前人的积累，道德情志必须自我发展

知识具有可积累性，比如在物理学领域，当今一个普通的物理专业的学生所掌握的物理知识，可能比历史上著名的大物理学家还多，但是情志与道德不具有这种可积累性，不管历史上有多少人在情志与道德上达到了多高的高度，都不意味着我们能站到巨人的肩膀上，每一个人都要经历自己的道德与情志的成长发展。前人培养道德、调节情志的经验，我们或许可以参考，但是所有的过程与内容，都需要我们自己去经历。我们可以把别人的经历内化成自己的经验，但是，这都离不开一个自我发展的过程。

三、知识可以在人与人之间传播，道德情志必须自我修养

知识具有可传播性，一个人所掌握的知识可以通过教授传播给其他人，依靠记忆与理性就可以实现知识的传播。然而，道德与情志不具有可传播性，一个人的道德再高尚，情志状态再好，也不能直接传播给另一个人。他可能通过示范作用，对其他人产生影响，但还是需要受影响者通过自我修养来吸收，任何外在的条件都必须经过本人的内在转化。

四、知识具有科学性，道德情志具有文化性

知识具有科学性，在不同群体之间往往具有相似性与一致性。因此，在其他文化中所生产出来的知识，也可以在我们的文化中应用。道德情志具有较强的文化性，在不同群体之间是具有差异的。因此，道德与情志教育必须考虑文化特点。

五、知识的宽度无限，道德情志的高度无限

知识的内容是难以穷尽的，各行各业都有自己的相关知识，一个人的一生要想穷尽所有知识是不可能的，从这个意义来说，知识的宽度是无限的。高尚的道德与良好的情志在内容上是相对有限的，但是一个人终其一生也难以达到圣贤的高度，从这个意义来说，道德情志的高度是无限的。知识的宽度虽然无限，但是每个人并不需要掌握所有知识，只要够自己应用就可以了。而道德情志的高度是无限的，一个人的道德情志一生都在不断成长。

第二节　知识教育与道德情志教育的差异比较

知识与道德情志在性质上的差异，决定了其教育方式的差异。

一、知识可分化教育，道德情志只能整体性教育

知识可以是无穷无尽的，一个人既不可能也没必要掌握所有的知识，所以，教育者可以选择一部分知识教给受教育者；知识又是相对可以计量的，所以，我们经常使用“知识点”这个词。道德情志虽然也具有不同的方面，但是其往往具有整体性，不同方面之间是相互影响的，最后形成的是整体的人格特征。

二、知识教育结果容易预设，道德教育结果难以预设

把想要受教育者具有的知识结构设计出来，然后通过一定的方法教给受教育者，这样受教育者就成了掌握某些知识的人。这相当于教育者为受教育者预设了知识结构，当然，受教育者也不一定是完全被动的，自己在已有知识的基础上，还可能主动学习新的知识，甚至可能否定教育者所教给自己的知识。不管具体情况如何，知识体系都具有一定的可预设性。一般的知识，只要不是难度特别高、无法轻易习得，受教育者通过学习就可以掌握。但是道德与情志是难以预设的，不是说受教育者接受了教育之后，就成为具有什么样的道德情志的人，只能说更可能成为什么样的人，这种可能性有多大是十分不确定的。对于受教育者的道德与情志，教育者只能进行影响，能影响多少是不确定的。

三、知识学习可以借力提高效率，道德情志发展难以借力

老师教授学生知识，如果老师知识丰富、教学水平高，学生掌握知识的速度就会比较快，我们称这种情况为“借力提高学习效率”。或者说，知识学习的过程是可以进行一定的分工或者合作的，其他人的工作做得多了，学习者就可以做得少一些。之前的科学家通过实验所总结的规律，后面的学习者不需要重新来一遍。而道德情志发展的特点是，整个发展过程都必须由受教育者亲身经历，整个过程都是不能分解进而分工的。教育者可以做一些辅助

发展的工作，但是没有一个环节是可以被代替的。道德情志教育相当于吃饭睡觉，一个人即使再有钱也不能让别人代替自己吃饭睡觉，他可以雇佣别人为自己做饭，但是必须亲自吃饭。

四、知识教育的内容具有相似性，道德情志教育则因人而异

不管教育者和受教育者是谁，知识教育的内容都是相似的。但是，道德情志因其本身具有个性化的特点，每个人需要的或者最适合的教育内容是不同的，需要因材施教。《论语》中不同的弟子问“仁”，孔子都给出了不同的回答。学生的特点不同、发展阶段不同、所面临的情境不同，都导致其所需要的道德情志教育内容不同。

五、不能用知识教育的方式进行道德情志教育

道德情志教育与知识教育的特点不同，决定了用知识教育的方式进行道德情志教育是难以奏效的。道德情志只能够引导，或者因势利导，而不能“强加”。有时候我们会用“填鸭式”来比喻教育，但要明白只有知识教育才能够“填鸭”，道德情志教育即使想“填鸭”也是做不到的。若想让一个人吃某种有营养的东西，你不能说因为这个东西有营养，对身体好，就往肚子里灌。有营养的东西，不合食用者的口味，是“填”不了的。

六、理智教育与情感教育的关系与差异

人既有理智，又有情感。教育目标包含了情感内容，如爱国主义教育。情感教育不能采用理智教育的方法。理智是难以脱离情感单独发挥作用的，必须有情感的配合。情感也难以脱离理智长期发挥作用，要有理智作为支撑。例如，一个因被背叛而失恋的人，从理性上说，可能知道自己不过是失去了一个不值得付出的人，但是情感上还是难以放下。这是在理性上认识到了，但在情感上却没有接受。再如，一个人在情感上喜欢某个人，但是如果这个人给自己带来的永远是痛苦，久而久之就可能因为理智而远离这个人。情感得不到理智的支撑，难以长久。理智与情感是相互影响的，在教育里，理智可以通过讲道理在一定程度上传达给受教育者，但是情感却无法直接传达，需要长期的引导与培养。

第三节　知识教育与道德情志教育师生角色差异

《礼记·学记》中说“记问之学，不足以为人师”①。知识更接近于“记问之学”，而道德情志不是“记问之学”。两类教育对教师提出了不同的要求。

一、知识教育与道德情志教育的教师角色差异

知识具有外在性、可传输性、相似性等，这决定了掌握知识者具有相似性。对于知识教育来说，教师其实是一个“技工”，把自己所掌握的技术传授给他人；而对于道德情志教育来说，教师是“传道授业解惑”者。教师往往是两种角色的糅合，前者的成分越大，教师越接近“技术工人”，后者的成分越大，教师越接近“人生导师”。

在我的整个受教育生涯里，让我难以忘怀的老师，都不是知识性的，我没有因为老师教了我知识而感动，却往往因为老师在做人做事上给我的影响而感动。知识是外在的，而道德人格是内在的，是伴随并影响人一生的。老师也是普通人，也并不是完美的，但是，只要他教授给孩子的道理是正确的就足够了。我们提倡教师提高自身的道德修养，但是，我们并不是等一个完美的教师来教育孩子，只是要求教师有正确的价值观，能教给孩子正确的东西。

二、知识教育与道德情志教育的学生角色差异

在知识教育中，学生可能是一个被动的接受者，自己不感兴趣的，或者与自己的生活完全没有关系的知识，学生也被动接收。但是，在道德情志教育中，学生必须成为主动参与者。所有的道德情志教育都要通过学生的内在感受来转化，学生要成为主动的自我修养者，才能获得良好的教育效果。

三、教育内容、教育主体与人工智能

在知识教育领域，教育者与被教育者都可以被人工智能替代。而在道德与情志教育领域，两者都是无法被替代的。我们要明白，随着人工智能的发展，学校教育与家庭教育最重要的意义并不是教给孩子知识性的东西，而是

① （战国）孟子等．四书五经［M］．北京：中华书局，2009：380.

帮助孩子塑造良好的人格、高尚的道德、中和的情志。道德、情志方面的教育，人工智能是无法替代的。比如，讲一个人生道理，一位老师与学生面对面、带着情感与自己的生活态度来讲；人工智能讲述同样一个道理，其效果是不一样的。需要情感支持，需要道德成长，这是人的根本需求，而这种需求的满足，需要“人生导师”的引导，这就是教育不可能被人工智能替代的原因。人工智能越发达，道德情志教育的价值越大。

四、让教师有更多时间与学生相处

我们把教师为教育学生所付出的时间分为两部分：一是与学生直接接触、直接教育的时间；二是教师在不接触学生的情况下自我成长、自我准备的时间。知识教育与道德情志教育对两部分时间的要求有所不同。对于知识教育来说，教师背后的努力也可以起到帮助学生掌握知识的效果。知识同一性比较强，教师讲授知识时，不是特别需要了解学生的水平，超前或者滞后一点儿，效果会打折扣，但是不会特别影响知识的传输。教师对学生的道德情志教育，则特别需要因材施教，需要建立在对学生非常了解的基础上，需要观察学生的日常言行，才能够及时地因势利导，因此，教师与学生相处的时间就非常重要。

如果其他事务占用了教师太多的时间，就会使教师没有更多时间去与学生相处，去观察学生，进而了解学生的道德情志状态，并给予因势利导的教育。有时候一个学生在情绪刚出现问题时，教师无法及时发现，等学生情绪崩溃时才发现就晚了。

第四节　教育中的个人经验与统计规律

教育要遵从教育规律，个人经验与统计规律都是获得教育规律的途径。这两种途径所获得的规律对指导知识教育与道德情志教育是否有所不同，下面进行讨论。

一、个人经验具有普遍参考价值吗

通过与很多一线教师交流，我发现在教育研究领域有一种现象，就是非常贬低个人经验。一位有很多后进生教育成功经验的老师、一位有很好的性教育经验的老师，他们的个人经验都得不到重视，被认为不具有普遍意义。很多有丰富成功经验的一线教师，也认为自己的成功经验并不重要，因为那不是普遍规律。他们甚至因自己的经验无法发论文，而羞于向人提起。一些特别受一线教师欢迎的教研员，也苦恼于自己的经验难以转化成学术成果。我们想问的一个问题是：从理论上说，在教育领域，教师的个人经验具有普遍参考价值吗？

《孟子》中说："故凡同类者，举相似也，何独至于人而疑之？圣人与我同类者。故龙子曰：'不知足而为屦，我知其不为蒉也。'屦之相似，天下之足同也。口之于味，有同耆也，易牙先得我口之所耆者也。如使口之于味也，其性与人殊，若犬马之与我不同类也，则天下何耆皆从易牙之于味也？至于味，天下期于易牙，是天下之口相似也。惟耳亦然。至于声，天下期于师旷，是天下之耳相似也。惟目亦然。至于子都，天下莫不知其姣也。不知子都之姣者，无目者也。故曰：口之于味也，有同耆焉；耳之于声也，有同听焉；目之于色也，有同美焉。至于心，独无所同然乎？心之所同然者何也？谓理也，义也。圣人先得我心之所同然耳。故理义之悦我心，犹刍豢之悦我口。"① 中国有句古话说"人同此心，心同此理"。一位优秀老师在自己学生身上行之有效的教育经验，在其他老师和其他学生身上也可能有适用性。就像善于烹饪的厨师，不是根据每一个人的口味来做美食，而是根据自己对口味的理解做出可口的美食，可以让很多人觉得美味。很多优秀老师的有效经验并不只是应用到了一个学生身上，而是在自己很多学生身上都得到了验证。遇到那些在某方面有突出成就的老师，我总是希望他们能把自己的成功经验总结出来，给其他老师做参考。所以，本书提出这个问题——个人经验有没有普遍的参考价值，并从学理上来讨论。这个问题对于发展中国的教育是非常重要的，中国有那么多优秀的教师，如果能把这些优秀教师的有效经验总结出来，什么问题是我们解决不了的呢？

当我们说总结优秀教师的成功经验时，也并不是盲目地总结与推广，可以先找少数教师在小范围内应用其经验，以检验其效果，然后再逐步扩大。这样当这些经验进行推广时，就是已经经过实践检验的了。这是一种"从群众中来，到群众中去"的工作思路，可以集中广大教师的智慧。实践是检验真理的唯一标准，不能用似是而非的概念性认识简单否定个人经验。"个人经

① （战国）孟子等．四书五经［M］．北京：中华书局，2009：104．

验不具有普遍参考价值”看起来是否定了某个个体，但是，如果每个个体都被否定了，不就是把一线教师的集体智慧都否定了？这种轻视经验的做法，背离了“实事求是”的原则。广大一线教师的成功经验，是我们最可靠的经验来源。

二、个人经验与统计规律的比较

在学术研究领域，我们总是想获得“普遍规律”，但是回顾我的自我修养之路，所有的重要成长，都不是向“统计规律”学习得来的，而都是向某个有实践经验的个体学习获得的。这也促使我思考在个人修养面前“统计规律”与“个人经验”的意义。如果是制定规则，可能要根据统计规律考虑平均情况，但自我修养并不是向平均水平学习，而是向卓越水平学习。在自我修养领域，往往是某个卓越者的个人经验被总结出来以后，其他人向其学习，并验证其经验。孔子、老子、释迦牟尼等都是这样的“卓越者”，他们为我们提供的智慧，并不是通过统计规律得到的，而是他们个人的实修经验，这些经验被无数人验证是有效的。在教育学、管理学等与人的培养发展相关的学术领域，我们要避免掉入统计规律的陷阱，更不能用“统计规律”否定卓越者的个人经验。我们应该研究卓越标准是什么，以及如何帮助人接近卓越标准。教育的作用是在尊重规律的基础上超越规律，而不是墨守成规。一个道理上能够讲得通的统计规律，并不一定有特殊价值，而个人经验不一定没有价值。

三、知识规律与道德情志规律的差异性

知识规律与道德情志规律的发现与研究的不同，决定着研究方法的差异。知识有很多是针对事物的，而道德情志是针对人的，所以个人经验是有其价值的。一个道德水平高、情志状态好的人，其自我修养的经验可以为其他人提供参考；一个道德情志教育做得好的老师，其个人经验可以为其他老师提供参考。当然，参考不等于简单照搬，借鉴者要根据具体情况灵活应用。

第五节　教育内容与管理激励方式对人的塑造

教育与管理都能影响人，教育与管理还可以联合起来塑造人。本节仅就某个方面做一个简单的讨论，比如，教育内容与管理激励方式结合如何塑造

人。教育内容分为两类，即知识教育与道德情志教育；管理激励方式也分为两类，即物质激励与道德情感激励（见表10-1）。

表10-1　教育内容与管理激励方式

	物质激励	道德情感激励
知识教育	人得不到自由发展，成为劳动工具	人需要自我成长
道德情志教育	教育效果打折扣，人难以自由发展	人成为自由而全面发展的人

一个人在教育阶段主要接受外在的知识教育，一般指向某种技能；在工作中接受的是物质激励，人们为获得外在的物质而努力工作。在这两个过程中，个体在道德情志发展方面都没有得到有力的支持，个体只是成为一个合格的劳动者或劳动工具。如果个体没有发展道德情志的能力与机遇，就失去了成长机会。

如果在受教育阶段接受的是知识教育，在工作阶段接受的是道德情感激励，个体在工作后就获得了道德情志发展的机会。如果在受教育阶段接受的是道德情志教育，在工作阶段接受的是物质激励，教育效果就会打折扣，人难以自由发展。如果在受教育阶段接受的是道德情志教育，在工作阶段接受的是道德情感激励，个体的自由而全面发展就获得了最大的支持。

在现实中，不同教育内容和激励方式可能是同时发生的。在教育阶段可能同时接受知识教育与道德情志教育，在工作阶段可能同时面临物质激励与道德情感激励。

第十一章　教育者与受教育者

教育者与受教育者是教育的两大关键主体，教育的效果与这两个主体的特征关系非常大，本章分别探讨教育者与受教育者所应具备的修养。关于教师如何进行自我修养，在笔者的《中国教育管理学与中华传统文化》一书中进行了详细介绍，这里不再赘述。师生关系与同伴关系是影响受教育者的重要因素，良好的师生关系与同伴关系对学生发展有积极的促进作用。教育应该发展学生的内驱自主性，使其成为主动自我成长的主体。很多教师都是怀揣教书育人理想选择教师行业的，所以应该以教育本身的魅力去滋养教师，而不是使用外部激励。

第一节　教育者应具备哪些修养

教师自身的修养是决定教育质量的关键，这里我们主要使用教师指代教育者，但是有些论述也适用于其他教育者，如家长等。教育者应具备的修养是多方面的，本节主要介绍传道授业解惑、修己安人、教学相长、诲人不倦等。

一、传道授业解惑

韩愈的《师说》中说“师者，所以传道授业解惑也”。《中庸》中说：“天命之谓性，率性之谓道，修道之谓教。”[①] 一个教师最重要的是“传道”，而“道”要“率性”，彰显人“至善”的本性。“道”决定了一个人所能看到的高度。在教育实践中，教师不仅要教给学生正确的做人标准，还要帮助学生走上自我修养的道路，使其在一生之中德行不断提升。在学生偏离了正确

① （战国）孟子等．四书五经［M］．北京：中华书局，2009：53.

的道路时，教师要能够及时发现并纠正。

二、修己安人

修己安人是中华传统教育思想中重要的教育方法，而这种教育方法的运用是以教师的自我修养为基础的。

1. 言传身教，以身示范

教师自身在道德、情志方面都应该有较高的修养，能够以“德”与“礼”的方式去教育学生。一方面自身有较高的道德情操，能够以仁爱之心去对待学生，一言一行都能为学生提供良好的示范；另一方面能够给学生提供足够的道德成长空间。

一个人在能力上的缺陷是容易被接受和谅解的，但是在品格方面的缺陷是难以被谅解的。如果教师在学问上有什么不懂的地方，学生是相对能够接受的，毕竟学生也不会期待自己的老师全知全能。但是一位教师如果在品格方面存在问题，就很难得到学生的认可。而一旦学生对老师不认可，老师所有教育工作的效果就会大打折扣。

2. 尊德性而道问学

《中庸》中说：“故君子尊德性而道问学，致广大而尽精微，极高明而道中庸。”[①] 我们可以把学问的评价标准划分为三个维度，即广度、高度、深度。广度对应着“广大”，可以理解为不同的领域，涉及万事万物；高度对应着“高明”，指学问与天地大道相应的程度，最高是达到“至善”的程度；深度对应着“精微”，即能深入细微之处。学问因其类型不一样，其具体评价标准也会有所不同，但是总体来说，应该以能否为人类造福为旨归。对于人文类的学问来说，要能够切实地指导人的成长，能够落实到生活中，影响人的思维方式、行为方式等。学问虽然有广度、高度、深度，但并不是高高在上让人望尘莫及的，而是能运用到生活中，符合中庸之道。

3. 真实的学问与虚假的学问

在历史上，没有专门生产知识的群体，很多学问都是因其价值而被生产及流传。当今时代，部分知识分子与研究人员成为专门进行知识生产的群体。知识生产的目的在一定程度上已经发生了变化，很多人是为了满足绩效考核

---

① （战国）孟子等．四书五经［M］．北京：中华书局，2009：5.

要求而进行知识生产，这可能会导致一些没有价值的知识被生产出来。并不是所有的老师都在教学生真实的学问，有些老师教的是虚假的甚至错误的学问，部分老师也是虚假学问的生产者。在自己可选择的范围内，老师应该对学问的真假进行一定的辨别，选择那些对学生真正有意义、有价值的学问进行传授。

三、教学相长

向圣贤接近是每个人终其一生要追求的目标，教育者自己也要以圣贤为目标进行自我修养。教育学生的过程，也是教师自我成长的机会，教师自身的道德、情志与才能都可借助教育过程逐步提高。

1. 教师的道德成长

在教育过程中，教师自身的道德水平也要不断提升。一方面，教师自己要向“圣贤”的方向提高自己的道德水平；另一方面，只有教师自身有较高的道德水平，才能更好地去帮助学生成长。只有当一个人自己身上没有某个缺点时，才能更敏锐地发现其他人身上的缺点，如果自己身上也有相应缺点，就很容易将他人的问题合理化。教师通过自我修养，达到了“明明德”的程度，就仿佛成为一张纯净的白纸，这样任何颜料画到上面，都可以快速准确地判断是什么颜色，而如果纸张本身就涂了很多颜色，其他颜料画上去就难判断颜色。教师自身的道德水平，是决定其能教给学生什么的关键。在同学生的交流与相处过程中，教师获得了不断自我反思和不断成长的机会。

2. 教师的情志修养提升

在教育教学过程中，教师的情志管理能力也需要不断成长。教师在工作中要面临学生、家长、同事、领导、社会等不同的主体，不同主体的利益诉求是有差异的，教师处理好与不同群体的关系很重要。教师的工作具有琐碎繁杂、重复性高等特点，面对这些工作保持良好的情绪是关键。这些都考验着教师的情志管理水平，教师如果能管理好自己的情绪，就能把一切转化成成长的机会；如果处理不好各种情绪，可能就变成了对自己的消耗。

3. 教师的才能提高

随着时代的发展及教育教学的需要，不断提高自身的教育教学能力，学习新的知识与技能等，会成为教师不断的需求。小孩子与年轻人接受新事物的能力比较强，教师也需要与学生一同成长，与他们一起去接受新事物。“弟子不必不如师，师不必贤于弟子”，老师也可以向学生学习。

四、诲人不倦

“倦”属于情志的范畴，由于“诲人不倦”的重要性，本书单独对其进行讨论。《论语》中说：“子曰：‘若圣与仁，则吾岂敢？抑为之不厌，诲人不倦，则可谓云尔已矣。’公西华曰：‘正唯弟子不能学也。’”① 通过这段话可以看出两点：一是“诲人不倦”是“圣与仁”的重要特征；二是“诲人不倦”是不容易做到的。此外，在当今的教育实践中，确实有部分教师存在着职业倦怠问题。

1. 教育者自身没有厌倦情绪

很多教师都是一辈子从事教师工作，每天要完成的工作庞杂琐碎，要负责许多孩子的教育教学工作，压力比较大，而年复一年的工作内容又比较相似，再加上可能在评奖、评职称、绩效考核等方面遭遇挫折，容易产生厌倦情绪。这种厌倦情绪，不仅影响教师的工作绩效，也影响着教师自身的幸福感。如何调节这种潜在的厌倦情绪，成为教师职业生涯发展的关键。教师可以多从自己相对可控的内在因素入手，强化自己对工作价值的认识，比如，教书育人的初心、学生对老师的爱戴等；少从自己难以掌控的外部因素认识自己工作的价值，比如工资水平、职称水平、论文发表情况等。这样相对容易保持良好情绪。如果只从外部因素入手，而外部因素又是自己难以掌控的，在职业发展不如意时，就很容易产生不良情绪。

2. 对待特定学生的耐心

可能有些学生某方面的问题比较顽固，教育很多次都不一定有改观，在这种情况下，教师要有耐心，不可以轻易放弃，也不要过分强求。有些学生可能是个人因素，还有些学生可能是家庭因素，导致其在某方面发展滞后，作为教师，尽量不要把后进生与好学生进行对比，也不要拿学生与自己的理想学生比，而是尊重每个学生自身的发展逻辑。

---

① （战国）孟子等．四书五经［M］．北京：中华书局，2009：18.

五、教育者必须成为自我修养者

有一次，我参加一个活动，一位传统文化素养很高的前辈，做了一场关于修身的讲座。讲座后的交流时间，前辈在中心位置，大家里三层外三层地将其围了个水泄不通。我在比较远的位置，听着大家都问了什么，前辈又是如何回答的。在交流过程中，有一个在外围的人突然大声说："你们让一让，让一让，我有问题想向老师请教。"她的声音比较洪亮，喊了一会儿后就挤到了前排。她与老师打了招呼以后，就自己的困境向老师提了问题。她提问完后，老师没有直接回答她的问题，而是说："你是一个性格比较傲慢的人，你觉得我说的对吗?"我当时感觉很惊讶，为什么一打照面老师就说她傲慢呢？继续往下听，老师说："你站在后面提问我也能听到，你想到前排，所有人都要给你让路，这完全是以自我为中心，没有尊重别人。"提问人的"嚣张"气焰马上降了下来，承认自己确实属于比较傲慢的人。老师接着告诉她，她的很多困境都是由傲慢导致的。这件事让我很是诧异，老师一眼就看出了她的傲慢，而我为什么一点儿也没意识到呢？我事后仔细想了想，是因为我是与她相似的人，我也可能做出她那样的事，所以根本不会觉得像她这么做有什么不妥，但老师不是这样的人，不会这样做，所以才能看出这样做的不妥之处及其背后隐藏的性格因素。

一个教师要想成为学生的"人生导师"，就必须成为自我修养者，自己的修养提高到哪里，才更可能把学生带到哪里。

第二节　受教育者应具备哪些修养

受教育者要具备一定的修养，才能更好地接受教育、吸收教育内容、不断自我成长。受教育者需要具备的修养是多方面的，本节主要介绍谦逊与尊师重教、开放包容、勤奋与毅力、学而不厌等方面。

一、谦逊与尊师重教

中国历史上有很多尊师重教的故事，有些是学生自发地尊重老师，比如程门立雪[①]，有些是老师在考验学生，比如张良进履[②]、魏昭侍师[③]。师父为什么要考验弟子的恭敬心？是不是师父要看看弟子对自己好不好？只有对自己足够好，才把自己的“绝技”教给他作为一种交换，就像找对象要找爱自己的，选徒弟要选尊敬自己的。我以前就是这么认为的，但是学习了中华传统文化以后，我又有了新的认识。

尊敬老师是谦逊的一种表现。“谦虚使人进步，骄傲使人落后”“泰山不拒微尘，故能成其大；江河不择细流，故能成其广”，海纳百川是因为大海处在最低的位置才具有了容量。每个人都各有长短，任何一个人身上都能找到值得我们学习的地方，即“三人行必有我师”。只有尊敬老师才能尊敬老师所教授的学问。

我自己做研究还是有一点儿心得的，也非常想把自己积累的一点儿经验教给学生。在指导学生写论文的过程中，有时候我会三番五次地告诉学生，在进行每一步时都要问问我的意见，我指导了后再去实施。有的学生觉得自己都会，就没经过我指导，自己做出来了。做出来的结果与我的预期虽然有差距，但是也勉强过得去。这样的学生在我这里什么都没学到。

有一次，我的侄子来我家做客，住了一段时间要回去了。他回去那天，我正好有事，一大早就要出门，不能送他。早晨临出发前，我就想嘱咐他几句。第一点是临行前检查一下有没有带上身份证，第二点是出门后检查一下门是否锁好了，第三点是卫生间里自己的洗漱用品有没有带上，第四点是卧

---

① 《宋史·道学传二·杨时》：“一日见颐，颐偶瞑坐，时与游酢侍立不去。颐既觉，则门外雪深一尺矣。”

② 《史记·留侯世家》有一段记载：良尝闲从容步游下邳（今江苏睢宁）圯上，有一老父，衣褐，至良所，直堕其履圯下，顾谓良曰：“孺子，下取履！”良愕然，欲殴之。为其老，强忍，下取履。父曰：“履我！”良业为取履，因长跪履之。父以足受，笑而去。良殊大惊，随目之。父去里所，复还，曰：“孺子可教矣。后五日平明，与我会此。”良因怪之，跪曰：“诺。”五日平明，良往。父已先在，怒曰：“与老人期，后，何也？”去，曰：“后五日早会。”五日鸡鸣，良往。父又先在，复怒曰：“后，何也？”去，曰：“后五日复早来。”五日，良夜未半往。有顷，父亦来，喜曰：“当如是。”出一编书，曰：“读此则为王者师矣。后十年兴，十三年，孺子见我济北，穀城山下黄石即我矣。”遂去，无他言。不复见。旦日视其书，乃《太公兵法》也。良因异之，常习诵读之。（汉）司马迁．史记（第 55 卷，第 15 册）［M］．北京：中国社会科学出版，2020：4540-4541.

③ 《后汉纪·灵帝纪上》记载：“尝止陈国文教，童子魏昭求入其房供给洒扫，泰曰：‘年少当精义书，曷为（来）［求］近我乎？’昭曰：‘盖闻经师易遇，人师难遭，故欲以素丝之质附近朱蓝耳。’泰美其言，听与共止。尝不佳，夜后命昭作粥，粥成进泰，泰一呵之曰：‘为长者作粥，不加意敬，使不可食。’以杯掷地。昭更为粥重进，泰复呵之。如此者三，昭姿无变容，颜色殊悦。泰曰：‘吾始见子之面，而今而后，知卿心耳。’遂友而善之。”（晋）袁宏．后汉纪［M］．张烈点校．北京：中华书局，2002：451.

室里自己的衣服有没有收好。说第一点时，他就说："我已经不是小孩了，这事儿我能不知道吗?"我又勉强说了第二点，他又是"义愤填膺"，说我把他当傻子，觉得这么简单的小事不需要我提醒。我一想，孩子毕竟长大了，我不能老用过去的眼光看问题，把人家当成小孩子耳提面命，后两点就别说了。结果，那天回家之后，我发现卫生间里的洗漱用品他一样都没带，卧室里他新买的心爱的衣服也都在。我打电话给他，说早晨本想提醒他，但说前两条提醒时他的反应，让我把后两条提醒给咽回去了。他说没事，洗漱用品与衣服都是小事。我说洗漱用品与衣服是小事，但是这件事本身并不是小事，以后不管谁给你提意见，哪怕是没用的，也都要认真听，因为只有你认真听了没用的意见，人家才会有兴致给你提有用的意见。10 条意见里，哪怕 9 条都是没用的，有一条有用的可能就足够受益了。看起来是我"教育"了侄子一顿，其实最受教育的是我自己，我马上回忆了自己有没有做过类似的事。想起来有一次有一位前辈提起一个话题，问我知不知道。我恰好知道一点儿，心中窃喜多亏自己听说过，马上接话讲了自己的一点儿了解，前辈又深入问了一下，我又接话表达了一番。后来前辈就不说话了，我还沾沾自喜，以为自己没有被前辈"问倒"。后来通过其他渠道，我得知前辈对相关问题的认识比我深入得多，那天主动提出这个话题，应该是想指点指点我。我用自己浅薄的了解，打消了人家指点我的念头。如果我不是急不可耐地显摆自己有限的了解，而是能反过来向前辈虚心请教，说不定能有不少收获。我的侄子不过是损失了点儿生活用品，我感觉自己的损失不可估量。我进一步思考自己为什么没有抓住这么好的机会，这是与自己的内在修养息息相关的。我虽然表面上挺谦虚，但是内心里有点儿小骄傲，学了点儿东西就觉得自己比很多人强，没有做好虚心向他人请教的准备。"谦虚使人进步，骄傲使人落后""泰山不拒微尘，故能成其大；江河不择细流，故能成其广"，这些道理我一直都只理解了表面，不理解其中深刻的内涵。一旦我们高看自己小看别人，就失去了学习机会。谦虚是成就一个人的重要品质，很多人都因固守着自己的一点儿长处而止步不前。一个人必须有发自内心的真诚的谦虚品质，才能善于倾听别人的意见。

教师教育学生的意愿和智慧也需要学生去激发。学生的态度和反馈影响教师的教育教学水平。完全按照准备"背"出来给人听的课，不过是表演。真正的教育都是在师生的互动过程中完成的。老师教给学生什么，怎么教，很多时候是现场生成的。尊师重教、谦虚好学的学生，才更可能激发老师的教育意愿，能从老师那里学到更多东西。

二、开放包容

受教育者要有开放包容的态度，能够接受超出自己想象的事物，愿意去接纳他人与自己的不同。如果对超出了自己理解范围的事物都简单加以否定，就很难成长。愿意去理解别人，才能从别人那里获得学习机会。

三、勤奋与毅力

《中庸》中说："博学之，审问之，慎思之，明辨之，笃行之。有弗学，学之弗能，弗措也；有弗问，问之弗知，弗措也；有弗思，思之弗得，弗措也；有弗辨，辨之弗明，弗措也；有弗行，行之弗笃，弗措也。人一能之己百之，人十能之己千之。果能此道矣，虽愚必明，虽柔必强。"① 学习往往要付出一定的努力，要靠勤奋与毅力去克服面临的困难，持之以恒，才能学有所成。中国有很多劝人勤奋的古语，比如"勤能补拙是良训，一分辛苦一分才""宝剑锋从磨砺出，梅花香自苦寒来""业精于勤荒于嬉，行成于思毁于随""业精惟勤""天行健，君子以自强不息"。受教育者要有勤奋坚毅、孜孜以求的精神。

四、学而不厌

《论语》中说："子曰：'默而识之，学而不厌，诲人不倦，何有于我哉！'"②"子曰：'若圣与仁，则吾岂敢？抑为之不厌，诲人不倦，则可谓云尔已矣。'公西华曰：'正唯弟子不能学也。'"③ 很多学生的课业成绩之所以难以提高，并不是不够聪明，也不是不够勤奋，而是对学习有厌倦心理。这种厌倦心理一旦产生，就会使学习效果大打折扣。对于学习的厌倦情绪，不是单个因素造成的，学习的内容、环境等都可能是影响因素。有些家长恨不得孩子全部的时间都用来学习，其他什么都不要做。一方面，学习应该劳逸结合，学久了会疲惫，是需要休息的；另一方面，长时间做一件事会感觉厌倦，一旦产生厌倦的情绪，就可能对人有较长时间的影响，不是休息一会儿就能解决的。如果能适当让孩子做一些他们感兴趣的事，使他们保持良好的

---

① （战国）孟子等．四书五经［M］．北京：中华书局，2009：56.
② （战国）孟子等．四书五经［M］．北京：中华书局，2009：17.
③ （战国）孟子等．四书五经［M］．北京：中华书局，2009：18.

情绪状态，对提高学习成绩更有利。

教育者与受教育者都要有一个意识，厌倦是学习的大敌。有人说“兴趣是学习最好的老师”，对应着“厌倦是学习最大的敌人”。厌倦属于情志的范畴，加强情志教育是克服厌倦心理的方法。情志教育对课业成绩有积极的影响。

五、受教育者必须成为自我成长者

不管教育者有多优秀，其教育的内容都要通过受教育者来吸收，从而转化成受教育者自身成长的养料与动力。如果受教育者没有自我成长的主动性，完全靠外部的力量推动，学习效果是有限的。如果一个人自己不出力，完全靠别人拉着走，是走不远的。教育的终极目标是成为圣贤，这是需要在整个人生的漫长旅程中完成的，要靠个人自我驱动去完成的。

第三节　师生关系与同伴关系

传统教育思想非常重视良好的师生关系与同伴关系。《礼记·学记》中说“安其学而亲其师，乐其友而信其道，是以虽离师辅而不反”① “独学而无友，则孤陋而寡闻”②。

一、师生关系

师生关系是决定教育效果的关键。如果师生关系融洽，整个教育过程就会在愉快的氛围中进行，这有助于提高教育效果。学生如果不喜欢、不信任老师，就会不自觉地对老师产生抵触心理，对老师所教授的东西的接受程度就会大打折扣。有一些学生，因为喜欢某个老师，而喜欢上了老师所教授的科目，并因此提高了课业成绩；还有些学生，因为讨厌某个老师，而抵触老师所教的科目，导致整体成绩都受了影响。这种情况更容易在低年级学生中发生，他们可能用不学习某个科目的方式来抵制某个老师，而忽略了这样做对自己前途的影响。如果老师没有足够的爱心，也产生了对立情绪，听之任之，就可能耽误孩子的一生。如果老师发现了这种情况，最好能本着为学生

① （战国）孟子等．四书五经［M］．北京：中华书局，2009：379.
② （战国）孟子等．四书五经［M］．北京：中华书局，2009：380.

负责的精神，主动改善与学生的关系。老师想与学生相处好，比学生想与老师相处好容易得多。

师生关系首先是建立信任关系，老师要努力让学生相信自己，相信自己的专业水平，相信自己的公平公正，相信自己会站在学生的立场考虑，等等。老师也要信任学生，相信他们的善性与无限潜能。

二、同伴关系

同伴关系是影响青少年成长的重要因素。一个优秀的同伴会潜移默化地给受教育者带来积极影响，同伴对学习的态度、为人处世方式都给受教育者起到示范作用；反之，一个不学无术的同伴，也会给受教育者带来巨大的负面影响。教育者一定要了解受教育者的同伴关系情况，如与谁接触多、相互之间的关系如何等，尤其要关注是否存在霸凌等影响孩子成长的关键问题。不仅要关注是否被他人霸凌，也要关注是否霸凌了他人。

老师的时间和精力都是有限的，与学生待在一起的时间也是有限的，相对来说同学之间在一起的时间较长，如果学生之间能够相互关心、相互帮助，对大家的成长都是非常有益的。有一些缺少朋友的学生，一方面可能因缺少玩伴而感觉孤独，不喜欢待在学校；另一方面也容易成为被霸凌的对象。对于这样的学生老师要多关注，尽量帮助其在同学中树立良好形象，帮助其交到朋友。有的班级里有一些自发形成的小团体，这些小团体可能有很大的影响力，老师应该关注并了解这些团体，使其成为有效的教育资源，尽量避免其造成不良影响。

第四节　培养学生的内驱自主性

学生的发展动力不能靠外部激励，也不能靠监督，而是要靠他们的内驱力，学生应该具有自我成长的自主性与主动性。

一、内驱自主性的内涵

在汉字里同一个字的不同用法之间往往具有可类比性，“仁”用来指代人的良好品质，“仁儿”在植物中指代种子。一粒种子具有植物的全部信息，可以成长为完整的植物。植物需要靠自己内在的能量去成长，人可以为植物浇水施肥，提供阳光雨露等外在条件，但是成长本身必须由植物自己去完成。光合作用、细胞的分裂代谢等，都是靠植物内在的机制与力量去完成的，人类是无法代替的。人类只能耐心等待植物自己去完成这个成长过程，而不能强加干预。再高明的种植者也要春种秋收，该在秋天成熟的庄稼，不可能在夏天就收成了。如果操之过急，就可能出现拔苗助长的问题，不但不能让庄稼加速成长，反而可能破坏了庄稼正常的成长，甚至造成死亡。

“仁”之于人，相当于种子之于植物，“仁”是“人”的本质特征，人天生就具有某种自我成长的能量。对于孩子的培养，学校、家庭与社会可以为孩子提供外在的成长环境，但是，真正的成长过程必须由孩子自己去完成，其他人不能“拔苗助长”。这就需要培养孩子的内驱自主性，即由孩子自主决定自觉自愿地去成长。只能通过教育方法对其进行适当的引导，而不能通过监督奖惩等手段对其进行强迫，否则就可能对孩子造成伤害。植物的种子本身就具有成长的能量，具有“仁”的特征的人，本身也具有成长的能量，“大学之道，在明明德”，“明德”本身就是人天生具备的，教育者要为受教育者创造成长环境，但不能代替受教育者成长，更不能破坏其内驱自主性。要像等待庄稼的春种秋收那样耐心等待一个孩子的自我成长，尊重其自身的成长规律，若是违背其内在成长规律地“拔苗助长”，不但不能有所收获，还可能造成不可逆转的伤害。

二、活着本身就是意义与动力

有个别学生对人生的意义比较迷茫，不知道活着是为了什么，这种无意义感很影响人的情绪。

1. 渴望活着是人的本能

孟子认为人天性是善的，具有仁、义、礼、智等特征；荀子认为人禀性是恶的，具有目好色、耳好声等特征。禀性不仅人具有，动物也有，可以认为禀性接近于一种兽性，而纯善的天性就接近神性，人是兽性与神性的综合体。

从禀性角度来看，人只要吃饱喝足，有生存的自然空间，就会好好生活。禀性决定了人活着本身就具有意义，活着本身就是人存在的动力。所有动物在面对生命威胁时，都会拼命求生，这是生命的本能。人生并不需要有其他意义与价值，就可以自然地活着。当然，因为“神性”一面的存在，人可能会有更高的追求。从教育者的角度来看，在培养人的道德品质的时候，可以提高其道德追求，但是在保障其有生存意愿方面，我们要降低门槛，而不是提高门槛，要让他们觉得活着本身就有意义，不需要再强加更多的意义。

2. 让孩子找到自适的存在方式

“目好色，耳好声，口好味，心好利，骨体肤理好愉佚”，目、耳、口、心、体等是人自身就具备的，禀性的存在决定了生存本身就有乐趣。如果一个人能自由地去做喜欢的事，自然就会感觉快乐，只有做自己不喜欢的事，才会想生命的意义。

每天按照自己的心意过喜欢的生活，这就是有意义。让孩子找到自适的存在方式，他自然就会觉得生命有意义。有些家长扼杀孩子的感性需求，用理性去追求功利性的目标，这样的孩子长大了心理上就很容易出现问题，甚至有人会因为感受不到人生的意义而产生轻生的想法。要求孩子做很多他们不愿意做的事，却不让他们做点儿喜欢的事来补偿，孩子感性方面的需求得不到满足，可能就无法支撑他们理性方面的发展。

孩子应该有自己喜欢做的事，并且有空间和时间去做自己喜欢的事。孩子喜欢的这件事，不一定是父母认可的，如果父母不认可，可以适当引导，但不要轻易否定，甚至阻止，只要不违反法律、不违背道德就可以了。有的孩子生活空间本来就比较有限，唯一一项爱好父母还不认可，久而久之亲子关系就容易出问题，孩子的心理也容易出问题。有一个孩子喜欢动漫，父母不支持，千方百计阻止孩子，激发了孩子的叛逆情绪。父母不让孩子做自己喜欢的事，孩子也不去做父母喜欢的事，他放弃了学业，辍学在家，最后父母带着孩子到处看心理医生。热爱是一种积极情感，能让人感受到生命的价值。即使教育者不喜欢孩子所热爱的东西，也不应该轻易浇灭热爱这种情感本身。

我从小在一个小村庄长大，上学以外的时间，都是自由自在地决定自己要做什么。自己要做的事都是从自己内心生长出来的，没有外在利益的诱惑。能够按照自己的意愿支配时间，就会感觉很快乐。我长大以后，也是这样的人，很少被利益诱惑而做事。比如，写书这件事是我内心生长出来的，我感觉很开心。如果是受外在利益诱惑，我应该去做那些能给自己带来更多名利的事，而不是做一件结果不确定的事。当面对种种压力与困境时，有人以为我这样孤注一掷是有多大的野心，想要获得多大的名利，其实，我只是觉得这样做开心，这样做值得，能做这件事本身就是对我最大的回报。我甚至心里充满了感激，觉得历史和时代把这么好的一个机会给了我。所以当我发现需要用自己积攒的基本工资自费出版这些书时，我也觉得这是给自己的机会，很少有一笔钱能花得如此值得。

不能做自己喜欢的事，必须做自己不喜欢的事，或者偏要做自己做不到的事，容易茫然，容易使人对人生的意义产生怀疑。有一个人由于种种原因，可能无法继续工作了，很多人觉得她会难过。可是她说，不能工作只是我失去了部分社会价值，但是对于我自己来说，我还是能吃能睡能过自己的生活，生命的价值并没有减少，人生可做的事那么多，又何必执着于自己不能做的事。

三、不恰当的激励会扭曲对人生意义的认识

活着本身就是意义与动力，一旦一个人对人生的意义感到迷茫，或者找不到人生的意义，可能就是不恰当的激励使其发生了认识扭曲。

1. 外部激励会扭曲人对人生意义的认识

在保障人有生存意愿方面，我们希望孩子觉得活着本身就是意义。但是，为什么一些孩子不这样认为呢？因为他们从小就接受了太多的外部激励，表现好可以获得小红花，或者各种奖励，这容易使他们觉得人生的价值就是获得外部奖励。随着他们长大，看不到外部奖励的价值时，他们就会觉得人生没有意义。如果用外在的利益“激励”孩子，在他们长大以后，可能造成两种情况：一种是对外在利益失去兴趣。很多外在利益对人的真正作用是有限的，比如小时候喜欢的玩具，长大以后可能就不喜欢了，一旦对外在的利益失去了兴趣，又没有形成内在价值体系，就可能对人生的意义与价值产生怀疑，产生虚无感。还有一种是当他们自己很努力也赢得不了外部奖励时，就会产生挫败感，还可能对得不到想要的利益产生恐惧感。有些成绩好的孩子在高考前轻生，有些本科学生在毕业前轻生，可能都有一种恐惧感在里面。

在一些体育赛事中，金牌得主和银牌得主的成绩可能只有非常微小的差距，但是他们获得的奖金却数额悬殊。这种奖励方式，可以鼓励很多人为争夺金牌而持续努力。在管理实践中，也存在一种类似的激励方式，对绩效排名靠前的人或者获得职务晋升的人进行高奖励，甚至使其工资远远高于其实际贡献，激励很多人为获得高奖励而努力工作。[①] 获胜者得到的奖励远远大于

---

① Lazear 和 Rosen（1981）锦标赛理论。

其贡献，所有竞争者的贡献总和远远大于得到的奖励。在教育领域，有些奖励或回报，类似于锦标赛激励。从激励者角度来看，是以少量的付出获得了大的回报。但是，对于大部分被激励者来说，就是付出没有得到回报。如果一个人一直属于那种“付出没有得到回报”的，久而久之就可能出现心理问题。

2. 尊重与包容孩子本来的样子

每个人都有自己的舒适区，我们总听说这样的激励，要走出自己的舒适区，去挑战更大的可能。如果一个人不能形成新的舒适区，走出舒适区太久容易出问题。以学习成绩举例，孩子在自然状态下，会有一个自然成绩。这个自然状态是指在智力等天赋条件下，以自我舒适的方式进行努力，所能够达到的成绩。假设一个孩子自然状态的成绩排名是第 20 名，如果其他人一定要通过各种方式，包括补课、延长学习时间等，将这个孩子的成绩提高到第 10 名，那他就要走出自己的舒适区，长期处于一种非自然状态。这种状态可能会给他带来压力，引发焦虑、恐惧等情绪，如果是短期应激可能问题不大，但是如果长期如此就可能出现心理问题。有人说高知家庭的孩子出现心理问题的可能性更大，可能是因为高知父母知道用什么方法可以把孩子的成绩提高得离自然成绩更远。

我们相信勤能补拙，但是这个“勤”是自我驱动自发的勤，而不是靠外部施压被迫的勤；是自然状态自适的勤，而不是超出自然状态痛苦的勤。尊重与包容孩子本来的样子，鼓励其不断成长，但是不能压迫其成长。要保障孩子身心健康，先生存才能谈发展。

四、使受教育者成为自我驱动者

很多人都是在用外部激励牵引孩子去做自己期待他们做的事。自愿去做与被迫去做，虽然是做同样的事，但是对人的影响是完全不同的，做事的效果也会完全不同。试想如果一个人从来不能按照自己的意愿做自己喜欢的事，总是按照他人的意愿做事，他的人生又有多少意义？受教育者应该被其自身的兴趣驱动、被理想驱动，而不是被外在奖励驱动。

1. 被兴趣与热爱驱动

一方面可以尊重孩子的兴趣，按照孩子的兴趣去发展孩子；另一方面可以培养孩子的兴趣。如果一个人能够在做某件事的过程中感受到愉悦感，就容易产生兴趣。比如，培养孩子阅读的兴趣，可以从其喜欢的书籍类型开始，每天不需要阅读很多，重要的是在阅读的时候兴致勃勃有热情。如果孩子喜欢与父母一起阅读，就可能把与父母在一起的愉悦感移植到阅读上，强化对阅读的兴趣。总之，要让孩子被兴趣与热爱驱动，而不是被外在利益牵引。

2. 被高远人生理想驱动

应该从小就引导孩子树立远大目标，这个远大目标可能成为孩子一生的灯塔，成为他们克服眼前困难的动力。理想有不同的类型，有些可以很高远，如为国为民；有些可以很切近，如为父母尽孝，让父母过上更好的生活。可以给孩子讲一些伟人的故事，引导他们以伟人为榜样，树立人生目标。有了目标就有了前进的方向，就有了努力的动力。

3. 以成为圣贤为人生终极目标

圣贤并不意味着功名利禄，而是哪怕默默无闻，也能保持做人的高标准。要向内提升自己的品格，而不是向外提升自己的利益。成为圣贤是不具竞争性的，别人的成长不会妨碍自己的成长，自己在任何情境下都有成长的空间，一切的外在环境都成了成长的机会。一个人一旦走上了成为圣贤的修养之路，就会感觉人生充满了意义。

4. 动力来自内心

有一种说法是“孩子是夸出来的”，这种说法非常具有迷惑性，如果没有中华传统智慧的“照耀”，可能很多人都认为是对的。“表扬”是帮助孩子建立正确的做人标准，形成正确的情感反应，但是不能成为孩子成长的动力。有时候做正确的事，可能并没有鲜花与掌声，而有嘲讽与阻挠；做错误的事可能没有嘲笑与阻挠，而有肯定与赞赏。在这种情况下，我们希望孩子如何选择？如果是一个以“表扬”为动力成长起来的人，就很可能非常在乎别人的评价，以致做出错误的决定。《庄子》中说“举世而誉之而不加劝，举世而非之而不加沮”①，人不应该让别人的评价左右自己的情绪、行为等，教育者也不应该使表扬成为孩子成长的动力。孩子的动力应该来自他们自己的内心，这样在不利环境下，他们才能做出正确的选择。

---

① 陈鼓应．庄子今注今译［M］．北京：中华书局，2009：18.

第五节　用教育本身的魅力去滋养老师

在教师管理实践中，也存在用外部激励的方式，忽视了教师的自然动机，忽视了从事教育工作本身的魅力对教师的滋养。

一、教师的自然动机

每个人都有其人格特征与自然偏好，这可以认为是自然动机。在自然动机的基础上，会有自发行为，这就是自然激励。对于很多教师来说，其职业选择是基于其人格特征与自然偏好的，其本身就有对教育事业的热爱，有教书育人的情怀。对于这样的人来说，即使没有任何外在的激励，他们也会热爱自己的工作，努力做好自己的工作。

如果能够顺应教师的自然动机，对其动机给予鼓励与提升，就可以产生事半功倍的激励效果；如果完全破坏其自然动机，重新提供一个新的动机，就可能是事倍功半。

二、外部激励对教师动机的扭曲

1. 外部激励可能会替代自然动机

很多教师的自然动机就是教书育人，因此在管理上，要注意使教师的动机保持在培养好学生、培养社会主义的建设者与接班人上，而不是评职称、讲公开课、发论文、拿绩效奖金。有时候人的动机不容易观察到，切忌用不适宜的激励方法造成动机替代。有人可能会觉得，评职称、讲公开课、发论文、拿绩效奖金等，与学生培养得好是等价的，所以，考核前者就是在促进后者的实现。这些间接目标，确实能对促进直接目标的实现发挥一定的作用，但是，事实上对间接目标的追求，与培养学生没有必然关系。间接指向的替代目标，总归没有直接目标来得准确。不仅如此，还可能产生一些负面作用。在一所中学里，在没实行绩效工资之前，各科老师都抢着上自习课，老师都希望能够帮助学生提高自己所教学科的成绩，有时候班主任也会根据自己班学生的成绩主动请某科老师来上自习课，被邀请的老师也都会欣然应允。在实行了绩效工资之后，自习课就不再有老师上了——大家觉得没有绩效工资的课何必要上？班主任也不好意思再请老师来上课了，又不给发绩效工资怎么好意思请？当然，这种结果并不是说绩效工资不好，可能与学校的发放方式有关，但是，我们可以从这个案例中看到，激励偏差导致的自然动机被替代所产生的后果。

在没有任何外在激励的情况下，一个自主选择了教师职业的老师，他的自然动机一般是教育学生、培养学生。外在激励一旦多起来，教育的动机也更多样化了。本来教师做这份工作拿一份工资，组织给予什么任务完成就好了，但是一旦组织提出对某些工作的奖励，教师工作任务就具有了差异化的特性——这个工作有绩效工资，那个工作没有绩效工资，这项工作有利可图，那项工作无利可图——没有绩效奖励的工作就没有人愿意做了。然而，对于一个组织的整体运转来说，每一项工作都需要有人做，为了便于管理，就要在绩效考核方案上不断地增加条目。

很多人的工作，无法直接指向社会需要，而是指向以绩效考核指标为主的利益。一旦绩效考核指标与社会需要脱钩，大部分人只能选择以绩效考核指标为指向。一位教育研究领域的退休老教师说，从前很多老师都是扎根在中小学与幼儿园一线的，他们要做的研究是直接指向一线教育实践需要的。在引入西方的教育考核体系以后，就很少有人再扎根在学校一线了，大家的工作对象变成了抽象的数据与理论——因为你只要针对抽象的数据与理论工作，就能产出成果，而如果你针对实践、服务实践，可能什么也获得不了，并面临考核不通过的压力。相当于用西方的学术逻辑，替代了我们原有的学术逻辑。虽然可能有一些收获，但是也丢失了一些好的传统。我们要做的是，既学习别人的长处，也保持自己的优势。科研工作者的目标就是要研究出对国家和社会有价值、有意义的成果。而有些科研工作者形成了“拿项目拿经费”就是成就的思维，可能造成潜在的危害。

2. 过多的工作要求可能会挤压教师关注学生的精力

教育是一种创造性工作，并不是程序化的，比如，从学生的表情感知情绪，然后及时地给予情感支持，这对学生成长来说非常重要。一旦有过多的硬性工作任务挤压了教师的时间精力，教师就可能压缩与学生情感交流的时间。情感交流是所有工作中“最脆弱”的内容，因为完全没有办法考核，一旦有其他考核，情感交流就是最先被挤压减省的工作。如果把教师的所有工作时间与精力都控制了，让他们去做指定的事，教师与学生的情感交流就很难发生。只有拥有足够空间的教师，才有时间、有精力去关注学生。

三、以教育本身的魅力滋养教师

一个人选择教师职业，往往是因为其对教书育人的热爱，而不是对职称与奖金的热爱。可是，一旦他们工作了以后，面对的激励往往是外部激励。帮助教师成为他们理想中的样子，这本身就是一种激励。这个教师心目中理想的自己，可能并不比领导心目中想要的样子差，甚至超越领导要求的样子。有一位小学老师说：一想到学校对老师的种种管理制度，天天忙不完的工作，就不想干了；可一看到自己的学生那么热烈地喜欢自己，就感觉这一切都值得。教育工作本身是有魅力的，这个魅力可以更好地滋养教师。

第十二章　道德的家庭教育

本章针对家庭教育的特殊性进行补充介绍。家庭教育的重点是要与学校教育形成互补，而不是学校教育的简单延伸。学校教育在知识教育领域具有优势，但是道德教育与情志教育需要家庭与学校的共同努力。家庭从事知识教育效率比较低，但是对于道德教育与情志教育，家庭教育有特殊优势。道德教育与情志教育非常具有针对性，需要根据孩子的具体情况来进行。在学校，一个老师要面对几十个孩子，难以给每个孩子足够的关注，而在家庭教育中，可能是几个人面对一个孩子，如果教育方法适宜，会收到非常好的效果。

学校教育应该因材施教，总体来说，学校教育还要讲究公平性，为每个学生提供平等的受教育机会，但是学生发展的结果因人而异。比如，老师为全班同学上课，这是提供了一个平等的学习机会，但是每个学生的收获却是不一样的，这是学生学习结果的差异。家庭可以根据自家孩子的具体特征将因材施教进一步深化。本章将从道德、情志、才能等方面来探讨如何进行家庭教育。

《论语》中说“孝悌也者，其为仁之本与”，“孝悌”的品质作为道德培养的根本，是在家庭中形成的，可见家庭教育对道德教育来说具有重要意义。有关道德的家庭教育首先是树立正确的价值观，这个价值观指向成为圣贤。圣贤有两个关键特征：一是善性，二是具有无限的潜能。在与孩子沟通时，可以表达为“做更好的自己”，具体包含两方面的内容：一是自己才智的充分发展与发挥，二是使世界因自己的存在而变得更美好。自己感兴趣的或自己擅长的方面，应该努力去发展，并应用这些能力为社会服务。家庭教育的教育者主要是父母，但是在教育实践中，也可能是爷爷、奶奶、姥姥、姥爷等，为了方便，我们都以父母来代称，相关理论对于其他教育者来说也是适用的。

第一节　家庭教育是父母与孩子共同成长

很多家长都特别看重满足孩子的物质需要，辛辛苦苦工作就是为了孩子能过上富足的生活。然而，孩子不仅需要物质方面的满足，也需要精神上的满足、道德方面的提升，需要全面成长。中华传统教育方法讲究“修己安人”、言传身教、以身示范，如果家长想教育好孩子，就需要自身有较高的修养，家长自身也要成长。

一、孩子需要的不只是物质满足，而且是全面成长

很多父母爱孩子，就想把自己认为好的东西给孩子，满足孩子的需要，使孩子获得满足感。满足感不仅来源于获得了多少物质，还取决于人格修养。《论语》中说颜回“贤哉，回也！一箪食，一瓢饮，在陋巷，人不堪其忧，回也不改其乐，贤哉，回也”，有些人物质虽然并不富裕，也能自得其乐、知足常乐。有些人虽然跟别人比较起来已经很富裕了，但是其欲望没有尽头，财富无法满足欲望，就还是穷人。如果一个人的欲望少于自己的财富，即使绝对水平上的财富并不多，也是一个相对水平上的富人；如果一个人的欲望超过了财富，即使绝对水平上的财富很多，也是一个相对水平上的穷人。父母不仅要考虑在物质上满足孩子，更要考虑帮助孩子树立正确的价值观、财富观，帮助孩子克服过分的贪欲，获得心灵的满足感，形成乐观豁达的人格，这比物质消费更重要。孩子不仅需要物质的满足，更需要精神的成长。

二、父母是孩子的榜样

中国的教育讲究“以身示范”，父母是孩子的第一任老师，也是终身的老师。父母能做到的，可能不需要开口要求孩子，孩子自然也能做到；父母做不到的，即使天天耳提面命，孩子也很难做到。

有一位父亲多年来风雨无阻地坚持跑步。有一次他带着女儿去爬山。快到山顶时，女儿已经爬不动了，但是她觉得自己必须坚持到底。父亲心疼孩子，不想让她再爬了，就建议返回下山，可是孩子不同意，父母想背着孩子到山顶，孩子也不同意，觉得必须自己爬上去。最后，女儿一边哭一边爬上去了。这一次爬山经历，让父母很震惊。父母讨论，觉得是父亲坚持跑步的

行为，在女儿心里树立起了持之以恒的价值观。在前文中，我提到过自己一位从小就特别勤奋好学的状元同学。这位同学的孩子也特别爱学习，喜欢做数学题。有一次同学聚会，有十来个大人、四五个孩子，状元的孩子四五岁，在饭桌上拿出了数学练习册，旁若无人地做起来。状元说做数学题是孩子最喜欢的娱乐活动，一到书店就要求买数学练习册。有一个儿媳不孝顺婆婆，自己住着宽敞明亮的大房子，把婆婆放到一个阴暗的小房子里，各种日用品也很简陋陈旧。有一次在家里聊天，说将来婆婆走后屋里的东西都扔了。她儿子接话说，不要扔了，都留着，将来我还得给你用呢。家长想让孩子成为什么样的人，先看看自己是什么样的人。比如，有些父母自己打游戏，却要求孩子好好学习。很多父母经常考虑的问题是，我要如何改变孩子，建议换一个角度来思考，考虑一下要如何改变自己。

三、在家庭教育过程中，父母自身也要成长

培养圣贤、成为圣贤需要一生的努力，父母仍然需要努力修养自己，向圣贤的目标接近，父母与孩子其实是处于同一发展过程的不同阶段。家庭教育绝不是单方面地教育孩子，而是父母与孩子共同成长。只有父母有正确的价值观、正确的言行方式，才能潜移默化地影响孩子。如果父母自己做不到，一方面可能不知道孩子的培养目标是什么；另一方面即使知道培养目标，可能也不知道如何引导孩子实现目标。

第二节　父母的自我修养

物质方面，父母能给孩子多少，是以自己有多少为限度的，父母无法给孩子自己没有的东西；精神方面，父母自身的人格修养到什么程度，给孩子的教育才能到什么程度。

父母自身也不是“完人”，要想给孩子以良好的教育，父母也需要不断成长。“格物、致知、诚意、正心、修身、齐家、治国、平天下”的“八条目”，是个体自我修养之道，也适用于父母。在笔者的《中国人文管理学实践》《中国教育管理学与中华传统文化》两本书中，都介绍了一些自我修养的内容，对父母进行自我修养有借鉴意义，这里不再赘述。本书针对父母的身份，讨论父母应该如何进行自我修养。

一、格物、致知

对于“格物”不同的人有不同的认识，本书把“格物”主要理解为“革除不正确的欲望”，“格物、致知”解释为“只有革除了不正确的欲望，才能够对事物有正确的认识”。对于父母来说，只有放下自己的欲望，才能对自己的孩子有更正确的认识。对于孩子的缺点与特长、孩子的发展阶段等，父母都需要有正确的认识，才能教育好孩子。

父母在子女面前，容易出现一个悖论：越爱孩子越可能失去理性、越难做好父母。父母对子女的爱不能失去理性，失去理性可能对子女造成伤害。想要教育好孩子，父母首先应该放下一些自己的“贪欲”、一些不正确的观念。比如，孩子应该听我的，成为我的延续、我的骄傲、我的希望。父母一旦有了这些思想，就失去了正确认识孩子、正确评价孩子的可能，一心只希望孩子成为自己期待的样子，而不切实际的期待，可能扼杀孩子的发展。父母应该放下自己的“贪欲”，尊重孩子是有独立意志的个体。

1. 放下：孩子应该听我的

父母给了孩子生命，又把孩子养大，孩子的一切看起来都是父母给予的。父母容易产生一种意识，觉得孩子属于自己，就应该听自己的。在孩子缺乏自主意识的时候，都是父母代替孩子思考；在孩子有了自主意识之后，父母可能还想继续替孩子思考。孩子是自己的孩子，但是孩子有自己的意志，孩子的人生属于他们自己。父母可以喂孩子吃饭，但是却不能代替孩子吃饭。其他很多事情也是一样的，即使父母有很丰富的经验，孩子也必须亲身去经历、去感受，然后才能内化成他们自己的经验。

有一个家庭经济条件特别好，父母也比较强势，把孩子的一切都安排好了，孩子大学读什么专业都是父母选的。孩子读到博士时，说不喜欢现在的专业，想换一个自己喜欢的专业。母亲极力反对，并且说“只要我活着，你就死了这份心吧”。孩子说“妈妈，你一定要好好活着”，然后回到自己房间，结束了自己的生命。父母有多强势，孩子可能就有多少反抗的力量。如果家长特别极端，孩子就可能用极端的方式反抗。还有些孩子大学毕业工作以后，就几乎不联系父母，不回家，躲得远远的。

父母应该放下对孩子的控制欲与占有欲，尊重孩子是一个有自我独立意志的主体，不要有掌握孩子一切的想法，不要觉得自己的孩子就应该听自己的。父母可以通过适宜的方式去影响孩子的决定，但是不能代替孩子决定。

2. 放下：孩子应该成为我的延续

有些父母期待孩子成为自己的接班人，继续去完成自己未竟的心愿。如果孩子有这个意愿是可以的，但是，如果孩子没有这个意愿，父母却强迫孩子去做，就可能对孩子造成伤害。比如，有些父母小时候期待自己能学琴、学画、学舞，都没机会，有了孩子以后就想让孩子去学，不惜重金给孩子报辅导班。有些东西，对父母来说可能是遥不可及的梦想，但对孩子来说可能是近在眼前的惩罚。父母千万不要把自己的意志强加给孩子。

3. 放下：孩子应该成为我的骄傲

有些父母在某些情境下，希望孩子能够给自己赢得面子，而不顾及孩子的感受。一个喜欢唱歌的四五岁孩子，一次和父母一起与亲戚朋友聚会，父母希望他能给大家唱首歌，但是他比较害羞不想唱。这时另一个比较大方的孩子就唱了一首，赢得了在场所有人的喝彩。于是他的父母更着急了，又要求他唱，他的压力更大了，更不好意思唱，直到最后也没唱，父母就一直指责他。父母没有顾及孩子的感受，而是只考虑了自己的面子。如果能够从孩子的角度出发，就不应该强迫孩子去做他不愿意做的事。这个孩子长大后也一直很胆怯害羞，他认为这件事对自己的影响很大。还有一个小孩儿，父母带着他去亲戚家串门，他看到亲戚家的孩子在唱歌跳舞。他也是一个活泼的小孩儿，那热闹而欢乐的场面感染了他，他就也学着亲戚家孩子的样子又跳又唱，但是他没有学过那首歌，所以唱得不好听，跳得也不是很好看。父母看到了以后，感觉很丢脸，就阴沉着脸训斥他，让他马上停下来，说他跳得太难看、唱得太难听。玩得正开心的他，茫然地愣在了原地。从此以后，他再也不想唱歌跳舞了，长大后也一直都不会。父母碍于面子，用舞者、歌者的标准来评价他，给他造成了伤害。

父母希望孩子成为自己的骄傲，就不能包容孩子的缺点，这种无法包容可能会对孩子造成深深的伤害。父母对孩子的指责就像是“诅咒”，可能使孩子陷入自卑自责，从而更难克服自己的不足。如果父母不指责孩子，而是不动声色地给他机会，孩子可能慢慢成长，就超越了原来的自己。

4. 放下：孩子应该成为我的希望

有些父母自己做不到的，希望孩子替自己做到。比如，有的父母在工作生活中并不是成功者，就想从孩子身上扭转所有的失意。很多事情家长自己都没能力、没权力去做，但是，管孩子这事恰好是自己既有权力又有能力的，于是就用力过猛。孩子的成长跟庄稼的成长很像，是有自身规律的，不可用力过猛。

二、诚意、正心

父母要诚实，并努力提高自身的情绪管理能力，这对教育孩子十分重要。父母也难免犯错，一定要有自我反思的能力。

1. 是为了孩子好，还是自己的贪心

有些父母想让孩子变得更优秀，但内心是希望孩子给自己争面子，觉得自己家孩子比不上别人家的孩子很丢脸，于是，就不惜给孩子很大的压力。爱孩子，应该接受孩子的不足，包容孩子的缺点。如果父母总是对孩子提出超越其能力范围的要求，这并不是为孩子好，而是自己贪心。

2. 是为了孩子好，还是自己焦虑

有些父母缺乏安全感，对自己的未来感觉焦虑，对孩子的未来也很焦虑。这种焦虑感迫使他们对孩子提出更高的要求，希望孩子不输在起跑线上。看起来是为了孩子好，其实反映的是父母自己的焦虑情绪。有些人焦虑用吃东西来缓解，有些父母焦虑就用给孩子报辅导班来缓解。父母应该深刻地反省，自己的行为是不是内心的某种反射？自己是不是不愿意接受一个平凡的孩子？孩子真正需要的是什么？自己真的是在为孩子好吗？是自己想象的好还是真实的好？等等。

3. 是为了孩子好，还是自己的情绪发泄

有些父母心情不好的时候，对孩子发脾气，美其名曰为了孩子好。即使是真的为孩子好，发脾气也不是好的方式。有些情况下，父母对孩子发脾气根本不是从孩子的利益出发，而是自己心情不好，无处发泄，就发泄到了孩子身上。父母也知道这样做不对，就给自己一个冠冕堂皇的理由——为了孩子好。父母千万不要这样欺骗自己，一定要诚实。内心诚实，言行上才能做出正确选择。

有些父母会把自己的痛苦传递给孩子，在单位发生了不愉快的事，回家也是一副哭丧脸，让家人和孩子也感觉很压抑。这也不能完全怪父母，每个人的不良情绪都需要用一定的方式发泄，而孩子是最没有反抗能力的发泄对象。父母要有这样的反省精神：当自己对孩子发脾气时，到底是孩子的原因，

还是自己的原因；如果真是为了孩子好，是否有更好的解决方式。

一个有错误和缺点的孩子，需要的是父母的帮助，而不是指责。比如，孩子学习成绩下降了，他自己也会很着急，需要家长帮助其寻找解决办法，但很多家长只是指责孩子，甚至打骂孩子。这完全是发泄情绪，父母并没有尽到教育孩子的责任。

在孩子面前，父母应该管理好自己的情绪，不轻易对孩子发脾气。只有保持冷静，才能正确地教育孩子。

三、修身、齐家

“所谓齐其家在修其身者，人之其所亲爱而辟焉，之其所贱恶而辟焉，之其所畏敬而辟焉，之其所哀矜而辟焉，之其所敖惰而辟焉。故好而知其恶，恶而知其美者，天下鲜矣。故谚有之曰：‘人莫知其子之恶，莫知其苗之硕。’此谓身不修，不可以齐其家。”人在面对自己有特殊感情的人时，就容易出偏差，难以客观公正。父母在面对孩子时，尤其如此。有些父母只能看到孩子的优点，看不到不足，难以帮助孩子改正提升；有些父母只能看到孩子的缺点，看不到优点，难免对孩子过分苛责；有些父母觉得自己的孩子是凤毛麟角的天才，并因此给孩子超过了他们承受范围的期待和压力；有些父母觉得自己的孩子特别可爱，谁都应该包容自己的孩子，以至教育出性格顽劣的孩子。当父母难以正确判断时，可以多与他人交流，也许他人的评价更客观。但是，其他人一般也很难客观地指出孩子的不足，即使指出父母也不一定认可。中国有句古话叫“不知其子视其友，不知其君视其左右”，父母可以通过观察孩子交的朋友来了解自己的孩子。

四、治国、平天下

家长不仅是在为自己培养孩子，也是在为社会培养人才。“为自己”与“为社会”两者之间应该是相辅相成的。父母能够培养一个对社会有益的孩子，就是治国、平天下了。中国历史上流传下来的《颜氏家训》，千年以后，还有人在学习。颜家的子孙颜真卿，在道德人格方面堪称楷模，其书法造诣更是极高。千年以后，还有人在学习颜真卿的书法，赞叹颜真卿的风骨，接受着其人格的熏陶。这就是中华文化的力量，每个人都可以具有“治国、平天下”的力量，不仅如此，还可以通天彻地，跨越古今未来。作为父母，最重要的是做好自己，扮演好自己的每一个角色。对内修养自我，对外给其他人积极正确的影响。如果每个人都能这样做，整个社会就是一个美好的社会。社会是由每一个人组成的，与其花时间去看别人的不美好，不如花时间塑造美好的自己，并尽力帮助自己可以影响的人变得更美好。父母提高自身的修养，就是对孩子最好的教育。

五、父母进行自我修养的工具

关于自我修养的方法，我在《中国教育管理学与中华传统文化》一书中，进行了比较详细的介绍，比如文、武、医、艺、耕等方法，也适合父母，父母可以与孩子一起应用这些方法。比如，孩子喜欢书法，要练习书法，父母也可以通过练习书法来修养自己。这样，父母、子女一起练书法，平时也可以多交流，还可以增进亲子感情。一些个体进行自我修养的工具，就不再赘述了，仅列举一个父母应用"诗书"进行自我修养的例子。父母在教育子女的过程中，容易有一些不良倾向，这种不良倾向往往与对子女的情感相联系，因为父母对孩子的感情往往是非常强烈的，即使认识到不良倾向的存在，也特别不容易改正。比如，父母跟子女发了脾气之后，有时候也会后悔，但是下次出现类似的情况时，还是会发脾气。长期性的"顽固病症"就需要长期"吃药"，父母可以根据自己容易犯的错误写一段提醒自己的话，长期反复诵念，甚至可以天天念一遍，帮助自己改正不良倾向。

我这里试着写了一段，主要是基于父母容易出现的教育问题，以中华传统教育思想做指导，把问题及其解决方案都含蓄地融合进去。家长可以根据自己的情况为自己"定制"一段话，并不需要很含蓄，也可以很直接。

亲爱的宝贝：

你是上天派来的使者，你本是完美的圣贤，你所表现出的不完美，是你的伪装，你这样做，是为了带领我们成长，为了教会我们如何去爱。你的到来，让我知道了自己无私地爱一个人的界限，是你把我们从人向神拉近。我们不过是平凡的人，但是，你却把我们看得无比高大，给了我们你全部的信任和柔情。我们深深地感谢你，你让平凡的我们，成了不平凡的父母。

对于如何做父母，我们并没有现成的可靠经验。你一天天长大，我们也是在摸索中成长。请原谅我曾经给你带来的那些痛苦、委屈、伤害……我们总想把自己认为好的东西都给你，但是，这些东西并不一定是你想要的。我们总是想把自己的想法强加给你，觉得那是我们亲身走过弯路后总结的经验，而不能理解对于还没有走过这些路的你来说，这可能并不能算经验。我们总想保护你，使你免受自己预见不到的伤害，有时候这种保护本身或许就是在伤害你。我们为你屏蔽掉的只是我们想象的伤害，实际上可能是你必须经历的成长过程。请你相信我们的诚意，我们愿意在你的帮助下成长为更好的父母，在自己能力范围内成长为最理想的父母。请你告诉我你的想法、你的需要、你的期待，我愿意全心全意、尽心尽力地去成全你、成就你。在你需要时，我愿意倾听你的心事，与你一起面对成长的烦恼。

有时候在你需要理解与帮助时，我们给予的却是惩罚与指责。请你原谅我们，不是你不够好，而是我们自己内心里有伤痛、恐惧、贪婪……它们通过你折射出来。你是一面镜子，当你把我们内心里的阴暗照映出来时，我们应该多反省自己，而不是指责你这面镜子。

你有自己的使命，有自己要经历的成长，可能并不是我们能够预见的，我们要做的是相信你、支持你。我们不该盯着你不擅长的某一点，拿你与其他孩子比较，而忽略了你的长处。你就是你，不需要跟任何人比较。

我们跨越茫茫时空来这里相遇，是为了一起升华出更美丽的灵魂，你的到来是为了带领我们成长，感恩能够遇见你。

第三节　君子爱人以德，细人爱人以姑息

《礼记·檀弓上》中有一句话："君子之爱人也以德，细人之爱人也以姑息。"① 真正爱孩子的父母培养的是孩子的德行，而不是溺爱。

一、德是孩子的立身之本

有的父母溺爱孩子，孩子也调皮捣蛋，除父母之外，亲戚朋友都烦他，这样的孩子就断送了亲戚朋友可能给予的机会。比如，长大了找工作的时候，很多工作都是通过熟人介绍的，如果从小给大家留下了一个好印象，大家一想到这孩子，就感觉不错，有工作机会都想介绍给他；反之，一想到这孩子就是游手好闲、不听话、不学无术，要是给他介绍了工作，自己恐怕要受牵连，谁都会敬而远之。使孩子具有良好的品德，是对孩子最好的爱护。把孩

① （战国）孟子等．四书五经［M］．北京：中华书局，2009：304.

子培养成一个对他人有益、对社会有贡献的人，孩子自然就有生存空间。如果一味溺爱孩子，让孩子成为攫取者，终不是生存的长远之计。

中国历史上有一个《触龙说赵太后》的故事。秦国攻打赵国，赵国求助于齐国。齐国提出只有以赵太后最爱的儿子长安君为人质，才肯出兵相助。赵太后心疼儿子不同意，大臣们劝谏，赵太后盛怒，说谁再劝就“必唾其面”。触龙以高超的劝谏艺术委婉地向太后表达“父母之爱子，则为之计深远”“今媪尊长安君之位，而封之以膏腴之地，多予之重器，而不及今令有功于国。一旦山陵崩，长安君何以自托于赵？老臣以媪为长安君计短也”。大意是：如果赵太后真爱自己的儿子，就应该使其有功于国，对国家没有功劳却得到了丰厚的赏赐不是长久之计。[①]

使孩子具有安身立命的资本，其才能和贡献配得上所拥有的富贵，才是真正对孩子好。有的父母觉得自己家庭条件好，孩子可以“为所欲为”。给孩子攒了很多钱，能保障孩子过上幸福生活吗？孩子没有耍刀的能力，却给他一把锋利的刀，最后可能害的还是自己。财富是需要与之匹配的德行去守护的，品行不够，财富越多越危险。有人说给孩子攒下了一生衣食无忧的钱，这只是一个幻想。“象以齿焚身，蚌以珠剖体”“匹夫无罪，怀璧其罪”，从父母那里继承来了钱，却没有管理这些财富的相应能力，说不定有不怀好意的人在虎视眈眈。唯有内化于自身的品格与能力，才是最可靠的。

提高自身的修养，才是最可靠的财富。外在的东西都可能因“不测风云”而失去，内在的修养才是永恒可靠的。所以不管家庭条件多好，“学都要亲自上”。没有一个家庭说，因为自己家庭条件好，所以孩子可以不上学。相反，越是家庭条件好的，越重视教育。

二、培养有感恩之心、知做人标准的孩子

对于父母的爱，有的孩子会生出感恩之心，也会向父母回馈爱。还有一些孩子，没有感恩之心，觉得父母对自己好是应该的，无节制地向父母索取。孩子对父母的爱能够生出感恩之心，是家庭教育的关键。有这种感恩之心，孩子一方面自己会生发出更多积极情感，另一方面也会向父母、向社会积极回馈。反之，如果没有这种感恩之心，就无法给他人带来积极反馈。然而，

---

① 王延栋．战国策译注［M］．北京：中华书局，2017：216-217.

父母也不要向孩子索取“感恩”，这可能会给孩子带来压力或者负疚感。感恩之心应该在孩子内心里自发升起。父母有感恩之心，是培养孩子感恩之心的捷径。父母感恩的思维方式、情感表现，都会潜移默化地影响孩子。此外，父母要让孩子明白正确的做人标准。很多父母都难免溺爱孩子，有时候孩子也知道父母是在溺爱自己，自己的不合理要求被父母满足了。如果父母虽然溺爱孩子，但是孩子知道正确的做人标准是什么，并对父母的爱有感恩之心，这样的溺爱对孩子的伤害会少一些。

感恩之心是“知情意行”教育原理的“情意”环节：当孩子产生感恩之心时，有使其感恩的事件，孩子知道应该怎样对待，对应着“知”；感恩本身就是情感共鸣，对应着“情意”；所有的感情都会以某种方式表达，会产生言行，对应着“行”。感恩之心看起来像情志教育，实际上也与道德教育密切相关。

三、扩充孩子的心量

教育是整体培养人，培养内容包含人的情感、态度、价值观、行为等，不能只看到外在的行为，内在的情感与思想等的培养也是非常重要的。我母亲住院准备做手术，正赶上医院血库缺血，我侄子就去献血。我对侄子说，你不要想是因为奶奶做手术，自己不得不去献血，而要想这是自己对所有患者健康的祝福。有人走路不小心踩到了一个石块，脚被硌到扭了一下。如果他想到别人也可能被硌到，赶快把石头捡起来扔到路外，这时心里升起的是助人为乐的快乐感。当你把路上的一个石子捡到路边方便行人，你为所有经过这条路的人提供了善意，也展现了自己的德行。如果没有这样的心量，就可能恶狠狠地对这个石块发脾气，骂石头，骂扫马路的人，最后只是增加自己的痛苦。做同样的事，动机不一样、心量不一样就会有不同的结果，无数的事情积累起来，可能就是不同的未来。

第十三章　情志的家庭教育

情志是一种习惯，习惯是从小就形成的，家庭教育对人的情志培养有重要的影响，情志教育也是家庭教育的重要内容。多种家庭因素都会对孩子的情志造成影响，比如家庭关系、家庭结构、经济条件、家长的修养等。前面关于情志教育的很多阐释，也适用于家庭教育，此处就不再赘述，本章仅针对家庭教育对情志教育的特殊作用进行阐释。

第一节　家庭对情志教育的重要性

家庭关系是一切家庭教育的基础，其对情志教育的意义尤其重要。家庭和睦可以帮助孩子长期处于较好的情志状态中，形成良好的情志习惯。家长应该多关心孩子的情绪状态，进行及时的合理引导。

一、家庭关系是情志教育的基础

前文我们阐释过，道德是情志的根本，《论语》中说“孝悌也者，其为仁之本与”，孝悌是重要的道德标准，也是一种家庭关系。良好的家庭关系，既是道德教育的根本，也是情志教育的根本。孝悌意味着良好的家庭关系，良好的家庭关系会给人带来愉悦感，长期处于愉悦的情感状态，有助于人形成良好的情志习惯，形成乐观积极的性格。教育是由教育者与受教育者之间的互动来完成的，良好的家庭关系就意味着良好的互动。

亲子关系是一切家庭教育的基础。父母要尊重孩子，与孩子保持良好关系，这样父母的教育才能进入孩子的心里。如果孩子对父母有对立态度，就会抵触父母的教育，从而教育的效果就会大打折扣。

二、家庭和睦是最好的情志教育

如果家庭和睦，孩子就一直处于一种积极的情感氛围之中，孩子所感受到的是积极的情感，看到的也是其他家庭成员之间的积极情感，向家人学习到的情感反应也是积极的。有些妈妈嫌弃自己的婆婆，发现自己的孩子也嫌弃自己的奶奶，妈妈还很高兴，觉得孩子与自己一条心。其实，很多的情绪感受都是被培养的，有些人一辈子都不懂嫌弃人，因为从小就没养成这种习惯。如果家庭和睦，家庭成员之间没有负面的情感反应，孩子可能就学不会负面情绪。

有些夫妻都想对孩子好，却相互看不上，百般挑剔。其实，夫妻对彼此好就是对孩子好，甚至比直接对孩子好更重要。和睦的家庭、良好的关系对孩子更重要。

三、家长要随时观察孩子的情志状态，适宜引导

孩子有很多时间都是在家庭中度过的，与家庭成员的相处时间很多，一方面孩子的情志受家庭的影响，另一方面家长也可以随时观察孩子的情志状态，进行适宜的引导。

情志的最高境界是“不以物喜，不以己悲”。情志教育是要培养孩子“定、静、安”的品格，培养孩子不易被外界打扰的专注力。对于孩子来说，保持情绪稳定比较困难，有句话说“六月天，小孩脸，说变就变”，“情绪稳定”只能作为一个引导方向。总体原则是，对积极正向的事培养正面的情感态度，对消极负面的事培养负面的情感态度。这样会使孩子乐于做正确的事，反感做不正确的事。这既是适宜的情志反应，也是正确的道德抉择。当孩子产生不良情绪时，家长要及时引导，给予情感支持，帮助调节不良情绪。每一次不良情绪的产生，都可能是道德教育和情志教育的机会。

有些孩子用发脾气、大吵大闹的方式，“威胁”父母满足自己的要求。在这种情况下，父母要非常注意，如果经常妥协，孩子就可能养成进行情绪勒索的习惯。即使父母想妥协，想满足孩子的要求，也要对孩子提出反向要求，要求他们有良好的情绪表现才能满足他们的要求。

第二节　满足孩子的情感需要

每个人都有情感需求，情感需求得到满足的孩子，更可能健康成长。家庭要给孩子足够的接纳与包容，使孩子内心有安全感。对于孩子的兴趣与爱好，家长要合理引导，而不能盲目打压。

一、接纳与包容

有些家长也以“小红花”的方式管理孩子，孩子表现好就能得到奖励，表现不好就要被惩罚。家庭教育要让孩子产生安全感，让孩子觉得自己能力上的不足是完全被包容与接纳的，并不是只有达到了某些外在标准才会被爱，这样孩子才更可能有自信、有勇气。

道理总是仁者见仁、智者见智，有时候很难讲清楚。比如，一个孩子没有写作业，被老师批评了，情感上受到了伤害。不写作业是孩子的不对，老师可以批评，但是，如果老师挖苦讽刺孩子，伤害了孩子的情感，家长要如何面对？家长首先要做的不是和老师一起批评孩子，而是理解孩子的情感创伤，帮孩子调节情绪上的问题，然后才帮孩子正视批评，反思自己没写作业的行为。家长既要满足孩子的情感需要，也要帮助孩子明事理。家长如果与孩子一起陷入情感创伤之中，怨恨老师，这样是不行的。既不能站在老师的立场批评孩子，不考虑孩子的情感需要；也不能站在孩子的立场抵制老师。家长要明白家庭教育与学校教育的不同，家庭要满足孩子的情感需求，接纳与包容孩子，在良好的亲子关系基础上再讲道理。如果没有满足孩子的情感需求，没有良好的亲子关系，却只想与孩子讲道理，孩子是很难接受的。

有一段时间我喜欢上了画国画，准备为家里画几幅，问父亲是画山水还是画花鸟。父亲说：“我姑娘想画什么画什么，画什么都好。”我报考北大研究生后，打电话告诉我妈，我报考了北大，报考的专业只招 4 个人。我妈有点兴奋又有点担心地说：“能考上吗?”我平淡地回答“试试呗”。作为普通农村家庭的孩子，我其实做过很多有勇气的决定，之所以有勇气，是因为不怕失败，父母从来没有给过我压力，不管是成功还是失败，我知道他们都会支持我。其实，我在做这些决定的时候，根本没觉得需要勇气，就是一个自然而然的选择。

二、为孩子保持兴趣点

有的父母怕孩子的兴趣爱好会影响学习，所以反对。孩子的兴趣爱好往往是满足了他们的某种心理需求，在大人眼里可能是可有可无的，但是在孩子的世界里，却填补了某种空缺。就像有病的人需要吃药，是药三分毒，药本身不能说对人有什么好处，但是如果自身有毛病，能对症下药就是良药。如果大人强行制止，可能使孩子某方面的心理需求得不到满足，长此以往要出问题。强行制止也可能破坏亲子关系，使孩子内心形成对立情绪，从而父母所有的教育效果都会打折扣，因为孩子不想配合你。还会导致孩子在父母面前封闭自己，有事情都不跟父母说。

有些父母恨不得孩子所有时间都用来学习，兴趣爱好都是浪费时间。孩子的能力是在各个领域系统培养出来的，每个领域里适宜培养的能力有所不同，但是培养出来的能力可以全面地应用到其他领域。比如，一个人通过坚持体育锻炼，具有了克服困难、持之以恒的毅力，这种毅力也可以应用到学习领域。如果只在学习领域培养孩子，就相当于放弃了其他的成长机会。为孩子保留一些兴趣爱好，除了可以塑造一些品质，在他心情不好时，也可以帮助他调理不良情绪。在学习生活之余，孩子也需要休闲以达到调节紧张情绪、劳逸结合的目的。就像弹簧不可能永远处于极限的拉伸状态，一张一弛才能保持活力。兴趣爱好看起来挤占了孩子的学习时间，其实不然，学习会产生厌倦情绪，兴趣爱好调节了厌倦情绪，反而可能使学习效果更好。

《论语》中说“不愤不启，不悱不发”①。学习的过程，应该是一个自我探索的过程。教学的过程，往往是一个知识传授的过程，按照知识的逻辑把知识有设计地教给学生。对于复杂的难以自我探索的知识，教育有其必要性。但是对于兴趣爱好，有时候系统的、有设计的教学其实破坏了探索过程，也破坏了探索的兴趣。对于兴趣爱好的培养，不要太功利，觉得要达到多高的水平，而是要享受其中的乐趣。

三、孩子兴趣与情感的疏和堵

兴趣与热爱本身是一种积极情绪，对于自己不太认可的兴趣爱好，父母

① ［战国］孟子等．四书五经［M］．北京：中华书局，2009：17.

应该努力把孩子的这种兴趣与热爱引导到正确的方面，而不是简单地制止。比如，孩子喜欢某些明星，父母可以引导孩子去关注明星的努力，而不是他们奢华的生活和穿着打扮。很多明星的成名之路是艰辛的，是通过自己不懈的努力实现的，还有一些影视演员在拍戏过程中也要忍受很多艰辛。这样就把孩子的注意力引导到了道德成长方面。如果只是简单地制止，效果可能并不好，只能使孩子的情感需求无法得到满足，也破坏了亲子关系。孩子自身热爱的情绪被泼了冷水，可能会造成情感上的伤害，而所有的负面情绪，都是需要时间与精力去处理的，其潜在的损失是难以估计的。

第三节　培养适宜的快乐模式

面对同样的情境，每个人的感受可能不同。当面对某个情境时，一个人是否感觉快乐，取决于其情感经历。每个人都有自己的快乐模式，建立适合自己的快乐模式，是获得更多快乐的关键。

一、每个人都可以有属于自己的快乐

快乐本身是没有贵贱之分的，每个人都可以有属于自己的快乐与忧愁，与经济条件没有直接的关系。穷人的快乐并不一定比富人少，富人的烦恼可能比穷人多。为什么而感到快乐是可以培养的，也是决定人格的重要因素。在城市里，玩着父母高价买来的电动玩具车的孩子，与在农村里，拿着编织筐上山采野菜回家吃的孩子，他们的快乐可能一样多。消费是影响快乐的一个因素，但是消费不等于快乐。

二、培养“支付得起”的快乐模式

有些条件一般的家庭，却致力于对孩子进行“贵族”教育，以有限的经济条件去支撑不匹配的物质消费，这只会养成孩子的匮乏感；反之，如果能够把消费限制在家庭的承受能力之内，少欲知足，就会形成满足感，这种满足感才是“贵族”的感受。“平民”与“贵族”在“情志”面前其实是平等的，在中国全面进入小康社会的今天，大家基本都没有生存危机。

有一个经济条件一般的家庭，父母都是普通职工，把女儿送到贵族学校读书，虽然也交到了几个好朋友，但是孩子还是无法融入那些家庭条件真正

好的同学之中。自己家的代步车与同学家的豪车比起来也相形见绌。父亲送女儿上学都是停在离校门口比较远的地方，然后女儿自己走到学校。在同学面前，女儿总觉得矮了一截，但是也知道父母已经尽力了。这个家庭其实是在培养孩子建立一种自己家庭难以支付的快乐模式。家庭的支付能力很难达到让孩子感觉满足的程度，就很难让孩子感觉快乐。

这种“支付得起”的快乐不限于用金钱购买的物质消费，包括其他一切能够带来快乐的事物。比如，住在山边喜欢看山，住在海边喜欢看海。一个人如果以自私的心为自己着想，可能会遇到很多阻碍，但是，如果能以无私的心为他人着想，可能会“得道多助”，做一个无私的人可能更快乐。

三、建立适宜的快乐模式

一个人因为什么而快乐，就会成为什么样的人。比如，为好人好事而快乐，就差不多是一个好人。快乐模式既可以影响一个人的情绪状态，也可以牵引一个人去做相应的事。

1. 建立个体的快乐模式

有些孩子沉溺于玩游戏，但是如果能从小培养孩子健康的兴趣爱好，孩子能从兴趣爱好中获得快乐，就不会沉溺于游戏了，因为有比游戏更快乐的事情可做。有些家长花钱培养孩子音体美方面的特长，却是带着功利性目标，给孩子带来很大压力，让孩子完全失去了快乐感，是得不偿失的。有的孩子在乐器考级达到最高水平以后，就再也不想碰乐器了。兴趣爱好最大的价值，是让孩子在做这件事时感觉快乐，在他闲暇时可以用来消遣，在他苦恼时可以用来调节情绪。

小时候，我们家里开玩笑的一个固定节目是嘲笑我长得丑。我从小就有一种意识——自己长得不好看。即使自己长得不好看，爸爸、妈妈、哥哥也都很爱我、很宠我，我就觉得长相并不重要。后来上学之后，我学习成绩很好，很多人都开始关注我、夸奖我，我就形成了一种意识——长相并不重要。于是，我从小形成了一种快乐模式，就是学习各种新技能，去做不是谁都能做到的事。我自称手工爱好者，喜欢动手做各种东西，后来又开始练书法、画国画。有些美女很喜欢自拍，喜欢在朋友圈分享自己的照片。我几乎没自拍过，更没在朋友圈分享过自己的照片，我也羞于打扮，打扮不是我的快乐模式。

2. 建立家庭的快乐模式

我是在物资匮乏的时代长大的，小时候食品种类没有多么丰富。到了快过年时，家里才能买一些水果准备过年。买来的水果种类和数量也是有限的，不像现在想吃什么就吃什么。我们家父母、哥哥和我，一共四口人，每次吃水果都是平均分成四份，我和哥哥先挑，然后一家人一起美美地吃。一家人一起吃好吃的，就成了我们家庭里的快乐时光。在我经济独立能够孝养父母以后，我的快乐之一就是给他们买好吃的。父母每次吃的时候，除了感觉东西好吃，一定还有被子女孝敬的幸福感。

记得小时候家里养过一棵盆栽的石榴花，大多数时候石榴花都是不结果的，有一年石榴就结了一个果。我放假回家时，看到家里有半颗石榴，父母也没主动说让我吃。我就主动问，这石榴能吃吗？父亲偷笑不答话，母亲故作镇定地说能吃，然后父母就一起热情地让我吃。我这一吃感觉酸到难以忍受。我家那里气候冷，不产石榴，除了这一次吃石榴的经历，就没吃过石榴，从那以后我心中就认为石榴是很酸的水果。长大以后，经济条件好了，运输也发达了，天南地北的水果都可以方便地吃到，我会买各种水果吃，但是从来没有想过要吃石榴。有一段时间，听人说石榴对身体特别好，我是一个养生爱好者，为了健康就买了一箱石榴。当一口石榴进入我嘴里时，我惊呆了，怎么这么甜、这么好吃！我第一时间想到的是，我爸妈吃到了吗？有几次意外吃到特别好吃的东西，我的第一反应都是，要让我父母尝一尝。妈妈知道我爱吃家里摊的煎饼，会特意摊了寄给我，看着父母寄来的一大堆煎饼，我心里充满了甜蜜感。摊煎饼是一个“大工程”，要经过泡米、碰面、发面、砌灶台、摊制等流程，摊制的过程中，又要很多亲戚邻里分工合作，摊制的、加柴火的、揭张的，父母为了我能吃上可口的煎饼，可是费了大劲儿了。

东北人爱开玩笑，我父母也都是爱开玩笑的人，我的家里从来都是充满着欢声笑语。有一次我母亲找锄头找不到，问我父亲在哪儿，我父亲也不知道，就回答说“在它在的地方”，我母亲找到了锄头扛起来往外走，父亲看到了就问：“哎呀，你在哪找到的？”我母亲说“在我找到的地方找到的”。有一天，我们一家四口在吃饭，邻居来还借的东西，父母隔着窗户热情招呼着邻居把东西放在外面，然后饭桌上就沉默了，我感觉他们三个都憋着笑。父亲憋着笑说咱们都不说还回来的是什么东西，然后母亲和哥哥应和说“嗯，不说不说”，然后大家仍憋着笑，只听父亲字正腔圆地说“大”，母亲字正腔圆地接“粪”，哥哥字正腔圆地接“勺”，我一开始并不知道还回来的是什么，听到这里明白了，拉长声音接了一个“子”，然后一家人哈哈大笑，开开心心地继续吃饭。

以分享美食的方式表达相互的挂念，一起聊天开玩笑，这就是我们家庭的快乐模式，经济又方便。每个家庭都可以建立基于自家生活习惯、经济条件的快乐模式。有了这种快乐模式，家庭成员之间就有了表达情感的方式，家庭里也有了带来快乐祥和的“工具”。幸福的家庭，一起度过时光的方式可能各有不同，但是，从根本上都是要相互关心、相互尊重、相互支持。

如果父母与孩子能有共同的兴趣爱好，比如，一起读书，家庭的幸福感也会与这些爱好连接起来，孩子长大以后，在独立做这些事时，也会体会到当初家人一起做这些事的幸福感。

第四节　建立稳定有效的亲子沟通渠道

家庭成员之间的有效沟通是建立良好家庭关系的基础。代际本来就存在着难以相互理解的现实障碍，这就使得建立稳定的亲子沟通渠道显得十分重要。孩子的教育问题是千变万化的，但是父母教育孩子的基本思路是不变的：首先保持良好的亲子关系，在此基础上按照“知情意行”的教育原理去引导孩子。

一、代际差异导致难以相互理解

代际本来就存在着年龄差异、经历差异等，使得相互理解存在困难。再加上近些年来中国社会的发展变化非常快，两代人生活的时间和空间都有很大差异。尤其是因为读书、工作等原因，很多家庭成员之间长期不生活在一起，相互理解就更难了。家庭成员之间相互理解是建立良好家庭关系的基础，而相互理解的诸多现实障碍，使得建立稳定的沟通渠道显得十分必要。

二、家庭地位差异导致沟通困难

孩子长大了会有自己的想法，而父母可能无法及时把握孩子的变化。孩子面对自己生命中出现的新情况，也缺乏与父母交流的经验。如果不建立沟通渠道，孩子可能永远都不会与父母交流一些问题。当然，有些孩子自理能力比较强，在没有父母帮助的情况下也能适应得很好。然而，有一些孩子面对新情况可能陷入困境。在有经验的情况下，父母把自己的经验分享给孩子，可以帮助孩子缓解压力。父母也要注意自己的角色，很多孩子之所以不愿与父母分享，可能是父母不愿意去理解孩子，总是否定他们的想法。还有一种可能是父母会加重孩子的烦恼，而不是缓解。在这种情况下，孩子也会选择不与父母沟通。父母要尊重孩子是一个独立的个体，有自己的思想和偏好，而不是把孩子简单地假设成一个没有主见的人。在孩子开始试着表达时，父母不要打击孩子的积极性，比如，以成人的视角否定孩子的想法，多次的否定就永久关上了孩子与父母的沟通之门。

很多孩子在家庭中一直处于从属地位，当他们开始有自己的想法后，面对处于“强势”地位的父母，不知道自己说出的想法会得到什么样的回应，所以不敢或者不愿意向父母表达。父母也可能忽视了，孩子是会有自己的想法的，父母应该积极主动地去了解。孩子面临的成长烦恼，很多在大人看来并不是大问题，但是父母要及时知道孩子的情况。

从孩子没有自己的想法，父母代替孩子决定，到孩子有了自己的想法，想自己做一些决定，这是一个过程。有些父母忽略了这个过程，以为自己可以一直代替孩子思考与决定，就可能难以建立良好的亲子关系。

三、父母应与孩子建立稳定的沟通渠道

父母要有定期与孩子沟通的意识，询问他们的想法、在学校里的学习交际情况、有没有被人欺负等，这样一方面父母可以及时了解孩子的情况，另一方面这本身就是父母提供给孩子的情感支持。如果父母与孩子一起生活，最好每天都能有所交流，如果不在一起生活，也应该定期沟通。父母的很多想法不表达出来，孩子是不知道的。不知道就可能导致不理解，不理解就可能导致误会与对抗。有一位单亲妈妈，为了能让孩子过上富足的生活，每天打两份工，忙得不可开交。老师让家长反馈一些中考报考信息时，母亲忙忘了，错过了老师要求的截止日期。孩子很不开心，觉得母亲对自己不够重视。母亲也很不开心，觉得为孩子付出这么多，孩子却不理解自己。孩子耍脾气不想去上学，母亲暗自掉眼泪。后来，我告诉这位母亲，直接告诉孩子自己的想法，不要以为自己不说孩子也应该知道。母亲对孩子说，自己没有及时回复老师信息，是自己不好，没有及时回复是因为工作忙，工作忙都是为了能让他过上更好的生活。简单的几句沟通，孩子高兴起来，母亲也高兴起来。

亲子之间可能会由于一起过日常生活，习惯了日常的非正式表达，一些严肃的话题，反而找不到合适的机会沟通。这里我们建议一种比较正式的亲子沟通方式——写信。现在很多父母的文化水平都较高，写一段给孩子的文字应该是没有问题的。很多父母“磨不开”面子与子女进行较正式的交流，为了避免当面交流的尴尬、情绪化等问题，可以考虑采用书面交流的形式。孩子有一些不好当面表达的想法时，也可以通过书信的形式告诉父母。

第十四章　才能的家庭教育

孩子的很多才能都是家庭培养的，如财富观、婚恋观、性教育等方面的教育主要是通过家庭教育完成的。家庭的才能教育可以实现更精准的因材施教，有其独特的优势与作用空间。对孩子的才能培养，家庭要有一种辩证思维，为孩子提供足够的成长空间。

第一节　家庭教育的优势与因材施教

一、家庭教育的优势

很多家长亲自给孩子补课，对孩子的课业进行辅导。对于知识教育来说，家庭不仅没有优势，还有劣势。我有一个朋友，两口子都是博士，孩子上小学一年级时，两口子一起教孩子数学，怎么教也教不会，两个人发愁，觉得孩子前途堪忧。结果孩子的数学老师一教，孩子立马就会了。这说明小学教育也是具有专业性的，不是自己会做的题，就能教会孩子。一个爸爸给孩子辅导作业，数学填空题是爸爸高 1.7（），橡皮长 1.5（），孩子的回答是爸爸高 1.7 厘米，橡皮长 1.5 米。爸爸简直要气疯了，觉得自家孩子真是太傻了，就一个劲儿激动地重复“爸爸高 1.7 厘米，橡皮长 1.5 米”，然后就开始指责孩子：“你这脑子是怎么长的……”这个爸爸在以成年人的思维判断孩子，他不能理解，对于一个不理解度量单位的孩子来说，虽然知道爸爸的高度和橡皮的长度，却不知道长度单位“厘米”与“米”的区别。这个简单的题目，家长虽然会做，却不能理解孩子不会做的原因。很多老师都是师范专业毕业的，学习了很多年，要进行教师资格考试，还要接受很多培训及教学实践。相对来说，家长没有接受过专业训练，就直接上岗教孩子，有些家长所谓的辅导孩子，就是直接把答案告诉孩子，孩子并没有学会方法。家庭把大量时间投入知识教育中，从社会角度来看是一种资源浪费。家庭教育不应该成为学校知识教育的附属与延伸，而应该把更多精力放到自身有优势的教育领域。比如，培养孩子与学习相关的品质，像专注力、毅力、自我管理能力等。家庭在道德教育与情感教育方面是具有优势的，道德与情志教育成果是可以间接转化成学习成绩的。

有些孩子在学校里会有压迫感，家应该是其放松调节的地方，如果在家里的压迫感比在学校还大，对孩子的成长是不利的。家应该是包容与接纳孩子的地方，不能变成一个评判孩子的地方。

二、家庭教育的因材施教

学校教育往往都是以班级为单位，进行统一的教育，虽然也会进行一定的因材施教，但是其区分幅度有限。对于家庭来说，有机会针对自家孩子特点进行更精细化的因材施教。

有一些孩子“立事”比同龄孩子晚，不等于他们比别人差，每个人有不同的成长步调。然而，我们现代的教育方式，容易使成长步调慢的孩子被淘汰，所以有些家长乐于“抢跑”。作为家庭教育来说，尤其是在父母的学识与家庭条件允许的情况下，在孩子无法跟上学校的步调时，应该尽力为孩子找到一条适合他步调的成长道路。有些孩子有自己独特的能力，但是不一定擅长提高学校教育的课业成绩。家庭教育应该根据孩子的兴趣和特长，为孩子提供更多样化的教育内容。父母不能轻易否定孩子，要尝试培养孩子发展适合他们安身立命的能力。

第二节　关于“穷养儿富养女”及财富观教育

中国自古流传着“穷养儿富养女”的观念，古代整个社会的经济条件以及女性的社会地位等，与当今时代都有非常大的区别，对于“穷养儿富养女”的内涵，我们必须结合时代来认识。首先，我们要分析“穷养儿富养女”的子女养育观念差异的原因是什么，是个体自然因素导致的差异，还是社会因素导致的差异。如果是后者，这个观念是否还适用于当今社会？

一、古代社会性别地位差异与子女养育观念差异的关系

在古代，男性在社会中处于主导地位。“穷养儿”能够起到以下两个作用：一是使其树立依靠自己努力获得理想生活的志向；二是使其提高通过努力获得理想生活的能力与毅力。在古代，女性在社会中处于从属地位，从属于自己所在家庭，没有通过自己的正当努力获得社会地位与经济地位的可能。“富养女”有两个作用：一是使其没有缺乏感；二是使其不被诱惑。

当今时代已经不同了，女性也拥有了通过自身努力获得理想生活的机会。对“穷养儿富养女”的认识，不能仅停留在物质条件上，而应该深入认识其背后的内涵，培养孩子的相关品质。“穷养儿”与“富养女”所期待培养的品质，应该在儿女身上都有体现。不管是“穷养”还是“富养”，如果没有培养出孩子的相关品质，都不是成功的教育。

二、“穷养”培养孩子依靠自我的志向与能力

中华传统文化中讲究“天行健，君子以自强不息”，相信自我努力的价值。“穷养”是要培养孩子依靠自我努力的志向与能力，不仅男孩要这样培养，女孩也要这样培养。在当今的中国社会，女性拥有与男性平等的权利，有依靠自我努力创造自己期待的未来的机会。靠自己也并不是拒绝接受他人的帮助，而是使自己多一个可靠的选择。

三、“富养”培养孩子没有缺失感、不被诱惑的品质

“富养”的是心态，是知足常乐的心态，是不为不当利益诱惑的心态，是不为荣辱得失羁绊的心态。

在20世纪80年代的东北农村，整体经济条件不是很好，有姐妹俩分别有一个年龄相仿的女儿。姐姐家经济条件相对好，总是给女儿买新衣服，并把穿小的或者不想再穿的衣服送给妹妹家的孩子，妹妹家就很少给女儿买新衣服，再加上妹妹家盖新房子，欠了一些外债，生活一直很节俭。孩子长大自己赚钱了以后，妹妹家的女儿不停地买新衣服，姐姐家的女儿反而变得比较朴素，对漂亮衣服没有执着。分析这两个孩子表现的差异，妹妹家的孩子可能并不是缺少衣服，而是从小养成的一种缺失感，而姐姐家的孩子没有缺失感。

四、财富观与自己的生活条件相匹配

树立一定的价值观，并能够按照自己的价值观去生活，这就是快乐。即使物质条件很好，但是心里不满足，过得不开心，生活也是没有意义的；即使物质条件一般，但是心里满足，过得开心，生活也是美好的。孩子的财富观最好是与自身条件相匹配，有知足的心态、依靠自己努力的心态、合理地看待自己与他人差异的心态，比别人好不骄傲，比别人差不自卑。人生的价值体现在人格修养上，体现在对待财富的态度上，而不是财富本身。

第三节　婚恋观教育与性教育

我小时候发生过一件事，妈妈在菜园里种了玉米。种玉米的时候一般是一个坑里种几粒种子以防缺苗，等长出来以后如果一处有几棵苗，就拔掉其他只留一棵最壮实的。等到该间苗的时候，妈妈把苗拔到只剩一棵了，但我趁着她不注意，把最后那棵也拔了。她训斥我说怎么把玉米都拔了，我还不服地说：“你能拔，我为什么不能拔？我是跟你学的。”妈妈讲这件事时，虽然是当成一件我小时候的趣事在讲，但是最后还是加了一句“气死人了”。有些事，如果家长不教给孩子，他们就会“自学”，而且是“偷偷”自学，还可能只是照猫画虎，抓不住重点。我小时候就是那种喜欢见样学样的孩子，很多时候我妈都觉得我是捣乱，不让我干。为什么我把玉米都拔完了我妈才发现呢？那必然是我知道我妈看见会阻止我，我就只能趁她不注意偷偷下手。如果我妈在间苗的时候就告诉我间苗的目的是什么，并让我拔两下，可能就不会有后面的事情了。我妈间苗的时候，我在旁边偷偷观察，心想这事儿我也能干，你不是不让我干吗？我自己偷偷干。

婚恋观教育及性教育也是如此，如果父母不正面教给孩子正确的做法，孩子可能自学错误的做法。之所以要单列一节来讲这个问题，是想引起家长的重视。对于孩子的未来和幸福有重要影响的事，都不应该被忽略。

一、树立正确的婚恋观

在目前的教育系统里，没有正式的婚恋观教育。很多家庭也没有对子女进行婚恋观教育，很多人的婚恋观都是“自由自主”形成的，但这并不是真正的自由自主，可能会受一些其他因素影响。

作为家长，不一定要有一个系统的婚恋观理论讲给孩子听，但是，当社会上出现一些与婚恋观相关的现象时，父母可以肯定正确的、否定不正确的，这样逐渐使孩子建立正确的观念，并对负面行为产生反感情绪。当然，不同的父母对什么是正确的婚恋观，可能会有不同的认识。但是，对孩子来说，首先应该是明白要遵守法律与有良好道德。超越了法律与道德，就会处于危险的境地，是不被保护的。

很多影视剧都在鼓吹一份真爱的重要价值，容易让人觉得人生的幸福要依靠一个相爱的人来实现。这样的婚恋观，把未来的幸福寄托到一个不确定的人身上，对自我的成长并没有什么好处。我读书的时候发生过一件事：中国最好的一所大学的一个大一女生，参加一个活动对一个男生一见钟情，她向男生表白，但男生拒绝了她，她因此轻生了。每当想起这件事，我都不禁扼腕叹息，如果她能有这样的婚恋观就好了：人生的幸福是依靠自己，自己足够优秀，不管与谁在一起都会幸福，自己不够优秀，与谁在一起都不一定幸福。这种婚恋观有助于孩子自我成长，减少对他人的依赖。

有些人因为出众的外表，会有很多人主动为其提供各种帮助。很多获得都是有代价的，不想付出未知的代价，最好不要接受未标价的东西。

二、性教育

中国的很多父母对于孩子的性教育都是遮遮掩掩的，怕毒害了孩子。据说有一些教育研究者开发了性教育教材，因为家长的反对而下架了。对于性教育来说，如果家长不大大方方地向孩子传达正确的观念，孩子就可能偷偷摸摸地自学错误的观念。起码父母要告诉孩子哪些事情不该做，否则现在网络如此发达，孩子难免接触不良信息。对于家庭教育来说，性教育可以根据自家孩子的情况“因材施教”，根据孩子的发展水平进行，不同年龄段的孩子有不同的教育需求。有些孩子比较单纯，没有那方面的心思，有些孩子成熟较早，会产生好奇心，甚至会自己去探索相关信息，这两种孩子需要的性教育可能不一样。但是，不管什么样的孩子都需要有安全意识。现今社交媒体发达，父母难以把孩子保护在壳里，孩子难免受他人打扰。父母可以查阅一些青少年性教育的相关资料加以学习，有备无患。

三、关于孩子"早恋"的问题

处于青春期的孩子，可能会对异性同学产生朦胧的好感，这种好感的产生是自然的，是不完全受理性控制的，重要的不是有没有这种情感，而是在这种情感产生之后，不让其给孩子造成负面影响。

有些父母知道孩子早恋后，大发雷霆，仿佛孩子做了什么大逆不道的事，指责甚至辱骂孩子。这样做一方面可能因失去理智而错失最佳解决办法；另一方面可能把孩子从自己身边推走。

首先，父母要让孩子在情感上觉得，父母与自己是一个战壕的，父母是想帮助自己，而不是想危害自己。现实中发生过这样的情况：孩子本来没有谈恋爱，老师和父母误会了孩子，对孩子大加指责，孩子非常委屈，就站到了父母的对立面。你们不是冤枉我吗？我就真谈给你们看，不仅谈了，还辍学生孩子去了。父母与子女的关系是解决问题的基础，关系好一切都好谈，关系破裂了，叛逆期的孩子能做出很多不理智的事。

其次，父母要了解孩子对这段感情的看法与感受，帮助他们做更理智的决定，帮助他们解决所面临的问题。有些孩子自己也是很懂事、有上进心的，他们自己也很纠结，怕谈恋爱影响学习。这种情况下，父母要与孩子商量一个解决方案，尽量不耽误学业。父母也可以鼓励孩子提高自己的情感管理与情绪管理能力，把感情暂时封存，等将来时机成熟时再谈恋爱。有时候孩子自己也很苦恼，父母没有帮孩子缓解苦恼，反而加重了苦恼。父母可以尝试引导孩子把这种感情转化成成长的动力，比如鼓励孩子努力学习，使自己将来更有能力面对这份感情，把孩子的情感引导到积极的方向上。当然，并没有放之四海而皆准的方案，要具体情况具体分析。如果孩子交往的人是比较危险的人，也可采取雷霆手段。但是，总体来说，父母不应该把孩子谈恋爱当作洪水猛兽而简单否定。实际上，每个人的人生都要经历这样的成长。

面对孩子"早恋"，父母有一个疏与堵的抉择。如果父母是严防死守的态度，平时就告诉孩子绝对不能"早恋"，孩子产生了情感就不会跟父母说，只能独自面对。父母应该表达一种开放的态度，不建议"早恋"，因为你还小，怕处理不好，还怕有其他影响。但是，如果你遇到了感情问题，父母也愿意与你一起面对。这样孩子遇到了问题才会愿意与家长交流，家长才有机会保护孩子。在孩子人生中最关键的时期，最容易迷茫的年纪，遇见对自己可能影响最大的事情，父母却不能帮助他们去面对，甚至雪上加霜地伤害他们，这对孩子来说简直是灾难。青春期的孩子喜欢一个人，可能是不由自主的，而被一个人喜欢可能也不是他们能左右的。情感是非理性的，不是一个人想不想的问题，父母要做的是帮助孩子正确面对。

第四节　以辩证思维来教育孩子

很多父母总是有一种倾向，总想把最好的东西给自己最爱的孩子。什么是“最好”呢？从中华传统的辩证思想来看，当“好”存在时，“不好”也同时存在。

一、个体自身的对立统一

有两个博士同学，一个是公务员家庭出身，一个是普通农民家庭出身，两个人的学术水平相当。博士毕业需要发论文，当后者已经在国内顶级期刊发了论文后，前者还在苦恼没找到关系。因为后者从小就是依靠自己努力做事，没有找关系走后门的意识，投稿就是海投，如果被拒绝就投下一个期刊。而前者的父亲是有丰富社会关系的领导，家里做什么事基本都能找到社会关系，他从小就养成了做事找关系的习惯，在发论文这件事上，他一直在想怎么找关系。还有一个很漂亮的女孩，从小享受了无数关于外表的赞誉，她自己也对外表非常看重。到了青春期她脸上长满了青春痘，这给她带来了非常大的打击，她整个青春期都是在压抑的环境中度过的。有些孩子特别优秀，自身也要强，可其承受挫折的能力比较弱。

一位老人，年轻时总是能凭借自己的“无理取闹”获得一些额外好处，就养成了“无理取闹”的习惯。到老了身体不好，到医院做手术，也想通过“无理取闹”让医生给自己减免点医药费，说自己没钱，要出院，想威胁医生给自己降价，结果医生马上给她开了出院单，下一个患者就已经等在了病床边。拿到出院单的她又不想出院了，在医院里闹了很长时间，但是无济于事。

我母亲住院做手术时，我曾经很纠结，以我自己的做人原则，是不会托关系走后门送红包去获得本不属于自己的东西的。面对母亲生死攸关的大事，又怕不这样做对母亲不利。经过一番纠结之后，我还是决定坚持自己做人的原则。结果，医护人员都非常认真负责，手术很成功，母亲恢复得也很好。母亲被分配到了三人间的普通病房，我也没敢说一句要靠窗的或要靠墙的床位，因为如果你选择了好的，意味着把坏的留给了别人。手术后母亲严格按照医生的要求做，恢复得非常好。如果我为她争取到单间，她或许会像住在单间的有些患者那样，有点儿傲慢情绪，觉得自己有钱、在医院有关系，自己与一般患者不一样，医生的话也不认真听，让做的也做不到，恢复得不一定好。

二、父母与孩子的对立统一

有些方面，父母是孩子的示范，有些方面却可能是相互压制。父母太强孩子就比较弱。有些父母自己比较勤劳、能干，看着孩子小做什么事都费劲，就把所有活都做了，不让孩子做。这就是用自己的强项压制了孩子，父母擅长的孩子就不擅长了。有一个母亲，自身性格比较懦弱，胆子也比较小，什么事情都不敢出头、不敢承担，而她才七八岁的孩子反而独立自信。母亲自己不敢做的事，就让孩子去做，孩子也愿意帮助自己的母亲，就得到了锻炼。有些父母自身非常优秀，觉得孩子不可能比自己强，孩子也觉得自己不可能比父母强，于是孩子一直生活在父母的阴影之下。

三、孩子与外在世界的对立统一

外部环境也能塑造孩子的性格，孩子会发展适应环境的能力。父母不要以为给孩子创造一个完美的环境是在帮助孩子，有时候环境的缺陷可能才是推动孩子成长的助力。对于同学之间打架，父母要区分霸凌与普通矛盾。普通矛盾可能是孩子成长的机会，可以锻炼孩子面对矛盾、解决矛盾的能力。还有些小孩，自己不够厉害，为了不被欺负，会结交一些可以依靠的朋友，这也是一种生存智慧。

两个亲兄弟，分别有一个女儿，哥哥家的女儿比弟弟家的大三个月，两姐妹从小一起长大。姐姐小时候性格比较厉害，经常打架。妹妹小时候性格就比较懦弱，发生冲突能忍则忍。这样的姐妹俩，长大以后性格却反了过来。长大以后姐姐虽然也是一个不惧怕分歧和矛盾的人，敢于坚持自己认为对的想法，但性格方面比较随和，很多事情都能包容，很少跟人起冲突；妹妹长大以后变得很厉害，别人家欠钱不还，叔叔婶子要不回来的，就让她去，她总是能成功给要回来。想想背后的原因，可能是姐姐从小没被欺负过，心里有安全感，不需要依靠攻击性性格来保护自己；而妹妹从小是受欺负的，有被欺负的恐惧，就发展出攻击性性格来保护自己。

第十五章　家庭教育的若干问题

本章将继续讨论家庭教育中的若干常见问题，如家庭教育中的民主与专制、家庭教育要回应孩子一生的需求、优秀家风的建设与传承、家长对学校教育的应有态度。

第一节　家庭教育中的民主与专制

在教育实践中，父母与孩子之间经常面临很多具体的选择。在中国传统社会，子女一般都是要听父母的，但是在当今社会，很多父母，尤其是受教育水平较高的父母，在子女教育中表现出“民主”倾向。这里想讨论一个问题，在面对种种抉择时，父母与孩子之间，到底应该听谁的？

一、父权社会与现代社会

中国历史上曾经有过“父权社会”，子女都要听从父母的。在历史上，人一生的生活范围有限，整个人生中社会变化有限。父母的经验可以为子女所用，孩子几乎不需要学习其父辈所不了解的新知识。然而，我们目前所面临的社会是一个变动性空前的社会，父辈的经验已经无法为孩子的一生提供支撑，孩子需要不断学习。在这样的情况下，专制型父母已经不适合这个社会了。一方面父母的经验不适合孩子，另一方面专制型父母所培养出的人格不适合现代社会。父母应该给孩子更多的民主权利。民主不等于溺爱，民主是为了更好地“与道相应”，充分地发展孩子；而溺爱是“背道而驰”，使孩子无法得到充分发展。

一个完全依靠父母的指挥生活的人，是难以适应现代生活的。民主不是没有原则的民主，民主必须有前提条件。这个前提条件就是对“至善”标准的遵守，对“道”的遵守。虽然是民主，但不是对人的恶的方面的放纵，而是对人的善的方面的追求。不是强行止恶，而是通过沟通使孩子认识到错误，自觉按照正确的方式去做。当然，这是比较理想的情况，并不是一下就能实现的，可能需要一个过程。比如，看到孩子要往井里跳，当务之急是马上把孩子从井边抱开，而不是先讲道理，再等其自己退回。

二、棍棒出孝子

1. 棍棒的教育意义

中国有句古话“棍棒出孝子”，意思是说父母有权威，严格地教育孩子，孩子容易成才。在棍棒的威慑作用下，可以迅速帮助孩子确立做人标准，并按照这样的标准在既定的社会规范中生活。基本的做人标准是不变的，社会规范也是稳定的，但是，我们的社会在科技方面变化很快，要培养孩子的创新精神及适应社会变化的能力。有很多东西是父母都没有经历过的，不是父母能够教给孩子的，这就需要培养孩子的自主创新能力，这种情况下采取棍棒教育就不合适了。棍棒只会造成恐惧，不会带来创新能力。

人会有一种自大倾向，不愿意听取别人的意见。一旦事情与自己的利益相关，认知就可能出现偏差，以致难以对实际情况做出准确的判断，这个时候就需要一个利益关系较弱的人来提意见。这个人不需要比自己高明，但是因为其与利益无涉，就可以对事物有更客观准确的判断。从这个意义上来说，如果父母的棍棒能够威慑孩子听从正确的建议，使其走出认知误区，即使不是最好的教育方式，也可以算作积极的教育方式。只是要注意棍棒是达到教育的目的，而不是情绪的发泄。父母如果脱离了教育，只是发泄情绪，不但不能教育出孝子，反而可能教育出仇人。

2. 惩罚的界限

《论语》中说“导之以政，齐之以刑，民免而无耻；导之以德，齐之以礼，有耻且格”①，家长对孩子的严厉是要有界限的，有些父母动辄打骂孩子，孩子犯任何错误都担心被父母打骂。如果孩子犯了错误，应该鼓励孩子承认自己的错误，反省自己的错误，帮助孩子建立一种勇于承担错误、主动反省错误的人格。如果孩子犯了一点小错误，就会被严厉地责骂，甚至被殴打，

① ［战国］孟子等．四书五经［M］．北京：中华书局，2009：7.

孩子犯错后所有情感都会被恐惧控制，就不会进行道德反思，甚至会靠说谎来掩盖自己犯的错误，以逃避惩罚。

犯错是每个人的必然经历，“人非圣贤，孰能无过”，每个人都必然会犯错，重要的是如何面对自己犯的错误。如果做什么都担心犯错，就不会形成“勇”的品格。久而久之，说话办事就可能唯唯诺诺。

大人是按道理生活，行为符合社会规则，而孩子是按心意生活，是自己想这样做。大人理解了孩子就少了焦虑。

三、应该听谁的

部分父母愿意让渡自己的部分权威，与孩子进行民主商议。这种商议的界限在哪里？由于人性自身的局限性，一味地予以权利与自由可能会使人丧失对他人建议的尊重。在“格物、致知”的相关论述中，我们说过，人一旦陷入某种利益格局，就可能失去判断力，这个时候，不在利益格局中的局外人的意见，往往可能发挥关键性作用。如果一个人没有形成听取意见的谦虚心态，总是一意孤行，就可能陷入困境。我们还是希望孩子能够养成听劝的谦卑心态。父母在教育子女的过程中，给孩子的自由与民主应该是有界限的，脱离了这个界限就可能成为溺爱。这个界限是什么？就是“天道”。有些决策不是听父母的，也不是听子女的，而是听天理的、听圣贤的，按照做人的道理去做。父母与子女在讨论商量的过程中，是在讨论正确的做人道理，是对道的遵循，而不是对个人欲望的姑息。

四、给孩子自主决策权的意义

如果一个人没有自主决策的权利，只能按照他人的指令做事，他自己就不会主动思考，就发挥不出积极性、能动性与创造性。如果不是出于自己的意愿做事，而总是在遵循他人的意愿，就会失去承担事务的主动性。如果决策者不是自己，事情的后果也不由自己独立承担，就会产生对他人的依赖。只有给孩子自主决策权，才能培养孩子独立思考的能力、培养孩子自我承担的积极性、培养孩子独立自主的志气。

第二节　家庭教育要回应孩子一生的需求

家庭教育要回应孩子一生的需求，所有孩子将来可能面对的问题，家长都要替孩子想到，并通过教育培养其应对能力。家长不能只考虑孩子是不是学习好，能不能考上好大学，能不能找到好工作。孩子的应对能力，要从当下开始培养。

一、丰富孩子的价值观

孩子在学校很容易形成“学习好”才是成功者的价值观，可是我们知道成绩排名总要有个先后，终究有孩子要排在后面。如果自己家的孩子不能排到前面，而只能排在后面，要如何引导孩子面对自己的成绩？很多家长没有意识到这个问题，也是按照排名来评价自己的孩子，使孩子对自身的评价也很低。人的能力是多方面的，课业学习能力只是其中一种，但是如果孩子因课业成绩不好，就否定了自己，失去了自信，其他方面的能力发挥也会受到限制。父母应该鼓励孩子肯定自己的价值，知道“天生我材必有用”，发展自己多方面的能力。

在学校教育环境里，总是存在一定的竞争性，有些学生也养成了竞争习惯，对自身价值的定义就是在竞争中取得胜利。当我对一些大学生说，能善待自己、能去关爱身边的人，这也是人生的价值时，有些人非常惊讶，他们说从来没有考虑过这些，每天想的只有学习绩点高、竞赛能拿奖、评优能获奖、能得奖学金、能保研等。家长应该从小引导孩子树立多方位的价值观，树立完善人格的价值观，摆脱成就竞争的价值观。

对于一些可能超越自己想象力的事情，鼓励孩子有一颗包容的心，而不是简单加以否定。比如，中国是一个多民族国家，有些民族可能有一些不容易被其他民族理解的风俗习惯，这些都是正常的，应该坦然接受。

二、帮助孩子规避人生的潜在风险

教育应该为孩子的一生奠定基础，学校教育也是如此。但是，从个体的利益相关性上看，对于学校来说，只要学生在校期间表现良好，学校就完成了自己的教育任务，至于毕业后的表现，对学校的影响较小。然而，作为孩子的父母，一生都与孩子密切地绑定在一起，就更应该有为孩子的一生奠定基础的意识。

父母要想到如果我的孩子将来成为大富翁，有很多人以各种方式诱惑他，他要如何避免陷阱。你可能觉得自己家庭普通，孩子现在也不过是一个普通孩子，想这样的事未免多余。但是你要知道，品格的培养是要从小开始的，等将来金钱财富握在手里再考虑如何拒绝诱惑已经来不及了。中国有句古话叫“德必配位”，这不是外在标准导致的结果，而是具有自我筛选性。一个“位”不高的人，比如权小钱少，即使德行不高，想做坏事也能力有限，所以能做的坏事是有限的，不至于亡身；但是，一个权力大、财富多的人，影响能力提高了，如果德行不够，想做坏事，就可能违法乱纪，最后，导致自己身败名裂。所有的父母都望子成龙，可是很多父母却只看到了“龙”的风光，却没有看到“龙”的风险。这种“成龙”不一定是外在多风光，但一定是内在很充盈。孔子说自己四十不惑，有些人别说四十，一辈子也没有达到不惑。如何才能四十不惑？孔子说自己“吾十有五而志于学”，是在25年前就开始修养自己了，就能给自己立下走“大学”之路的志向了。

很多时候，教育容易只关注眼前的事，眼前的事不管是否重要，起码比较急迫。但是，有很多并不急迫的事，却很重要。如果一个人想顺利地度过一生，除了在正面的事情上持续坚持，还需要避免一些容易重创人的负面事情。我们可以去观察成年人的世界，美好的人生可能因为哪些原因被破坏，在教育过程中，就要注意帮助孩子避免这些事情。

三、重要的是形成一种人格，而不是具体事件

人生中会发生很多事，一些当时看来天大的事，最后也不过是过眼云烟。对孩子的教育不必太纠结于某个具体事件，而是要着眼于培养孩子的人格。很多家长把精力放在别人如何对待自己孩子身上，不如放在引导孩子如何面对世界上。如果孩子善良、乐观、积极进取、有恒心、有毅力、勤奋勇敢，他自己就可以去面对人生中的任何事件。

第三节　优秀家风的建设与传承

孩子是在家庭中长大的，与家庭有着最直接、最密切的联系，因而受家庭影响非常大。家风可能是在家族多代人之中形成的价值观、做人标准等，可以对家族的所有成员产生影响。优秀的家风可以熏陶家庭成员的品格，家庭除了要注重建设家风，也要注重传承家风。

一、家风故事的积累

家长可以有意识地从自己家族成员的事迹中，积累一些反映优良家风的

故事。这些身边人的真实故事，对孩子会起到有效的示范作用。我父母都是新中国成立初期出生的，生活在物资匮乏的时代。父亲给我讲，他小时候有一次过年，他和大姑去买豆腐，卖豆腐的人不小心多找给他们三元，他们俩非常开心，告诉了爷爷，爷爷坚决让他们把钱给送了回去。类似的故事，帮助我形成了对做人标准的认识，对良知的认识。把一个家庭里正面积极的家风故事积累起来，这就是家庭的精神财富。很多人只想到物质财富的传承，其实精神财富的传承比物质财富更重要。所谓“积善之家必有余庆”，家里传承了向善的基因，自然会有好运。

二、家训

中国历史上有制定家训的传统，尤其是一些名门望族，更注重精神的传承。中国历史上比较有名的有《颜氏家训》《朱子家训》等，此外，还有很多名人为子孙写了训诫，如诸葛亮的《诫子书》。有一些家族人才辈出，很多后代子孙都成为某个领域的重要人物，对社会有较大影响。在历史上晋商及其山西票号曾富甲天下，其中有一个家族对子孙的训诫是“惜衣惜食非惜财缘惜福，求名求利莫求人须求己”，这是家族对子孙如何看待财富的期望。当今时代，父母可以以寄语的形式表达对孩子的期待。父母可以为孩子正式地写一些文字，这种正式书写的文字，相对于口头传达来说，会更有力量。

第四节　家长对学校教育的应有态度

家长对学校教育要有合适态度，在教育上要实现和谐的家校合作。

一、从易子而教看家校的教育分工

《大学》中说“人莫知其子之恶，莫知其苗之硕”，做父母的很难看到自己孩子的缺点。很多父母都倾向于把自己的孩子看得“完美”，看不到孩子的缺点，如果觉得有哪些不足，那是因为他们还小，长大就好了。道德方面的问题，从小就要纠正，能力方面的问题可以等待。学校对学生的评价相对更客观，在纠正孩子的缺点方面，学校是比家长有优势的。在游乐场里，很多孩子排队玩一个项目，排队的队伍很长，大约要排半小时才能玩一次。有一个五六岁的孩子非常想玩，但是觉得排队的队伍太长了，自己不想等那么长时间，就趁别人不注意插队。父母首先觉得孩子很勇敢，居然敢于去比自己大的孩子前面插队，然后才觉得孩子长大了，自然就懂得遵守排队的社会规则了，学习排队又不难。父母从自家孩子的角度来看待这个问题，有这样的想法很自然。但是，如果是一位负责教育几十个学生的老师，就不可能这样看待问题。老师要从整体来考虑，不可能放任任何一个孩子不排队，否则队伍就没法带了。家长可以这样溺爱孩子，但是学校不可能这样溺爱学生。做人要知道自己的弱点，然后借助外力帮助自己克服弱点。学校教育就是帮助家长克服自身弱点的机会。

《孟子·离娄上》中记载："公孙丑曰：'君子之不教子，何也?'孟子曰：'势不行也。教者必以正，以正不行，继之以怒；继之以怒，则反夷矣。夫子教我以正，夫子未出于正也。则是父子相夷也。父子相夷，则恶矣。古者易子而教之。父子之间不责善。责善则离，离则不祥莫大焉。'"① 如果父母纠正孩子的错误，孩子不能改正，父母就容易生气，从而影响亲子关系；有些事情父母自己也没有做到，却要求孩子做到，孩子可能不服气，也影响亲子关系。而亲子关系是家庭和睦的基础，也是家庭教育的基础。在纠正孩子错误方面，家长应该给学校更多的尊重。现实的情况是，有些家长舍不得教育自己的孩子，也不愿意让老师教育自己的孩子，孩子的问题就失去了纠正的机会。很多老师也只好明哲保身，对孩子的问题睁一只眼闭一只眼，只要不影响其他同学，就任其"自生自灭"，这对孩子的健康成长是极为不利的。

二、家长要引导孩子尊师重教

中国有句俗语叫"家中无伟人"，家长即使在社会上再成功，也不一定是自己孩子心目中的伟大人物，也就难升起严肃的恭敬之心。我们需要培养孩子尊重他人的品格。家长要教育孩子尊重老师，不是老师需要尊重，也不一定是老师值得，而是孩子自身成长的需要，是要培养孩子尊重他人的品格。如果一个孩子在小时候连老师都不尊重，长大后会尊重谁呢？一个不懂得尊重他人的人，也不可能得到他人的尊重和认可。

老师如何教育孩子，是在与孩子的互动中决定的。老师如果觉得孩子谦虚好学，就可能多关注、多指导一些，如果觉得孩子顽劣不听话，对孩子的

---

① ［战国］孟子等. 四书五经［M］. 北京：中华书局，2009：89.

教育可能就能省则省了。如果孩子不尊重老师，老师只能敬而远之，这对孩子的成长是不利的。

三、学校是孩子社会化的地方

孩子在家里能够接触到的人是有限的，学校是孩子接触很多人、进行社会化的地方。孩子要在学校学习社会交往、处理人际矛盾、锻炼自己的交际能力等。家长要把学校学习当成孩子社会化的机会，如孩子与同学闹矛盾，不要纠结于谁多打了谁一下、谁多骂了谁一句、谁更占理，而是要从长远的关系和成长来解决问题。家长千万不要只把学校当成一个孩子学习的地方，而忽视了其他成长机会。

第十六章　中华优秀传统文化教育

中共中央办公厅、国务院办公厅印发的《关于实施中华优秀传统文化传承发展工程的意见》中指出，要把优秀传统文化教育“贯穿国民教育始终”。虽然教育领域在实践优秀传统文化教育，大家也认识到了优秀传统文化教育的重要意义，但是关于优秀传统文化教育还有很多理论问题需要澄清。比如，琴棋书画、诗词歌赋等具有传统文化意味的教育形式，大家都认为可以陶冶人的情操，但陶冶什么样的情操，在被教育者身上会有什么样的体现，如何评价其教育效果，诸如此类的一系列问题，都需要在理论上深化认识，才能更好地指导教育实践。

关于中华优秀传统文化的内涵，如何培养人才以更好地传承中华优秀传统文化，教育领域还需要从理论与实践两个方面进行挖掘与探索。优秀传统文化应该是中华传统文化中所具有的，能够反映宇宙人生真谛的文化。优秀传统文化教育至少涉及两方面的问题：一是培养什么样的人，这是目标问题；二是如何培养这样的人，这是方法问题。教育目标与教育方法之间的联系具有复杂性。实现同样的教育目标，可以采取多种教育方法；反之，相似的教育方法可以指向不同的教育目标。如果缺乏坚实的理论指导，在进行中华优秀传统文化教育的过程中，可能发生目标与方法之间的错位。

中华传统文化内容丰富形式多样，很多相关主体对传统文化教育的认识，还停留在形式上，认为只要具有民族或传统形式的教育内容，比如琴棋书画、诗词歌赋等，就是传统文化教育。进行诸如此类的教育确实是传统文化教育，但是主要侧重于形式方面，如果不能把握其本质，可能失之毫厘，谬以千里。对中华优秀传统文化教育的认识，不应该仅停留在具有传统文化“形式”的教育上，而是要进行深入的理论挖掘，把握其教育本质，力求把传统美德变成学生自觉的思维方式与行为习惯，把优秀的传统教育理念与当今社会需要相结合，帮助解决当今社会所面临的问题。如果能够把握优秀传统文化教育的本质，其即使不具有传统形式，也可以认为是优秀传统文化教育；如果没有把握住本质，其虽然具有传统形式，但是可能已经脱离了优秀传统文化教育。本书所探索的教育理论，可以为优秀传统文化教育提供参考。在本章我们将对优秀传统文化教育的一些具体问题进行一定的讨论。

第一节　试论如何认识中华优秀传统文化

中华民族历史悠久，在发展过程中形成了宝贵财富，但是也存在一定的糟粕。弘扬中华优秀传统文化，进行中华优秀传统文化教育，需要解决的首要问题是厘清中华传统文化的精华与糟粕，做到取其精华，去其糟粕。在这一过程中，应谨防以其他价值观来判断中华传统文化中的精华与糟粕，这样有改变中华传统文化内核的危险。应本着以中华传统价值观来认识中华传统文化的原则，来进行判断。中华传统文化的精华应该是能够反映宇宙人生真谛的文化，是可以促进人类幸福的文化，是可以促进社会和谐发展的文化，是可以保障人类可持续发展的文化。

一、谨防以其他价值观来判断中华传统文化中的精华与糟粕

信息技术的发展让世界各地间的交流空前频繁起来，各种价值观相互融合，当前很多中国人的价值观，也难免受到了其他民族的影响。关于中华传统文化中，哪些是精华，哪些是糟粕，归根结底是一种价值判断，以什么样的价值观来判断就显得尤为重要。如果不经过细致的深层分析，简单给出传统文化精华与糟粕的判断，这样做是十分危险的。一方面这种判断是否正确值得怀疑，另一方面判断背后都隐藏着某种价值观，以其他价值观来判断中华传统文化的优劣，就有把中华文化蜕化成其他文化的危险。这样做，不但不利于中华优秀传统文化的弘扬，对整个人类来说也是一种莫大的损失。

以西方文化为例，西方社会发展到现在，虽然取得了一定的成就，但是也出现了很多问题，比如世界和平问题、环境污染问题、科学伦理问题、金融安全问题等，这些问题归根结底都可能是由其文化局限性造成的，需要人类以新的思维方式来应对。而中华文明无疑为解决人类所面临的共同问题提供了机会。如果我们不加省思地误以西方文化标准来判断中华传统文化，一方面不能正确认识与理解中华传统文化，有使中华文化演变成“披着中华传

统文化外衣的西方文化”的危险，另一方面也可能使西方文化错失完善自己的机会。这不仅不利于中华文化的发展，也不利于世界文化及整个人类社会的发展。中华优秀传统文化不是对其他文化的否定与对抗，而是对其有益的借鉴，世界文化应该在相互吸收、相互融合中实现更好的发展，吸取各民族文化的精华，共同促进全人类的健康发展。为了达到这一融合发展的目的，首先就要正确认识并保存各种文化中的精华。

中国哲学研究中有“反向格义”“逆格义”的概念，是指用西方哲学的眼光、角度、概念、方法来研究中国哲学的方法，这种方法很难避免机械地套用西方哲学概念，并导致对中国哲学的误解。“反向格义”或者“逆格义”的话语霸权掌握在别人手上，因此我们极容易失去诠释的主体性。[①] 在判断中华传统文化精华与糟粕的过程中，我们也要谨防出现这种“反向格义”或者“逆格义”现象。我们一旦屈就了这种话语霸权，失去了自己的主体性，也就丧失了正确认识中华传统文化的可能性。

需要特别指出的是，谨防以其他价值观来判断中华传统文化中的精华与糟粕，并不是排斥其他文化、否定其他文化，而是要在传承中华优秀传统文化，吸收其他民族优秀文化的过程中，尽量保持中华文化基因的纯粹性，只有保持了这种纯粹性才能使世界文化保持多样性，实现各种文化共同发展，才能做到取长补短，融合发展，才能更好地促进人类社会的进步。因此，中华民族继承弘扬优秀传统文化，不仅是振兴中华民族的需要，也是对全世界全人类的贡献。面对国际上的各种问题，中华民族应该承担起这项责任。首先要做到的，就是以中国传统价值观来正确认识中华传统文化，并汲取其中的精华。

二、以中华传统价值观来正确理解中华传统文化

如果想正确理解中华传统文化，必须首先正确理解中华传统文化中的价值观、人生观与宇宙观，只有正确理解了这三个方面，才能有效地领悟传统文化的精髓。对于中华传统文化的评价必须建立在中国传统思维的基础之上，这样做并不是为了排斥其他文化，因为只有这样才能正确认识中华传统文化，才能正确理解中华传统文化的内涵，而只有在正确认识与理解的基础上，才

① 白奚．西方的诠释、中国的回应——香港中文大学“中国哲学方法论之反思与探索”国际学术会议侧记［J］．中国哲学史，2005（3）．

能够有效判断。对于其他民族的优秀文化，中华民族向来保持着兼收并蓄的开放态度，但无论是对自身文化的传承，还是对其他文化的吸收，只有在正确认识的基础上才能够真正做到取其精华，去其糟粕。

在没有研究中华传统文化之前，我曾听人这样说过：中国古人就是玩物丧志，把瓶瓶罐罐做得那么精美，有什么用？你看人家外国人发明枪炮车船的，用处多大。学习中华传统文化之后，才能够对这种说法有所反思。中国古人是向内追求精神，外国人是向外追求功用。我爱好做手工，也试着练习书法、国画，因为这个原因，才能够明白，能把瓶瓶罐罐做得精美，没有那么容易，必须心无杂念，内心自由安宁。精美的艺术品意味着制作者的高修养、高境界，而欣赏者能从中获得多少美的享受，也要看修养与境界。发明枪炮车船去征服其他人，不是我们的人生追求，我们追求的是征服自己内心的贪嗔痴。能把瓶瓶罐罐做得精美的人，如果想去做好其他事，也是很容易成功的。新中国成立以来，中国人在科技、工业制造等领域所取得的成就，也充分证明了这一点。

如果我没有亲身体会中华传统文化，没有自己的认识与思考，就会从外国的功用主义视角来看待自己的文化，就无法正确理解。对于什么是中华传统文化的精华，我们必须以自己的文化思维来判断，否则可能窄化甚至扭曲对中华传统文化的理解。如果想形成中华传统文化思维，就必须学习传统文化，并实践传统文化。

三、中华传统文化的精华是能够反映宇宙人生真谛的文化

我们知道，世界上很多古代文明最后都中断了，只有中华文化绵延了几千年，且从未中断。中华文明为什么会具有这种生生不息的力量？因为中华文化反映了宇宙人生真谛，几千年的历史是见证，也是不以人的意志为转移的考验。我们知道很多民族的灭亡都是因为疾病或战争，而疾病与战争都关系到天时地利人和，中华传统文化对天地人是有深刻理解的。

在中华文化发展的任何历史时期，只要是反映了宇宙人生真谛的文化，就是精华，反之，违背宇宙人生真谛的文化就是糟粕。弘扬中华传统文化，不是为了弘扬而弘扬，更不是为虚名而弘扬，而是为了更好地认识宇宙人生的真谛，为了更好地面对我们今天的生活，为了更好地面对人类的未来。

四、论中华优秀传统文化与人类社会发展需求的一致性

信息和科技拉近了人与人之间的距离，使得国与国之间、人与人之间的联系更紧密，相互影响更大。如果由竞争性的、侵略性的、霸权性的文化来主导，必然会导致国家之间、人与人之间的敌对与斗争，使伤害不断升级，且伴随着科技发展，这种伤害的破坏性会越来越大。中华文化追求的是互惠性、合作性、平等性，强调和谐，将给人类社会发展带来助力。

第二节　中华优秀传统文化教育的核心与重点

国家非常重视优秀传统文化教育，相关教育也在教育实践中落实。人的品格是中华传统文化教育的核心。中华传统文化的整体观及与之紧密联系的世界观、价值观与人生观，是优秀传统文化教育的重点。

一、国家对优秀传统文化教育的重视

中共中央办公厅、国务院办公厅印发的《关于实施中华优秀传统文化传承发展工程的意见》（以下简称《意见》）中指出，要“进一步增强文化自觉和文化自信”“把跨越时空的思想理念、价值标准、审美风范转化为人们的精神追求和行为习惯”，而文化自觉最终要落实到自觉的思维与自觉的行动上。也就是说，在面对自然、自我、他人与社会时，自觉地以中华优秀传统文化指导其思维方式与行动方式，并形成一种自然而然的反应。《意见》指出要着力构建中华优秀传统文化传承发展体系，并重点指出“不断赋予新的时代内涵和现代表达形式，不断补充、拓展、完善，使中华民族最基本的文化基因与当代文化相适应、与现代社会相协调”。“既不简单拿来，也不盲目排外，吸收借鉴国外优秀文明成果，积极参与世界文化的对话交流，不断丰富和发展中华文化。”

《意见》中指出要把中华优秀传统文化教育“贯穿国民教育始终”，“围绕立德树人根本任务，遵循学生认知规律和教育教学规律，按照一体化、分学段、有序推进的原则，把中华优秀传统文化全方位融入思想道德教育、文化知识教育、艺术体育教育、社会实践教育各环节，贯穿于启蒙教育、基础教育、职业教育、高等教育、继续教育各领域。以幼儿、小学、中学教材为

重点，构建中华文化课程和教材体系。编写中华文化幼儿读物，开展‘少年传承中华传统美德’系列教育活动，创作系列绘本、童谣、儿歌、动画等。修订中小学道德与法治、语文、历史等课程教材。推动高校开设中华优秀传统文化必修课，在哲学社会科学及相关学科专业和课程中增加中华优秀传统文化的内容。加强中华优秀传统文化相关学科建设，重视保护和发展具有重要文化价值和传承意义的‘绝学’、冷门学科。推进职业院校民族文化传承与创新示范专业点建设。丰富拓展校园文化，推进戏曲、书法、高雅艺术、传统体育等进校园，实施中华经典诵读工程，开设中华文化公开课，抓好传统文化教育成果展示活动。研究制定国民语言教育大纲，开展好国民语言教育。加强面向全体教师的中华文化教育培训，全面提升师资队伍水平”。“加大宣传教育力度。综合运用报纸、书刊、电台、电视台、互联网站等各类载体，融通多媒体资源，统筹宣传、文化、文物等各方力量，创新表达方式，大力彰显中华文化魅力。”“把优秀传统文化思想理念体现在社会规范中，与制定市民公约、乡规民约、学生守则、行业规章、团体章程相结合。”总之，国家对中华优秀传统文化教育进行了全阶段全方位的部署。

二、人的品格是中华传统文化教育的核心

国家提出弘扬中华优秀传统文化，提出进行中华优秀传统文化教育，在教育实践领域得到了积极响应，但是教育实践的水平却参差不齐。很多教育者对中华优秀传统文化的认识，局限在一些外在物品或形式上，比如，传统文物、传统艺术、传统运动、传统实践等。所有与中华优秀传统文化相关的物品与形式，都只不过是文化的外在显现，最重要的是与之共鸣的人的内在精神与品格。如果失去了人的内在精神与品格，而只是在外在形式上下功夫，就是买椟还珠、缘木求鱼了。

在中华优秀传统文化教育领域，我们要区分教育形式与教育目的，两者之间虽然具有一定的统一性，但并不是完全统一的。比如，学习传统乐器古琴，有助于陶冶情操，但是，如果只是为了考级、表演等外在的功利性目标，教育效果可能就比较有限。

三、中华传统文化教育的重点

塑造人的品格修养，最重要的是塑造其思维方式。中华传统文化的整体观及与之紧密联系的世界观、价值观与人生观，是中华优秀传统文化教育的

重点。

1. 整体观的思维方式

整体观的思维方式体现在方方面面，包括身心一体、人我一体、人与自然一体、天人一体等，在社会生活中，表现为个人与组织一体、个人与社会一体、组织与社会一体等。整体观作为一种中华传统思维方式，可以生发出许多其他中华传统思维。比如，“人皆可以为圣贤”的人性观、天人合一的宇宙观、集体主义的倾向、利他奉献的精神等。

这种整体观不是机械的整体观，而是全息的有机整体观。全息整体观意味着整体的每一个局部都能够反映整体，都能够影响整体。微小的局部在庞大浩瀚的整体面前，并不是可以忽略不计的，而是可以发挥不可替代的积极作用。这样的整体观，并不会淹没局部在整体中的作用，而是要突出每一个局部都具有重要意义。每一个人都可以具有影响整个世界、整个宇宙的力量，但是这种力量的发挥要以一定条件为基础，即符合整体的“道”与“理”。不符合整体的“道”与“理”的局部可能被整体淘汰，符合的局部才可能得到充分发展。

2. 世界观

在整体观的思维方式下，会形成一定的世界观，中华传统思维中有“天人合一”的宇宙观，倾向于认为“万物一体”“万物皆备于我”。在这种世界观下，能够看到世界的普遍联系性，以更开阔的视野看待宇宙，看待自然世界，看待人类社会，看待人与世界的联系。有了这样的世界观，人类就能够更好地定位自身在宇宙中、在世界中的责任，个体就能够更好地定位自身在世界、在人类中的价值。人类不能脱离外在环境而独立发展，不该为了自身利益而无限伤害其他生灵，《中庸》中说“万物并育而不相害，道并行而不相悖”，在这样的世界观指导下，才更可能实现可持续发展。量子力学的发展，与中国普遍联系的传统世界观是相符的。这样的世界观是适应量子力学的世界观的，具备这种世界观的人，也更可能在量子力学科技的发展中做出贡献。

3. 价值观

在整体观的思维方式及天人合一的世界观下，会形成一定的价值观。既然宇宙具有整体性，世界具有整体性，其每一个局部的价值就应该是保持整体的良好存在与良性发展。整体的局部要保障整体的可持续发展性，整体的局部之间应该具有兼容性与和谐性。比如，把人类和地球看成休戚与共的整体，人类就要保持地球的良好环境，个体在自己的生活中，每一个选择都应该考虑到环保需要。在评价国家发展道路时，具有可兼容性的和平发展道路，相对于不具有兼容性的霸权发展道路，更有利于人类发展。

4. 人生观

在前述的整体观、世界观与价值观下，个体会形成一定的人生观。个体作为人类这个整体的一个局部，要具有对人类整体的善性，表现出利他性。这就要求人具有利他奉献的品格，表现在人生观上，人生要以提高自身的品格为目标，彰显善的天性，利益他人，追求至善之境，所谓“大学之道，在明明德，在亲民，在止于至善”。人类作为宇宙这个整体的组成部分、作为世界这个整体的组成部分，要考虑到其他生灵的生存与发展空间，最好能够与其他生灵和平共处，而不是相互伤害。

第三节　教育形式与教育目的匹配

目前很多主体实施的传统文化教育，尚处在以教育形式学习为主的阶段，而教育形式与教育目的之间应该具有匹配性。当今时代与古代毕竟有很大的差异：一是古代的教育目的仍然有重要意义，但是教育形式已经不符合当今时代了；二是古代的教育目的已经不符合当今时代了，但是其教育形式仍可以作为一种文化象征被社会接受。如果不对教育的目的与形式进行深入的探讨，在进行中华优秀传统文化教育过程中，就可能出现目的与手段不匹配，甚至本末倒置的现象。

如果不把握传统的教育形式背后的教育目的，可能造成不良后果：一是一些重要的教育目的因为其教育形式已不符合时代而被忽略；二是一些目的已不符合时代的教育形式，却因简单易行而大行其道。这些都无法达到弘扬传统文化的目的。因此，我们有必要对传统教育中的目的与形式进行深入分析，对于目的仍然具有时代意义的，不仅可以吸收古代的教育形式，而且可以吸收时代发展的新成果，综合古今中外人类发展的成果，共同为实现教育目的而服务。即使同样的教育形式，在教育目的不同时，也会产生不同的教育结果。所以，在进行中华优秀传统文化教育的过程中，既要学习古代的教育形式，也要注重古代教育目的的梳理，理解教育形式与教育目的的匹配关系，以便根据我们今天的教育目的选择合适的教育形式。

一、教育目的仍然重要，但是教育手段已经失去可行性

例如，由于古代社会物质生产水平有限，为了使物质生产满足生活需要，需要整个社会保持节俭的生活作风，另外，儒家认为人的欲望是无限的，如果放任人们为满足自己的物质欲望而努力，就可能造成社会动乱，弱者的利益得不到保障。[①] 而儒家设计的控制物质欲望的方法之一就是社会等级制度，达不到一定的社会等级，即使在财富上能够购买某种产品，也没有资格消费，这样就使得社会消费与社会等级直接关联，控制了等级就控制了消费。[②] 另外，为了提高整个社会的道德水平，社会等级的划分是以道德为基础来进行的，有更高的道德水平才可以有更高的消费水平，否则即使有钱也无法消费。[③] 这就使整个社会为提高道德水平而努力，而不是不择手段地为提高财富水平而努力。[④] 也就是说，儒家用社会等级制度实现控制消费与提高道德的双重目的，这在当时的社会是具有积极意义的。在这种理念与社会管理制度的指导下，教育领域就要教育大家接受这种社会等级制度。而当今社会提倡自由平等，社会等级制度已经不复存在，但是儒家所崇尚的节俭与道德两个目的仍然是当今社会所需要的。面对环境污染问题、可持续发展问题，提倡节俭，避免不必要的消费，仍然是具有重要意义的，但是却不能用社会阶级的方式来提倡。食品安全问题、环境污染问题背后都有一些为了赚钱而不择手段的铤而走险者，所以要教育人们为了美德奋斗而不是为了金钱奋斗，这是当今社会需要的。古代的教育形式已经不适合当今社会，但是其教育目的仍

---

① 《礼记·乐记》中说："夫物之感人无穷，而人之好恶无节，则是物至而人化物也。人化物也者，灭天理而穷人欲者也。于是有悖逆诈伪之心，有淫泆作乱之事。是故强者胁弱，众者暴寡，知者诈愚，勇者苦怯，疾病不养，老幼孤独不得其所，此大乱之道也。"（战国）孟子等．四书五经［M］．北京：中华书局，2009：381-382.

② 汉·董仲舒《春秋繁露》中说："虽有贤才美体，无其爵，不敢服其服；虽有富家多赀，无其禄，不敢用其财。天子服有文章，不得以燕公以朝，将军大夫不得以燕将军大夫以朝官吏，命士止于带缘，散民不敢服杂采，百工商贾不敢服狐貉，刑余戮民不敢服丝玄纁乘马，谓之服制。"

③ 汉·韩婴《韩诗外传》中说："古者必有命民，民有能敬长怜孤，取舍好让，居事力者，命于其君，命，然后得乘饰舆骈马，未得命者不得乘，乘皆有罚，故其民虽有余财侈物，而无礼义，则无所用。故其民皆兴仁义而贱财利，贱财利则不争，不争则强不凌弱，众不暴寡。"

④ 陈焕章《孔门理财学》中说："将道德标准提高到生活标准之上，这是孔子的重要原则。除非你能提高道德标准，否则你不可能提高生活标准。道德家可以获得所有的物质享受，而金融家则什么也不能获得。因此，人们将为美德而不是财富而奋斗，两种标准将合二为一。"陈焕章．孔门理财学［M］．宋明礼，译．北京：中国发展出版社，2009：112.

然具有积极意义，这种情况下，我们要做的是把握教育目的，在新的社会形势下创新教育形式，以实现教育目的。反之，如果手段仍然可以被社会接受，但是其目的已经不符合时代了，这样的内容在传统文化教育中就不能作为重点。可见，分析教育目的，以及常见教育内容与教育方法背后的教育目的，是十分必要的。

二、教育目的与形式仍具意义，但是形式可以进一步丰富

例如，情志教育是中华传统教育非常重视的内容，也有相应的教育方法。在情志教育方面，我们可以吸收古今中外的所有经验，弘扬中华优秀传统文化并不意味着放弃去吸收人类文明的全部成果，但是，在借鉴其他文化的经验时，我们要清醒地认识到文化差异及经验的适用条件。

三、深入认识传统教育形式

琴棋书画、诗词歌赋只是传统文化的形式，这些形式可能帮助个体探寻到宇宙人生真谛，但是这些形式本身并不等于中华传统文化的核心精华。即使没有采取琴棋书画、诗词歌赋等具有显著传统文化特征的教育形式，只要内在精神与宇宙人生的真谛相一致，就达到了教育目的；反之，即使采取了具有显著中华传统文化特征的教育形式和内容，但是没有把握中华传统文化的本质内涵，也不是理想的传统文化教育。

按照我们对儒家文化的理解，琴棋书画、诗词歌赋等教育都是为了帮助学习者更好地彰显其“天性”，如果在进行传统文化教育过程中，只注重“技艺”增长，甚至为了“技艺”增长而有违受教育者的成长规律，脱离了“天性”的舒展，就不能算真正的传统文化教育。

四、以传统智慧丰富当今教育的内涵

当今的教育目的有很多是与古代相似的，这种情况下，我们就可以借鉴古代的一些教育智慧。以道德教育举例，言行是一个人道德品质的重要体现。要教育学生如何讲话，我们可以从中华传统经典中得到很多启示。一是诚信，答应别人的事要做到，比如《论语》中说“与朋友交言而有信”①；二是诚

① （战国）孟子等．四书五经［M］．北京：中华书局，2009：5.

实，说的话与事实相符，“先行其言而后从之”[①]“古者言之不出，耻躬之不逮也”[②]“君子欲讷于言而敏于行”[③]“君子耻其言而过其行”[④]；三是要真诚，说的话要与自己的内心相符，而不是为讨好别人违心地说好话，比如《论语》中说“巧言令色，鲜矣仁”[⑤]“巧言乱德”[⑥]；四是要谨信，对自己不知道的事情不要盲目议论，“多闻阙疑，慎言其余”[⑦]；五是说话要讲究时机，“夫子时然后言，人不厌其言”[⑧]“食不语，寝不言”[⑨]“可与言而不与之言，失人；不可与言而与之言，失言”[⑩]“侍于君子有三愆：言未及之而言谓之躁，言及之而不言谓之隐，未见颜色而言谓之瞽”[⑪]；六是说话的内容要符合道义，“非礼勿言”[⑫]“言忠信，行笃敬”[⑬]。

五、传统文化教育应面向国际

在注重传统文化教育的同时，不可忽视教育国际化。比如，我们既要继承传统上中国教育对感性与意象的重视，也要学习西方教育对理性与逻辑的重视，各取所长才能够培养出具有国际竞争力的人才。

在面向国际时，我们自己要有充分的准备。教育中要培养学生的传统文化思维，才能去面向国际。如果没有自身的文化思维而直接去面向国际，我们可能被其他文化同化，而不是形成与其他文化的对话。最基本的是，我们首先要让学生学好汉语，再考虑如何学好外语。我发现本科生与研究生的毕业论文，都有很多语法错误，语言拗口不通顺，甚至一些有工作经验的教育硕士，其职业是中小学语文老师，其毕业论文的语言水平也是如此。我不明白其中的原因，但是觉得自己有义务指出这种现象。语言文字是中华文化延续的最重要的载体，这不是一个简单的教育质量问题，还关系到中华文化传承的命脉。

---

① （战国）孟子等．四书五经［M］．北京：中华书局，2009：7.
② （战国）孟子等．四书五经［M］．北京：中华书局，2009：11.
③ （战国）孟子等．四书五经［M］．北京：中华书局，2009：12.
④ （战国）孟子等．四书五经［M］．北京：中华书局，2009：32.
⑤ （战国）孟子等．四书五经［M］．北京：中华书局，2009：5.
⑥ （战国）孟子等．四书五经［M］．北京：中华书局，2009：35.
⑦ （战国）孟子等．四书五经［M］．北京：中华书局，2009：7.
⑧ （战国）孟子等．四书五经［M］．北京：中华书局，2009：31.
⑨ （战国）孟子等．四书五经［M］．北京：中华书局，2009：23.
⑩ （战国）孟子等．四书五经［M］．北京：中华书局，2009：34.
⑪ （战国）孟子等．四书五经［M］．北京：中华书局，2009：36.
⑫ （战国）孟子等．四书五经［M］．北京：中华书局，2009：27.
⑬ （战国）孟子等．四书五经［M］．北京：中华书局，2009：34.

第四节　谨防传统文化教育中的不良倾向

教育实践领域在落实传统文化教育，但是出现了一些不良倾向，如果不对这些不良倾向有所认识，可能会影响传统文化教育的效果，甚至偏离传统文化的教育目的。

一、以品格为旨归，切忌买椟还珠

国家提倡进行中华优秀传统文化教育，传统文化教育在教育实践领域得到了空前的重视。但是，很多教育研究者与教育实践者，对中华优秀传统文化教育的认识，还停留在教育形式方面，以为进行了具有中华传统形式的教育，就是中华优秀传统文化教育了。这些教育形式可能是弹传统乐器、唱传统戏曲、进行传统运动、做传统手工、观看传统文物等。需要指出的是，中华优秀传统文化教育的核心，是培养具有中华传统美德的人，比如，具有利他奉献精神、勤劳勇敢等。琴棋书画方面学习得再好，如果不具有中华传统美德，也不能算是好的教育。教育形式是为教育目的服务的，要牢牢把握教育目的。

二、以生活为基础，切忌“头上安头”

传统文化教育忌讳为了教育而教育。如果不能在教育过程中让人感受到幸福快乐，这可能反而破坏了传统文化教育的目的。有部分教育相关工作者，在完成相关工作时，不是考虑教育效果，而是从“工作业绩”角度思考问题。一项教育活动，不管有多大的规模、多高的社会关注度，只要没有起到应有的教育作用，就不是成功的教育。传统文化渗透在中国人日常生活的方方面面，要从现有生活与教育中挖掘传统文化，切忌“头上安头”。本节列举了一些可以融入传统文化教育的方面，传统文化与生活是全面结合的。

1. 饮食中的传统文化

饮食是生活的重要组成部分，每个人都要吃饭。中国传统饮食观中，包含了丰富的传统文化元素，比如整体观、阴阳五行观等。西方看事物是分析思维，看食物也是分解为其局部，其饮食观体现为营养学。[①] 通过饮食教育可以帮助人了解中华传统文化，形成整体观等思维方式。

2. 运动中的传统文化

中华武术与中华文化是一脉相承的，是中华文化思想在武术领域的体现。中华主流的传统武术，比如太极、八段锦等，都不是以竞技为目的，而是以战胜自我为目标，战胜的是自己的不诚、不明、不仁、不德、不智、不勇。中华武术从来都讲究“尚德”，功夫练得好能提高德行修养，德行修养好也有助于提高功夫。“打败对手”还是一种二元对立分析思维的世界观，有“我”，有“对手”，是“我”要战胜“对手”。对于来自一元整体思维的中华武术来说，练习者的最高目标是要“明德”、要“亲民”、要“止于至善”，要成为“诚”、成为“仁”、成为“智”、成为“勇”、成为“无我”，与世界融为一体。中华文化讲究内修，不对外张扬，看似舒缓而柔和的动作，却可以千变万化，应对无穷。马步、站桩看似一个人站在那里没有动，但却可以发轫千钧，通天贯地。

3. 健康中的传统文化

中医也有整体观的思想，在中医眼里，局部的问题不一定是在局部解决，可能的情况是“左病右治，上病下治，内病外治，中间病四边治”[②]，比如，中医经穴理论中有一个四总穴歌，“肚腹三里留，腰背委中求，头项寻列缺，面口合谷收”[③]。足三里穴是治疗肚子疼、胃疼的特效穴位，在小腿上；委中穴是治疗腰疼、背疼的特效穴位，在腘窝处；列缺穴是治疗头和脖子问题的特效穴位，在手腕处；合谷穴是治疗面部口部问题的特效穴位，在手上虎口处。健康教育中也可以融入传统文化教育。

4. 人际关系中的传统文化

每个人在日常生活中都要与他人交往，如何对待他人，是非常反映一个人道德品质的。中华传统文化思想中，子女对父母要孝顺，父母对子女要慈爱，兄弟之间要兄友弟恭，对待朋友要言而有信，对待老师要尊师重教，上

---

① 在第一章中我们做过详细介绍，这里不再赘述。

② 《黄帝内经·素问》之《五常政大论篇》中说“气反者，病在上，取之下；病在下，取之上；病在中，傍取之”。任廷革点校．黄帝内经素问［M］．北京：人民军医出版社，2005：217.

③ （明）杨继洲．针灸大成［M］．靳贤补辑重编，黄龙祥整理．北京：人民卫生出版社，2006：97.

级对下级要仁爱，下级对上级要尊敬，对待任何人都要与人为善。中国历史上也有很多涉及人际交往的故事，这些故事都可以成为生动的教育材料。

5. 课程中的传统文化

很多常规课程中都可以加入传统文化，比如语文、历史、地理、音乐、美术等。以美术教育为例，中国画是散点透视，可以在一张画里组织出宏大的画面，如千里江山图；西画是焦点透视，往往是如实反映某一视角下的真实面貌。中国画追求的是意象美，画美女往往是让人看不清真人的模样，但是可以在内心里对整体画面生发出一种静美的感受；西画往往追求具象美，可以把美女画得栩栩如生，让人感觉真人如在眼前。中国画是“向内挖掘”的，反映的是绘画者的内在品质；西画是“向外逐求”的，反映的是外在世界。学习中国传统艺术，也是在涵养中国的文化品质。

三、以传统为遵循，切忌偷梁换柱

一所人文学科比较强的教育部重点大学，在一次教学方案改革中，为了响应国家号召，在课程体系中设置了“经典阅读与文化传承”课程模块，而这个模块只有一门课程，就是《逻辑学》。我因偶然得知了这个情况被震惊了，不知道后来这个培养方案有没有执行。如果不了解中国文化的内涵与精髓，在继承与弘扬上就抓不住要点，不仅如此，还可能把典型的其他文化当成中华传统文化。《逻辑学》作为一门学问，有其自身的价值，作为一门课程无可厚非，但是作为“文化传承”课程就问题大了。相当于自己家孩子不养，把别人家孩子抱回来养，还当成亲生的。逻辑学基于西方的逻辑思维与分析思维，与中国典型的辩证思维和形象思维，有很大的不同。这种情况，不仅不能帮助学生认识中华传统文化，还可能使学生误把西方文化当成中华文化来继承。在继承与弘扬中华优秀传统文化的过程中，一定要警惕这一点，切忌偷梁换柱。

四、以美德为核心，切忌混淆

我们认为中华传统文化教育，以培养具有高尚道德的人为目标，教育形式是为教育目标服务的。在当今信息化社会，国内国际各种先进的教育资源都可以为我所用。其他国家好的教育资源，只要能够帮助我们达到培养中华传统美德的教育目的，都应该积极采用。但是，在应用过程中，要审慎地基于文化视角的甄选，而不是粗放地不经选择地照单全收。比如，坚韧乐观的品格，这是中华传统美德，也是我们希望孩子具有的品格。如果一个外国人的故事，能够帮助我们塑造孩子的这种品格，也是可以为我们所用的。但是，很多外国故事里，往往也夹杂了一些不符合中华传统文化思想的价值观，这样的故事就应该谨慎应用。

例如，一个国外的励志故事，可能会这样讲：一位经历了人生的辉煌然后陷入困境的老人，在困境中她没有消沉，而是穿着得体的奢侈品牌定制套装，用高级化妆品画着精致的妆容，每天积极乐观地面对生活，最后她因自己的生活态度而获得关注，重新走向了成功。这个故事看起来是一个在挫折中不退缩、不消沉，最终重新走向成功的励志故事，但是里面隐含了一种商品经济消费主义的价值观。中华传统文化思想提倡少欲知足，不是追求外表的奢华，而是内在的充盈。追求外在的奢华体现的是一种消费主义的价值观，是支撑资本滚动扩大与资本主义发展的价值观，而不是帮助人获得内心和谐安宁的价值观。我听过的一个中国故事是这样讲的：一个人去拜见宰相，宰相不在家，宰相的夫人带着自己的侍女来迎接客人。客人没见过宰相夫人，在稍远处听到两个人说话，知道其中一位是夫人、一位是侍女。走近以后客人见到穿着相对华丽的人就鞠躬行礼，结果这个人说你认错人了，我是丫鬟，另一位才是夫人。丞相夫人穿得朴实无华，客人没有认出来。

很多人读到那个外国故事，也是被激励的，但是在积极激励的同时，可能也会不小心受消费主义的价值观感染。因为我追求简朴的生活，所以，我能比较敏感地发现这个故事背后商品经济消费主义的价值观。现在咱们的生活条件普遍都变好了，很多人也树立了高档消费的价值观，如果是这样的人来看这个故事，可能根本不会觉得有什么价值观问题，还会觉得十分认可，觉得这样打扮是理所应当的。

为什么我们主张给孩子讲中国故事？因为这些故事里的价值观可能比较纯粹，不夹杂其他文化的价值观。每一个故事都可能包含了多方面的内容，到孩子那里会发生什么“反应”是不确定的。就算一个外国故事是完全没有价值观问题的，但是，一个“励志故事”也是在塑造外国人的高大形象。在书籍市场中充斥了大量的外国绘本，除了其表面上容易感知到的积极教育作用外，还可能隐藏着什么样的价值观，是不容易被人察觉的，但是孩子读了这样的书，会影响其价值观。作为一个教师，如果对中华优秀传统文化没有一定的认识，你给学生讲的励志故事可能培养的是其他文化的价值观，而不是中华民族的传统价值观。

第五节　整理积累传统文化教育资源

要进行中华优秀传统文化教育，就要有相应的教育资源做支撑，这些教育资源是中华民族集体智慧的凝聚，可供教育实践者根据需要取用。

一、教育理论的认识与总结

进行中华优秀传统文化教育，首先要在教育理论上有所建树，要认识传统教育理论，并结合当今的实际，提出反映中华优秀传统教育思想和符合当前社会需要的教育理论，以指导教育实践。这种教育理论应该具有三个特点：一是体现中华优秀传统文化；二是符合当今实际和社会需要；三是具有国际视野。

近些年来，优秀传统文化教育在教育领域广泛开展，比如，在高校思想政治教育领域、在中小学课程建设领域等，都有良好的发展势头。但是，现有的传统文化教育还是以“形式学习”为主，以模仿古人的学习方式为主。比如，古代启蒙教育读什么书，我们就让孩子读什么书，古代人学习琴棋书画、诗词歌赋，我们也学习这些内容。我们必须肯定这种模仿对传统文化传承的重要意义，但是需要指出的是“形式学习”只是传统文化教育的部分内容，把握传统文化教育的精神实质，才是传统文化传承中更重要的内容。为了把握传统文化教育的精神实质，必须对传统文化教育进行深入的理论分析。古代的教育是适应当时的社会形态而产生的，但是，当今的社会形态已经发生了巨大的变化，只有对古代的教育目的、教育内容、教育方法、教育形式等基本问题有清晰的认识，才能够做到自如地去粗取精、去伪存真，有效地通过教育传承中华优秀传统文化。目前研究领域对传统文化教育的理论分析还比较缺乏。

《意见》指出对于中华优秀传统文化传承要“不断赋予新的时代内涵和现代表达形式，不断补充、拓展、完善，使中华民族最基本的文化基因与当代文化相适应、与现代社会相协调”，要做到这一点，对古代教育理论进行分析，也是十分必要的，只有认识了基本的教育理论，才能有效把握优秀传统文化教育的精神实质，才能有效结合当今的时代特征做出恰当的形式创新。

所以，在进行优秀传统文化教育的过程中，既要学习古代的教育形式，也要注重理论研究。

本书总结了中华传统文化思想中的教育学理论，可以为中华优秀传统文化教育提供一定的参考。需要指出的是，这只是认识中华传统教育思想的一个视角。

二、教育资源的积累

为了能够使教育者更好地实施传统文化教育，教育领域要积累一些相关教育资源，比如教材、教参、课程等。我们这里以故事教育为例，如果家长和老师想给受教育者讲故事，就要有故事资源。中国历史上有很多故事，如历史故事、寓言故事、神话故事、红色故事、时代故事、民间故事等，但是，如果想从这些故事中选择出具有教育意义，且服务不同教育目的的故事提供给教育者，是有大量工作需要做的。

三、师资力量的培养

传统文化教育不仅依靠教师的知识与技能，更重要的是依靠教师的传统文化修养，修养不是靠短期培训可以解决的，必须有长期的熏陶。要全方面与多层次地为教师提供提升传统文化修养的环境与氛围。比如，在管理方式上应“导之以德，齐之以礼，有耻且格”，而不是“导之以政，齐之以行，民免而无耻”。应给教师更多的授权，为教师提供道德成长的空间，引导教师进行自我管理。

四、教育方法与经验的积累与传播

中华优秀传统文化教育涉及领域非常广泛，不同地区及不同教师，可能在不同方面有不同的经验，应该收集整理传统文化教育的方法与经验，凝聚广大教育工作者的集体智慧，使优秀经验为更多人提供参考。

第六节　展望中华传统文化在教育领域的运用

我们应该有自信、有能力重新审视西方的教育体系，把中华传统文化里有价值的东西挖掘出来，应用到教育领域，服务自身的人才培养。

一、从中国传统思维看创新能力培养

目前，高新技术的发展水平成为国家参与国际竞争的关键，在教育领域培养具有创新能力的人才成为重要任务。具有什么特质的人更容易成为创新人才，是需要我们探索的问题。西方的教育思想中，一般会认为批判精神是创新人才的基本素质，很重视培养人的批判性。而中国传统思维里对人才的创新能力也是很重视的，但却无关批判性。关于人才的认识里，也很少提及批判性。批判性属于二元分析思维的范畴，把世界分为了不同的组成部分，用一部分的逻辑去审视另一部分。

如果我们使用中华传统思维，可以对创新能力的培养有更丰富的认识。中华传统文化讲究“定静安虑得”，内心自由、安宁、沉静时的灵光一闪，可能成为创新思维的关键。此外，西方所看重的“敢于质疑”“敢于批判”，对我们也是有启发的，只有自由自主的人才敢于质疑与批判，其重点在“敢于”二字，而不在“质疑”或“批判”。敢于属于“勇”的范畴，如果其他事情都不敢做，比如，自己穿什么衣服、留什么发型、吃什么东西都没有决定权，都不敢决定，难道就能独独敢于质疑与批判吗？如果从中华传统文化来看，沉静的内心与敢作敢为的勇气是创新能力的基础。

二、从中医看健康教育

我参观过一个幼儿园，其对学生进行食育，整合古今中外适宜儿童学习的饮食知识教给孩子，极大地降低了孩子的因病请假率，其中，很多知识都来自中医。幼儿园每天会给孩子提供三种水：一种是温性的，一种是清热的，一种是中性的，三种水的性质是根据中医对饮食的寒热温凉划分，并不是根据水的温度。水桶旁边放着一面镜子，孩子可以根据自己的舌苔情况自主决定要喝哪一种水。如果舌苔发白就建议喝温性的水，如果舌苔发黄就建议喝清热的水。幼儿园的孩子们都能根据舌苔颜色判断自己身体适宜的饮品。一些平时不主动补水的小孩，还因此提高了主动喝水的热情。水性虽然有温凉之分，但都是偏性很小的平时可以喝的饮品，比如柠檬水、大麦茶之类，这样的方式主要是提高孩子们选择适合自己的饮食的意识和能力。幼儿园还会根据中医对食物颜色与脏腑关系的认识，教孩子判断不同颜色的食物对身体会有什么样的影响。比如，根据中医原理青色入肝，肝开窍于目，多吃绿叶蔬菜对眼睛好；白色入肺，感冒咳嗽可以多吃白色食物；黑色入肾，肾主骨，多吃黑色食物爱长个。总之是把中医知识转化成容易被孩子理解和运用的知识，教给孩子。孩子的学习热情非常高，一些平时不爱吃蔬菜的孩子，也因此增加了蔬菜的食用量。孩子们不仅自己学习实践，还有孩子开始“监督教育”自己的家长，教家长如何选择健康食物。推行了一段时间食育之后，不仅学生的身体健康有改善，学校老师的身体健康也有很大改善。在这个幼儿园的带动下，后续有很多幼儿园也开始推行食育。中医的一些养生知识具有简单、有效、经济、方便的特点，不同年龄段的孩子都有可以学习的空间，可以为健康教育提供参考。

三、从“仁者不忧”看心理健康教育

一定比例的学生存在情绪问题、心理健康问题等，这种情况会给学生本人及其家庭造成不利影响，给教育工作加大了难度。很多人都在从心理学角度来认识并解决心理健康问题，而中华传统文化思想，为我们认识心理健康问题提供了一个新的思路。中华传统文化中有“仁者不忧”的思想，即道德情况可以影响一个人的情志情况，因此，可以用德育教育来避免某些心理问题的产生。心理健康教育往往是在心理出现健康问题后，才进行干预，而道德教育可以提前为学生“安装”一套预防心理问题的“软件系统”，或许可以提前避免心理问题的出现，相当于治“未病”。

参 考 文 献

[1]（宋）朱熹．四书章句集注[M]．北京：中华书局，1983.

[2] 陈鼓应．庄子今注今译[M]．北京：中华书局，2009.

[3] 王延栋．战国策译注[M]．北京：中华书局，2017.

[4] 陈鼓应．老子注释及评介[M]．北京：中华书局，2009.

[5]（晋）袁宏．后汉纪[M]．张烈点校．北京：中华书局，2002.

[6]（明）李濂．医史[M]．俞鼎芬等校注．厦门：厦门大学出版社，1992.

[7]（汉）司马迁．史记[M]．北京：中国社会科学出版，2020.

[8]（明）王阳明．传习录注疏[M]．上海：上海古籍出版，2012.

[9]（三国魏）刘邵．人物志译注[M]．王晓毅译注．北京：中华书局，2019.

[10] 白奚．西方的诠释、中国的回应———香港中文大学“中国哲学方法论之反思与探索”国际学术会议侧记[J]．中国哲学史，2005(3).

[11] 任廷革．黄帝内经素问[M]．北京：人民军医出版社，2005.

[12] [美] 尼斯贝特．思维的版图[M]．李秀霞，译．北京：中信出版社，2006.

[13]（战国）孟子等．四书五经[M]．北京：中华书局，2009.

[14] 李申．周易经传译注[M]．北京：中华书局，2018.

[15]（清）王先谦．荀子集解[M]．沈啸寰，王星贤整理．北京：中华书局，2012.

[16] 杨伯峻．列子集释[M]．北京：中华书局，2016.

[17]（春秋）孙武．十一家注孙子校理[M]．（三国）曹操等注，杨丙安校理．北京：中华书局，2016.

[18] Dweck，Carol. Mindset：the new psychology of success[M]．New York：

Ballantine Books, 2008.

[19] Lazear E. P., Rosen S. Rank-Order Tournament as Optimum Labor Contracts[J]. Journal of Political Economy, 1981, 89: 841-864.

[20] Liu Airan, Yu Xie. "Why Do Asian Americans Academically Outperform Whites? The Cultural Explanation Revisited."[J]. Social Science Research, 2016, 58: 210-226.

[21] Stevenson Harold W., Stigler James W. The Learning Gap: Why Our Schools Are Failing and What We Can Learn from Japanese and Chinese Education[M]. New York: Summit Books, 1992.

[22] 陈鼓应. 老子注释及评介[M]. 北京：中华书局，2009.

[23] 陈焕章. 孔门理财学[M]. 宋明礼，译. 北京：中国发展出版社，2009.

[24] 李实，丁赛. 中国城镇教育收益率的长期变动趋势[J]. 中国社会科学，2003(6).

[25] 林崇德. 基础教育改革心理学研究30年[J]. 教育研究，2009，30(4).

[26] 林崇德. 智力活动中的非智力因素[J]. 华东师范大学学报(教育科学版)，1992(4).

[27] 沈立. 如何培养管理者——中国传统管理教育初探[M]. 郑州：河南人民出版社，2018.

[28] 杨泽波. 从以天论德看儒家道德的宗教作用[J]. 中国社会科学，2006(3).

[29] 杨泽波. 牟宗三道德自律学说的困难及其出路[J]. 中国社会科学，2003(4).

[30] 詹世友. 先秦儒家道德教化的不同范型之分析[J]. 哲学研究，2008(2).

[31] Yu, Hongxia, Xiaohao Ding. How to Get out of the Prisoners' Dilemma: Educational Resource Allocation and Private Tutoring[J]. Frontiers of Education in China, 2011, Vol. 6, No. 2: 279-29.